JAHRBUCH DER PSYCHOANALYSE
Band 48

D1706043

# JAHRBUCH DER PSYCHOANALYSE

*Beiträge zur Theorie, Praxis und Geschichte*

*Herausgeber*

Claudia Frank
Ludger M. Hermanns
Helmut Hinz

*Mitherausgeber*

Hermann Beland
Friedrich-Wilhelm Eickhoff
Ilse Grubrich-Simitis
Albrecht Kuchenbuch
Horst-Eberhard Richter

*Beirat*

Wolfgang Berner
Terttu Eskelinen de Folch
Piet Kuiper (†)
M. Egle Laufer
Paul Parin
Léon Wurmser

48

*frommann-holzboog*

*Bibliographische Information*
*Der Deutschen Bibliothek*
Die Deutsche Bibliothek verzeichnet diese Publikation in der Deutschen Nationalbibliographie; detaillierte bibliographische Daten sind im Internet über <http://dnb.ddb.de> abrufbar

ISBN 3 7728 2048 4
ISSN 0075 2363


© Friedrich Frommann Verlag · Günther Holzboog
Stuttgart-Bad Cannstatt 2004
www.frommann-holzboog.de
*Satz:* Satz.Grafik Günter Heimbach, Stuttgart
*Druck:* Offizin Chr. Scheufele, Stuttgart
*Einband:* Schaumann, Darmstadt

# Inhalt

Schwerpunktthema
Psychotische Mechanismen bei
neurotischen Patienten

# Bedeutsames Vergessen: Eine klinische Untersuchung

*Ruth Riesenberg Malcolm*\*

»Jeder Normale ist eben nur durchschnittlich normal, sein Ich nähert sich dem des Psychotikers in dem oder jenem Stück, in größerem oder geringerem Ausmaß […]« (Freud 1937, 80).

Psychotische Mechanismen bei neurotischen Patienten sind das Thema dieses Heftes. Ich möchte mich in meinem Artikel mit einem besonderen Abwehrmechanismus beschäftigen, den ein Patient anwendet, um eine ganze Situation so einzukapseln, daß sie von seinem übrigen (Seelen-)Leben vollständig abgetrennt ist und eine Lücke entsteht. Der Patient hat eigentlich vorhandene Gedanken, Gefühle und die Wahrnehmung seiner Beziehungen »vergessen«, was zu kleineren oder größeren Amnesien führt. Ich möchte zeigen, daß dieser drastische Mechanismus vor allem der Abwehr intensiver depressiver Ängste dient und vor Schuldgefühlen schützen soll, die der Patient als unerträglich erlebt.

Darüber hinaus möchte ich kurz beschreiben, wie ein Patient sich durch perverse Maßnahmen schützt, indem er seinen Konflikt ruhigzustellen und einzuschließen versucht, bevor er noch weiter geht und die als schmerzlich erlebte Situation massiv »herausschneidet«. Das perverse Enactment verstärkt die Schuldgefühle, so daß die Abwehr mißlingt, was den Patienten wiederum zu verstärkten Abwehrmaßnahmen veranlaßt und eine Amnesie hervorruft, die manchmal erreicht wird, indem eine vorhandene Erfahrung vollständig beseitigt wird.

\*　Ruth Riesenberg-Malcolm, Lehranalytikerin der Britischen Psychoanalytischen Gesellschaft (Zweig der IPA), arbeitet in eigener Praxis in London. Zahlreiche Veröffentlichungen, u.a. in ihrem Buch *On Bearing Unbearable States of Mind*.
Zit. a. d. Art. nur nach ausdrücklicher Genehmigung durch die Autorin.

Abschließend möchte ich die einer solchen Situation zugrundeliegende Dynamik untersuchen und mich insbesondere mit der Frage beschäftigen, welche Bedeutung ödipale Konflikte dabei haben, wie sie sich in der Analyse manifestieren und welche besonderen technischen Schwierigkeiten für den Analytiker daraus erwachsen.

Meine Darlegung basiert auf der Analyse eines Patienten, den man als schwer neurotisch oder als Borderline-Patienten bezeichnen könnte, der aber sicher nicht psychotisch war, obwohl er seine Kindheit und frühe Adoleszenz (bis zum Alter von fünfzehn Jahren, als sich seine Eltern scheiden ließen) vergessen hatte. Es war ihm gelungen, zu seiner Partnerin und seinen Kindern gute und stabile Beziehungen aufzubauen, und er verfügte – zumindest innerhalb der Grenzen, die er brauchte, um bestimmte Vorstellungsbereiche isoliert zu halten – über eine gute Denkfähigkeit.

Mr. A. ist vierzig Jahre alt und bekleidet eine hoch spezialisierte und wichtige berufliche Stellung. Er hatte, als er zu mir kam, bereits eine Therapie gemacht, die ihn aber nicht zufrieden gestellt hatte, weil einige Probleme ungelöst geblieben waren. Als er mir über sein Leben berichtete, hatte ich den Eindruck, daß in seiner vorigen Behandlung viel erreicht worden war; Mr. A. litt aber unter seiner Tendenz, sich zurückzuziehen und Kontakte abzubrechen, was in seinem Erleben zu Schwierigkeiten mit anderen Menschen und Problemen in seiner Partnerbeziehung führte.

Bei unserer ersten Begegnung fielen mir drei Dinge besonders auf. Das erste war, daß er die ersten fünfzehn Jahre seines Lebens vergessen hatte und gleichzeitig überzeugt war, daß alle seine Probleme darauf zurückzuführen seien, daß seine Eltern »nichts taugten«. Zweitens ließ er bei der Erwähnung seiner früheren Analyse jegliche Anerkennung oder affektive Reaktion vermissen, und drittens fand ich es auffällig, wie er über einen alten Traum sprach, den er in seiner vorherigen Analyse gehabt hatte.

In diesem Traum ging er »unter« Sand oder Asche, die er für den Fallout einer nuklearen Explosion hielt. Er fühlte sich ruhig und zufrieden; in gewisser Weise idealisierte er die Ruhe und das Wohlbefinden nach dieser völligen Zerstörung, obwohl ihm klar war, wie schwerwiegend eine nukleare Explosion ist. Außerdem war ich von seinem Bemühen beeindruckt, mehr über sich herauszufinden und von seiner Fähigkeit, sich mir gegenüber emotional zu engagieren, was sich beispielsweise darin zeigte, wie er auf den Versuch von mir reagierte, seine Rückzugstendenz so zu verstehen, als werde er von einem Teil in sich gekidnappt, der so viel Macht besitze, daß sich ihm alles andere passiv zu unterwerfen habe. Seine Antwort darauf war: »Genau so ist es«, woraufhin er etwas entspannter wirkte und anfing, lebendig und voller Wärme über sich und sein Leben zu sprechen.

In einer früheren Arbeit *As-if: The experience of not learning* habe ich mich mit einer Art vertikaler Spaltung beschäftigt, die ich als »Abschneiden« bezeichnet habe; ich verknüpfte diese Art der Spaltung mit dem von Bion als −K bezeichneten Phänomen. Dieses Abschneiden führt dazu, daß entstehende Verbindungen sich nicht festigen und das Denkvermögen geschwächt und beeinträchtigt wird, so daß Denkfehler auftreten und es zu unsinnigen Verstellungen kommt. Erfahrungen verschwinden nicht einfach wie in der Situation, die ich gleich beschreiben werde, sondern büßen ihre Lebendigkeit ein.

Das im Folgenden beschriebene Phänomen unterscheidet sich zwar nicht völlig von der zuvor dargestellten Art des »Abschneidens«, kann aber noch gravierendere Folgen haben; die Durchtrennung von Verbindungen wirkt noch drastischer und nachhaltiger, so daß die verschiedenen Teilaspekte der Persönlichkeit, die »entnommen« wurden, räumlich und zeitlich isoliert werden und keinen Kontakt mehr zum Rest der Persönlichkeit zu haben scheinen. Sie wirken dann wie durch ein sinn- und lebloses Vakuum ersetzt, wie Überbleibsel nach einer atomaren Explosion. Man könnte die Ruhe, die dieser Fallout mit sich bringt, als »Gedächtnislosigkeit« bezeichnen (statt zu sagen, jemand »leide unter Gedächtnisschwund«).

Diese Situation kann zu einem massiven »Vergessen« führen, das sich oft auf große (innere und äußere) Katastrophen und/oder auf traumatische Ereignisse bezieht. In der Analyse kann es zwischen zwei Sitzungen auftreten und Mini-Amnesien hervorrufen (meistens dann, wenn Schuldgefühle zu stark zu werden drohen). Freud spricht in der anfangs zitierten Arbeit von Abwehrmechanismen, die Verfälschungen und Entstellungen hervorrufen, in deren Folge die Wahrheit verdreht wird, so daß die Fähigkeit eines Menschen, sich auf sich selbst und andere zu beziehen, beeinträchtigt wird. Verschiedene und voneinander abgespaltene Teile der Persönlichkeit existieren dann nebeneinander.

Klein beschreibt in ihrer Arbeit *Bemerkungen über einige schizoide Mechanismen* (1946) Fragmentierung, Spaltung und projektive Identifizierung als Phänomene, die zu Beginn des (Seelen-)Lebens auftreten. Diese psychischen Mechanismen und die Art ihrer Entstehung sind von fundamentaler Bedeutung für die psychische Entwicklung. Verläuft die Entwicklung vorwiegend in Richtung einer Integration, ist das Ergebnis eher »normal« (neurotisch). Überwiegt die Desintegration, kommt es zu einer eher psychotischen Pathologie.

In derselben Arbeit untersucht Klein, welche Folgen es hat, wenn die Existenz eines schlechten Objekts und einer schmerzvollen Situation omnipotent verleugnet werden und meint, daß dann nicht nur ein Objekt verleugnet und vernichtet werde, sondern eine Objektbeziehung und damit jener Teil des Ichs, der die Gefühle für dieses Objekt entwickelt hat. Oder anders ausgedrückt: Wenn der Sadismus dominiert, vernichten die Angriffe auf das Objekt und die inneren Angriffe auf das Ich die Objektbeziehung und damit werden die Verbindungen zu einem Teil des Selbst (und des Objekts) zerstört. Bion hat unser Verständnis für Angriffe auf Verbindungen vertieft und erweitert und gezeigt, daß diese Angriffe psychotische Züge hervorrufen, die sowohl bei psychotischen wie bei neurotischen Patienten neben neurotischen Zügen auftreten.

Bei der von mir beschriebenen Form der Spaltung ist ein Entwicklungsniveau erreicht worden, das (innerhalb bestimmter Grenzen) die Beziehung zu ganzen Objekten ermöglicht; damit drohen dann aber auch ständig intensive und unerträgliche Schuldgefühle. Das Zusammenwirken sadistischer Angriffe, äußerer Ereignisse und schwerster Schuldgefühle (besonders wenn sie mit ödipalen Konflikten verknüpft sind) bedeutet, daß die ganze Situation als unerträglich erlebt wird. Der Patient muß dann versuchen, das Erlebnis insgesamt loszuwerden, was bedeutet, daß er das Objekt, das Ich und die Affekte und die ganzen sehr komplexen Beziehungen zwischen ihnen aus sich »herauszunehmen« versucht. Dieser Vorgang (der offensichtlich als Abwehr gedacht ist) hinterläßt bei ihm ein »psychologisches Loch im Kopf«, d.h. er hat von einem gesamten Aspekt seines Erlebens keinerlei Vorstellung mehr und fühlt sich räumlich und zeitlich davon abgeschnitten.

## Fallbeispiel

Man kann sich leicht ausmalen, daß ich über die Geschichte dieses Mannes nicht viel sagen kann. Obwohl der Patient kaum Erinnerungen an seine Kindheit hat, glaubt er, er sei ein einzelgängerischer, isolierter Junge gewesen. Er meint, daß er körperlich nicht vernachlässigt worden sei, vermittelt aber das Bild einer emotional deprivierten und deprivierenden Familie. Dieses wie monochrom wirkende Bild blieb lange Zeit unveränderlich, als sei es in Stein gehauen. Der Patient spricht verächtlich über seine Eltern und scheint seine Verachtung zu genießen. Nach dem, was ihm seine Mutter erzählt hat, scheint die Beziehung seiner Eltern nie gut gewesen zu sein. Es kam zu einer mit viel Erbitterung durchgeführten Scheidung, als er fünfzehn war. Seine Erinnerungen an die Vergangenheit setzen an diesem Punkt ein; es wirkt, als wäre ein Gefühl für Kontinuität in seiner Lebenserfahrung durch die Trennung seiner Eltern unterbrochen worden. Die Mutter zwang den Vater, das gemeinsame Zuhause zu verlassen; der Patient sah seinen Vater siebzehn Jahre lang nicht. Er ist dem Vater gegenüber voller Vorwürfe, weil dieser nie versucht hätte, den Kontakt zu seinen Kindern wieder herzustellen oder aufrechtzuerhalten und ihnen diese Situation nie erklärt hätte. Der Kontakt wurde erst durch Mr. A. selbst wieder aufgenommen. Einige Jahre lang kam es zu Treffen mit seinem Vater, aber Mr. A. mochte ihn nicht und beendete den Kontakt wieder. Er beklagt sich, daß auch danach sein Vater keine Versuche gemacht habe, den Kontakt wieder aufzunehmen.

Seine Mutter beschreibt der Patient als unzuverlässig, egoistisch und verlogen. Er nennt die Beziehung zu ihr eintönig und leblos, seine Mutter hätte an allem, was er tat, immer etwas auszusetzen gehabt. Ähnlich erlebt er mich in der Analyse. Die Beziehung zu seinen Geschwistern wirkt kalt, distanziert und vorwurfsvoll. Die Beziehung zu seiner Partnerin scheint gut zu sein; es klingt warm und liebevoll, wenn er von ihr und den Kindern spricht. Zu Beginn der Analyse sprach er von Heiratsplänen; er lebte seit elf Jahren mit dieser Frau zusammen.

## Die Analyse

Jemanden analysieren zu wollen, der die von mir beschriebenen Abwehrmechanismen aufweist, bringt unweigerlich besondere Probleme für den Analytiker mit sich. Als Analytikerin hatte ich mehr oder weniger ständig die Frage im Hinterkopf, wieviel der Patient von dem, worüber wir in den Sitzungen gesprochen hatten und was ich ihm gedeutet hatte, erinnern würde, so daß ich merkte, daß ich noch sorgfältiger als sonst untersuchte, was der Patient sagte. Manchmal waren mir meine Zweifel bewußt, daß etwas verlorengegangen sein könnte, und ich äußerte meine Gedanken dazu dann ganz explizit.

Ich möchte nun ein spezifisches Problem aus Mr. A.s Analyse beschreiben, das in der Frage bestand, was er »wirklich« erinnerte und was eher eine plausible Erzählung war, die schließlich in eine Replik dessen transformiert wurde, wie es gewesen sein *könnte*. Mir wurde dieser Ablauf deutlich, während ich seinen verschiedenen Assoziationen zu verschiedenen Themen zuhörte und merkte, daß ich mich unbehaglich fühlte, ohne die Gründe dafür genau benennen zu können, mich aber gleichzeitig durch die Kohärenz seiner Erzählung irgendwie verführt fühlte. Zum Beispiel beschrieb er in einer Sitzung, wie er gemeinsam mit zweien seiner Kinder etwas unternommen hatte. Er erging sich darin, wie interessant es war, sich mit ihnen zu unterhalten und schilderte ausführlich die Themen, mit denen sich seine Kinder beschäftigt hatten. Im Anschluß daran sprach er über seine eigene Kindheit und beschrieb mit etlichen Einzelheiten, wie niemand je so mit ihm gesprochen hätte wie er mit seinen Kindern. Beim Zuhören fiel mir auf, daß die Bitternis, mit der er üblicherweise über solche Themen sprach, völlig fehlte. Ich ertappte mich dabei, wie ich seinen Tonfall hörte und voller Wärme dachte: »Armes Kind« (was mir nicht gerade häufig in den Sinn kommt), während ich mich gleichzeitig wie dazu manipuliert fühlte, so zu denken. Ich fragte ihn, ob er sich erinnere, daß es so gewesen sei, wie er es schildere, und er reagierte wie ein Kind, das beim Flunkern erwischt wird und sagte, er könne sich nicht wirklich erinnern, denke aber, daß es so gewesen sein müßte.

Abgesehen von den technischen Schwierigkeiten im Umgang mit diesem Problem geht es in einer Situation wie dieser – in der sowohl der Mechanismus wirksam ist, einen Teil des seelischen Erlebens auszuschalten, als auch der Mechanismus, diesen Teil durch etwas, das auf eine Lüge hinausläuft, zu ersetzen – um die wichtige Frage, welche Beziehung dieser Patient zur Wahrheit hat. Interessanterweise ist die Lüge als solche nicht völlig erfunden, da sie Teile der ursprünglichen Erfahrung zu enthalten scheint; diese Teile werden aber durch den Abstand zwischen dem ursprünglichen affektiven Erleben und der Geschichte, die an seine Stelle tritt, gemildert. Dieser Abstand entsteht dadurch, daß die ganze Bandbreite der ursprünglichen Gefühle und Konflikte beseitigt wird und eine Geschichte – »es war nicht ganz so, aber so ähnlich« – als Ersatz dient, die eine entschärfte und unlebendige Version dessen ist, was sonst als unerträglich erlebt würde.

Bion vertritt in seinem Buch *Attention and Interpretation* (1970, 99) die Auffassung, daß Lügen gegen den durch katastrophische Veränderungen ausgelösten emotionalen Aufruhr mobilisiert werden. Als mir bei dem Patienten die oben beschriebene Verhaltensweise auffiel, spürte ich auch, daß er sich dem Erleben seiner Ängste oder seiner Furcht vor Schuldgefühlen näherte, und dies war, wie schon gesagt, etwas für ihn Unerträgliches, die »Bedrohung durch eine nahende Katastrophe«.

## Material aus Sitzungen

Ich möchte aus dem klinischen Material drei Beispiele auswählen. Das erste ist eine kurze Vignette aus einer Sitzung, in der es dem Patienten nicht gelang, sich mit Hilfe perverser Einfälle vor drohenden Schuldgefühlen zu schützen, und er auf eine Form der Spaltung zurückgriff, die zu einer Amnesie führt. Im zweiten kurzen Beispiel geht es darum, wie sich seine ödipalen Konflikte in der Übertragung zeigen, und wie er sich dieser Konflikte im Alltag entledigt, indem er sie vollständig abspaltet. Abschließend möchte ich detaillierteres Material vorstellen, um die Auseinandersetzung zu zeigen zwischen seinem Wunsch, etwas zu lernen (also Verknüpfungen zu ermöglichen und sich die Möglichkeit zu eröffnen, seine innere Welt wieder herzustellen), und der Furcht, herauszufinden, in welchem Zustand sich seine innere Welt befindet, also einem Wissen, das er einerseits kaum zulassen kann, das ihm aber andererseits Hoffnung macht, eine Möglichkeit zur Wiedergutmachung zu finden.

### a) Perversion und Vergessen

Einige Sitzungen lang war Mr. A. vor allem damit beschäftigt, mich lächerlich zu machen, wenn auch auf höfliche Weise und eher im Verborgenen, oder es gab lange Schweigepausen, die nur durch sarkastische und verächtliche Klagen über mich unterbrochen wurden, weil ich nichts für ihn tun würde und sowieso unfähig sei, überhaupt irgend etwas für ihn zu tun. Die Atmosphäre in den Stunden war sehr unangenehm, ich fühlte mich nutzlos und ganz erschlagen von seinen ständigen Angriffen, während er die Situation insgeheim (oder vielleicht auch nicht so geheim) zu genießen schien. Nach einiger Zeit, in der ich überwiegend schwieg und nur ein paar Mal versuchte, ihn zu erreichen, was er aber ignorierte, sagte ich ihm, wir schienen in einer Situation zu sein, in der es ihm Vergnügen bereite und ihn errege, »auf mich einzuschlagen«, und dieses Vergnügen scheine es ihm zu ermöglichen, das, was ich sage, zu ignorieren. Nach einer kurzen Pause, in der er nachdenklich wirkte, sagte er, er habe mir noch nichts von der Phantasie gesagt, die er häufig hätte, in der er einen Mann zusammenschlage, von dem er sich in seiner Vorstellung entweder brüskiert oder provoziert fühlte. Er schilderte seine Phantasien in vielen Einzelheiten. Dabei klang er sowohl erregt wie auch etwas irritiert durch das, was er sagte. Ich wies ihn darauf hin, daß diese Phantasien und das Sprechen über sie ihm ein Gefühl des Triumphs zu bereiten schienen.

In den folgenden Sitzungen hatte er keinerlei Erinnerung an die Phantasien, die er mir mitgeteilt hatte und auch nicht an die Umstände, unter denen sie ihm wieder eingefallen waren. Als ich ihn an diese Sitzung erinnerte, wirkte er irritiert, als hätte er ein Vakuum im Kopf. Die Sitzung und der Inhalt der Sitzung waren verschwunden, was er damit zu überspielen versuchte, daß er noch mehr Einzelheiten seiner Phantasien produzierte, in denen er auf irgendwelche Männer einschlug. Zu dem, was er sagte, hatte er kein Gefühl; die lebendige Verknüpfung dessen, worüber wir gesprochen hatten und was diese Erinnerungen wieder wachgerufen hatte, mit seiner Beziehung zu mir in dieser Sitzung, schien vollständig ausradiert. Ich glaube nicht, daß er sich an diese Sitzung wieder erinnern konnte.

Wie ich zu zeigen versuchte, hat die Tatsache, daß ich der schwierigen und unangenehmen Situation standhalten und in meinen Gedanken einige Verknüpfungen herstellen konnte, es ihm ermöglicht, etwas von dem, was zwischen uns vorging, wahrzunehmen und es darüber hinaus mit anderen seiner perversen Gedankengänge in Verbindung zu bringen. Das scheint aber zuviel für ihn gewesen zu sein, so daß er sich dann vollständig davon abschnitt und die Situation anscheinend in einer Weise atomisierte, die ihm die Sicherheit bot, daß sie überhaupt nicht mehr existierte.

M. Klein (1957) warnt davor, die Integration verschiedener Teile der Persönlichkeit zu sehr beschleunigen zu wollen, da es dem Patienten Schwierigkeiten bereite, damit zurechtzukommen. Für Mr. A. war es offensichtlich so schwierig, daß er seine Bewegung hin zu mehr Integration nicht beibehalten konnte.

b) Ödipale Konflikte: Unerträgliche Schuldgefühle als Folge der Spaltung

Wie schon gesagt, steht bei Mr. A. eine ödipale Dynamik im Zentrum seiner Schwierigkeiten. In der Sitzung, die ich jetzt vorstellen möchte, wird deutlich, daß die Art und Weise, wie der Patient in seiner Vorstellung die Beziehung zwischen seinen Eltern durchtrennt, wie er versucht, diese Verbindung in seiner inneren Welt überhaupt nicht existieren zu lassen, dazu führt, daß er sich innerlich verarmt, verbittert und ohne Verbindung zum Leben fühlt.

Es ist die erste Sitzung nach der Osterpause. Seine Hochzeit steht kurz bevor. Als Mr. A. ins Zimmer kommt, wirkt er ziemlich ernst, aber während er zur Couch geht, huscht ein warmes Lächeln über sein Gesicht, und dieser Gesichtsausdruck erinnert mich an ein sehr kleines Kind.

Mit ungewöhnlicher Wärme sagt er, er habe mich fragen wollen, ob ich schöne Ferien gehabt habe, fügt dann aber mit einem etwas veränderten Ausdruck hinzu:»Aber das klingt dann wie abfragen.« Er wirkt frustriert.

Dann sprach er über seine Ferien, wie schlecht sie waren, wie er sich mit seinem Bruder gestritten habe. Es kam für ihn überraschend, daß sie sich so direkt gestritten hatten, weil er sich nicht daran erinnern konnte, sich früher mit ihm gestritten zu haben, er konnte sich aber vorstellen, daß sie sich als Kinder gestritten haben müssen. Er hatte auch eine Auseinandersetzung mit Fiona (seiner Partnerin), die ihm vorwarf, zu inquisitorisch zu sein und ihre Lebendigkeit für sich auszunutzen. Er hatte Geburtstag gehabt und von seinen Eltern war nichts gekommen, weder Karten noch Geschenke. Fionas Eltern hatten angerufen und damit gezeigt, daß sie anders waren als seine Eltern.

Nach einigen weiteren Einfällen gab es einen kurzen Dialog zwischen uns, bei dem er über alles, was ich sagte, hinwegging. Die Atmosphäre in der Stunde wurde zunehmend gespannter, ich fühlte mich unter Druck. Ich sagte, er fühle und fühlte sich von mir nicht anerkannt, was ich damit verknüpfte, daß er sich durch seine Eltern verletzt fühlte, und außerdem hätte er sich während der Ferien durch mich nicht anerkannt gefühlt, weil ich auf seinen Geburtstag nicht reagiert hätte.

Wieder zur Analyse zu kommen, bedeute, sich zwischen widersprüchlichen Gefühlen hin- und hergerissen zu fühlen: einerseits der Wärme und Freude angesichts des Zurückkommens, andererseits dem Groll wegen meiner Abwesenheit, der sich noch verstärkt hätte, weil ich seine freundliche Frage, ob ich schöne Ferien gehabt hätte, nicht gleich beantwortet hatte. Wenn er etwas Wärmeres zum Ausdruck bringe und sein Interesse zeige, würde deshalb ein anderer Teil in ihm dazwischenfahren und seine Gefühle ersticken, indem er zu ihm (und zu mir) sage, das hätte nichts mit Gefühlen zu tun, es sei höchstens ein »Abfragen«.

Er murmelte vor sich hin, sich so direkt zu äußern, mache ihn verletzlich. Nachdem er noch eine Weile so weitergesprochen hatte, sagte ich, ein Aspekt der Verletzlichkeit scheine in diesem Fall mit seinem Wunsch verknüpft zu sein, mich nach meinen Ferien zu fragen, was ihn merken lasse, daß er neugierig sei. Seine Neugier auf meine Ferien und mein Leben mit meinem Partner sei so intensiv und zwingend, daß er sich über sein Interesse ärgerte und darauf herumtrampeln mußte (das kalte Abfragen) und es (in mich) loswerden mußte, so daß er *mich* als vorwurfsvoll und kritisch erlebte, so als wäre ich kurz davor, ihm den Vorwurf zu machen, er sei zu inquisitorisch. Er sprach dann über die Hochzeit; sie hätten zunächst versucht, keine große Sache daraus zu machen, aber jetzt wollten sie doch in größerem Rahmen feiern. Es wirkte, als wolle er eine große Sache daraus machen, um mich zu übertönen.

Dann sprach er über seine merkwürdige Familie und darüber, daß er nie mit seinem Vater habe reden können, er habe immer nur Vorwürfe zu hören gekriegt (darüber hatte er sich oft und bitter beklagt). Ich dachte, für ihn bedeutete, »richtig« mit den Eltern zu reden, ob nun mit der Mutter oder dem Vater, in die größeren oder kleineren Belange ihres Lebens und ihren Verkehr eingeladen und einbezogen zu sein. In meiner Deutung verknüpfte ich diese Überlegung damit, daß ich ihm seine Frage (nach meinen Ferien) nicht unmittelbar hatte beantworten können, so daß er mich wie seine Eltern erlebte, wie eine, die sich abschottet, ihn ausschließt und damit seine haßerfüllte Neugier herausfordert.

Seine Antwort war die übliche Bemerkung, daß er keine Erinnerung daran habe, daß seine Eltern je zusammen gewesen seien, was er lang und breit ausführte. Darin drückt sich die Realität seines inneren Erlebens aus, aber auch, daß er dann keinerlei Verantwortung dafür übernehmen muß, was er ihnen jetzt und früher in der Phantasie antut und angetan hat. Ich fragte, ob seine Eltern ein gemeinsames Schlafzimmer oder ein gemeinsames Bett geteilt hätten. Er war überrascht und antwortete, ja, beides habe zugetroffen, aber die einzige Erinnerung an seine Eltern im Bett sei eine Szene, als sein Vater allein im Bett lag, weil er gestürzt war und sich die Nase gebrochen hatte! Sein Kommentar scheint etwas davon wiederzugeben, wie er meine an der äußeren Realität orientierte Frage erlebt hatte; er teilt mir nicht nur mit, wie er es erlebt hatte, sondern vor allem, daß er keinerlei Verantwortung dafür trage.

Ich will hier nicht darauf eingehen, welche weiteren Bedeutungen seine Einfälle noch haben könnten, sondern statt dessen unterstreichen, wie er in seiner Vorstellung jede Beziehung zwischen den Eltern aufgelöst und kein Bild von ihnen als Paar behalten hatte – die Mutter war beseitigt und der Vater hatte eine gebrochene Nase (war kastriert?). Er scheint jegliche Beziehung zwischen ihnen angegriffen und ausgelöscht zu haben; wenn er sich überhaupt damit beschäftigte, war es eine verächtliche Beschreibung. Auf dieselbe omnipotente Weise hatte er jedes Wissen um seine Aktionen und Reaktionen seinen Eltern gegenüber abgetrennt und aus seiner Vorstellung entfernt; er schien die ganze Angelegenheit zu betrachten, als hätte es sie nie gegeben. Angesichts dieses drastischen und machtvollen psychischen Vorgangs muß die tatsächliche Scheidung seiner Eltern nur noch verschlimmert haben, wovor er sich wahrscheinlich ohnehin fürchtete, nämlich unerträgliche psychische Schmerzen – Schmerzen, die eine Folge seiner Schuldgefühle und der Angst vor möglicher Vergeltung waren.

Das Vakuum, das bei dem Patienten entstanden war, weil er ein ganzes Stück aus seinem Leben »herausgenommen« hatte, füllte er mit den Überbleibseln dessen, wie es hätte gewesen sein *sollen* und vermittelte es in der unbeteiligt wirkenden verächtlichen Wiederholung seiner Beschreibung, was er für eine schlechte Familie gehabt habe. Diese extreme Vorgehensweise führt dann dazu, daß er sich unbeteiligt und leblos fühlt (so wie er seine Eltern gezeichnet hatte).

Seine feindselig vernichtenden Phantasien sind ihm bewußt. Er erlebt sie und die Omnipotenz seiner Phantasien als bedrohlich und fühlt sich deshalb durch seine Eltern (und mich) ständig bedrängt und zu unerträglichen Schuldgefühlen gezwungen. Diese Situation bringt beträchtliche Probleme mit sich. In seiner Vorstellung bestand zwischen den Eltern nie eine Beziehung; sie hatten niemals Verkehr, also kam es zu keiner Konzeption und er war nie erwünscht. Sein Geburtstag fiel in die Analyseferien. Wenn weder seine Eltern noch ich seinen Geburtstag zur Kenntnis nehmen, fühlt er sich wie vernichtet, seiner Existenz beraubt und nicht im geringsten liebenswert. Natürlich wird er dann depressiv, was seinen Haß verstärkt und noch mehr Schuldgefühle hervorruft.

Die detaillierte Deutung der hier zusammengefaßten Abläufe führte zu einer gewissen Veränderung in seiner Einstellung zu seinem »Vergessen«, das er in der Regel ohne große Beteiligung als etwas bezeichnete, was »eben passiere«. Allmählich begann er sich für sein »Vergessen« zu interessieren.

c) Der Konflikt zwischen seinem Wunsch, etwas herauszufinden, und der Angst davor

Nachdem Mr. A. angefangen hatte, sich für sein Vergessen zu interessieren und mehr darüber herausfinden wollte, geriet er in einen akuten Konflikt zwischen dem Wunsch einerseits, etwas herauszufinden und mehr über sich zu erfahren, und der Angst andererseits, durch das, was er über sich erfahren könnte, mit unerträglichen Verfolgungs- und Schuldgefühlen konfrontiert zu werden.

Ich möchte zunächst zwei Sitzungen kurz zusammenfassen, die der Sitzung am Mittwoch vorausgingen, die ich ausführlicher darstellen möchte. Am Montag erzählte Mr. A. in rascher Folge drei Träume.

Im ersten Traum *sagte jemand abschätzig, spanische Arbeiter taugten nichts*; im zweiten ging es *um ein Klavier* – hier unterbrach er seinen Bericht kurz und sagte, Fiona hätte am Wochenende überraschend ein gebrauchtes Klavier gekauft, worauf er in seiner Ansprache bei der Hochzeit eingehen wollte – im Traum *sei es ein ziemlich schäbiges Klavier gewesen, einige Tasten waren verklebt, dreckig und zerbrochen, so daß es richtig kaputt war und man nicht darauf spielen konnte.* Im dritten Traum *war er in der Analyse, saß aber in einem Sessel. Plötzlich dachte er an die Couch und sah zu seiner Überraschung, daß sie ganz fleckig und schäbig war.*

Sein erster Einfall war, daß die spanischen Arbeiter etwas mit mir zu tun hatten. Weitere Einfälle brachte er nicht, statt dessen wiederholte er seine Träume und führte sie vage noch etwas weiter aus. Schließlich sagte ich etwas in der Art, daß er mir seine Träume präsentiere in der Erwartung, daß ich ihm»Deutungen« dazu liefere, während er passiv verharren könne, ohne sich weiter an der Sitzung beteiligen zu müssen. Die Deutung seines Verhaltens löste eine Flut an Klagen aus. Nach mehreren Anläufen gelang es mir, ihm zu zeigen, daß der Verlauf der Stunde einiges mit dem Traum gemeinsam hatte, er scheine an meinem Platz zu sitzen und mich und die Analyse fleckig und beschmutzt zurückzulassen. Diese Deutung verknüpfte ich dann mit der Wochenendpause, was zur Folge hatte, daß er aufmerksamer und etwas überrascht wirkte.

Nach einer kurzen Pause sagte er, er habe an Moses gedacht beziehungsweise an Freuds Arbeit *Moses und die monotheistische Religion*, die er noch nicht kenne, aber gern lesen würde. Er wirkte und klang nachdenklich. Kurz darauf veränderte sich sein Tonfall. Er sagte etwas über eine riesige Statue, Moses als Marmorkoloss und noch mehr in dieser Art. Ich sagte, ich hätte den Eindruck gehabt, daß er sich für das, was ich gesagt hatte, interessierte und mehr darüber erfahren wollte, vom Vater der Psychoanalyse etwas über den Vater der Religion erfahren wollte. Aber weil ihm das sinnvoll erschien, bereite es ihm Unbehagen und deshalb habe er angefangen, sich über mich lustig zu machen. Der weitere

Verlauf der Stunde war ähnlich, er war ein bißchen erregt und verdreht. Es entwickelte sich so etwas wie ein »Räuber und Gendarm-Spiel«.

Die folgende Sitzung verlief in einer ähnlichen Stimmung; er machte viele verächtliche und abfällige Bemerkungen über mich. Ich sprach von Folter. Er schien mir zuzuhören, nahm sich dann aber wieder zurück und schnaubte verächtlich. In meinen Deutungen ging ich in dieser Sitzung vor allem auf die perversen Aspekte der Situation ein: seine Grausamkeit mir gegenüber und die für ihn damit verbundene Erregung und Lust.

## Die Sitzung am Mittwoch

Beim Reinkommen lächelt er mich ein bißchen an, wirkt aber ernst. Er fängt etwas früher als sonst an zu sprechen und sagt, er habe das Gefühl gehabt, daß die gestrige Stunde sehr wichtig für ihn war. Einiges verstehe er jetzt, besonders seine Neigung, Spielchen zu treiben. Auf Einzelheiten geht er nicht ein und beim Weitersprechen scheint er die Direktheit und Spontaneität vom Anfang wieder verloren zu haben. Nach einer kurzen Pause sagt er, er hätte erwartet, daß ich sage, er würde auch jetzt ein Spielchen treiben, usw. Ich interveniere – vielleicht etwas zu schnell – und sage etwas darüber, daß er sich in einer Art Wettlauf mit mir befinde und dem, was ich nach seiner Meinung sagen wollte.

Wie schon gesagt, war diese Intervention vielleicht etwas voreilig, aber vielleicht hätte er ohnehin so reagiert, wie er es dann tat; jedenfalls war das Ergebnis, daß er mit einer ganzen Reihe von Beschwerden über mich loslegte – was er sage, fände ich wertlos, wenn er schweige, behauptete ich, er sei beleidigt und so weiter.

Nach ziemlich langer Zeit interveniere ich und sage, er hätte zu einer Frau gesprochen, die ihn nur und immer kritisiere, aber anscheinend errege es ihn auch und erfülle ihn mit Stolz, wenn er sich so beschwere. Er antwortet mit einem Grinsen (einem höflichen Grinsen) und macht noch geraume Zeit so weiter wie bisher. Nach einer kurzen Pause sagt er, ihm falle ein spanisches Buch ein, das bei mir im Regal stehe; es erinnere ihn an seinen Traum mit dem spanischen Arbeiter. Es entsteht eine gewisse Spannung. Schließlich sagt er provozierend, ihm komme ein Bild in den Sinn, die Mütze eines Schuljungen. Er beschreibt die Mütze sehr sorgfältig und sehr detailliert. Es entsteht eine Pause. Nach einer Weile sagt er, er denke jetzt an andere Mützen, um die es in einem Buch geht, von dem er gehört, das er aber nicht gelesen habe. In diesem Buch geht es um ein Konzentrationslager, in dem die Gefangenen Mützen tragen mußten, die ihnen die Bewacher ausgegeben hatten. Wenn sie die Mützen nicht trügen, würden sie umgebracht. Nach einer kurzen Pause spricht er über ein anderes Buch, eines, das er tatsächlich gelesen hat mit dem Titel *Fragmente*. Ein Autor namens B. habe es geschrieben und als Autobiographie ausgegeben, aber dann hätte sich herausgestellt, daß der Autor ein Betrüger war und nie in einem Konzentrationslager gewesen war. Trotzdem sei es ein gutes Buch, gut geschrieben und überzeugend.

Ich möchte hier kurz einfügen, daß ich es interessant finde, wie er manchmal mit dem, was er »entnommen« und beseitigt hat – zum Beispiel, wenn er Situationen aus seiner Kindheit schildert, die durchaus so, wie er sie darstellt, hätten gewesen sein *können* – in einer Weise umgeht, die wie ein »gut geschriebener« Bericht wirken über das, was er möglicherweise empfunden hat oder empfunden haben könnte, so daß er eine bestimmte Art von Wahrheit wiedergibt, die aber ihrer Basis beraubt ist und deshalb betrügerisch wird.

Zurück zu der Sitzung: Mr. A. erwähnte noch mehr Einzelheiten über den Inhalt des Buches, das Leben und die Lebensbedingungen der Häftlinge, die Beschreibung des Lagers als eines Ortes, der mit Exkrementen bedeckt war, und daß ein Gefangener erklärt hatte, sie müßten alles so lassen, weil sie sich mit den Exkrementen warm halten würden. Als er mit seiner Beschreibung des Konzentrationslagers fortfuhr, wurde die Atmosphäre in der Stunde immer unangenehmer, nicht nur wegen der erwähnten Inhalte, sondern für mein Gefühl vor allem wegen der Art, wie er sprach und wie er sich daran zu ergötzen schien. Mir kamen Überlegungen über anale Angriffe in den Sinn. Ich sagte, nach meinem Eindruck werde das Konzentrationslager in der Sitzung »wiedergegeben« und er versuche, sich (und mich) mit seinen Schilderungen zu erregen; ich zeigte ihm im Detail, was er gemacht hatte, fügte aber hinzu, daß mir vieles, was sich hier abspielte, etwas unecht vorkomme. Er reagierte, als wäre ich ihm ins Wort gefallen. Er klagte, ihm gefalle es auch nicht, was hier vor sich gehe, aber er könne nicht anders. Mein Eindruck war, daß seine Bemerkung zum Teil zutraf und zu einem anderen Teil einfach eine Fortsetzung des Vorhergehenden war.

Ich erwähnte die Mütze des Schuljungen und sagte, er scheine den Wunsch zu haben, herauszufinden, warum er sich so fühle und so handle, er wolle also etwas über seine alten Muster erfahren. Er unterbrach mich fast und sagte, genau das sei der Grund dafür gewesen, daß er es noch einmal mit einer Analyse versuchen wollte. Nach einer kurzen Pause sagte ich, zu Beginn der Sitzung hätte ich den Eindruck gehabt, er wäre mit gemischten Gefühlen gekommen. Aber dann habe er nicht dabei bleiben können, das weiter zu untersuchen, was er glaubte, verstanden zu haben und wichtig, wenn auch möglicherweise schmerzlich fand, weil etwas in ihm ihn dazu verführt habe, sich mit diesem Scheißkram warm zu halten. Ich beschrieb diese Situation detailliert, aber eher kurz. Er murmelte irgend etwas über einen mit Marmelade gefüllten Donut, über eine Fabrik, etwas Ekliges … Ich konnte nicht verstehen, was er sagte und sagte nichts dazu. Nachdem er einige Zeit geschwiegen hatte, sagte er, er hätte verstanden, worüber ich gesprochen hatte, aber es sei schrecklich, wenn man bei sich selbst etwas Grausames und Perverses entdecke. Dann verfiel er in Schweigen, sein Gesichtsausdruck war nicht zu erkennen. Ich hatte den Eindruck, er schwankte innerlich hin und her.

Nach einer Weile sprach er über eine Vase mit weißen Blumen, es wäre gut, an etwas Normaleres zu denken, wie ein Aufschub. Dann sagte er, es sei für uns beide schrecklich, für ihn fühle es sich furchtbar an und für mich müsse es auch sehr unangenehm sein, was er dann noch weiter ausführte. Ich sagte, wenn ihm etwas klar werde, was sich schrecklich anfühle, ihm Schmerzen bereite und ihn mit Schuldgefühlen bedrohe und mit dem Gefühl, etwas zu nahe an sich herangelassen zu haben, ziehe er sich schnell auf diese Art von Kompromißsituation zurück, dieses perverse und provokante »Katz und Maus-Spiel«. Wenn er mit dieser Art von Perversion nicht zurechtkomme, scheine er zu einer Art psychischer Entleerung zu greifen.

Er antwortete, das sei schrecklich. Er klagte über Müdigkeit, er wolle nach Hause und Fiona noch kurz sehen, bevor sie zu einer Verabredung gehe. Ich mußte die Sitzung beenden.


## Schlußfolgerungen

Ich habe mich in dieser Arbeit mit einer besonderen Abwehrorganisation beschäftigt, die darin besteht, daß größere oder kleinere Bereiche des Erlebens eines Patienten einer Amnesie verfallen. Diese Amnesien sind das Ergebnis von Spaltungsvorgängen und der Beseitigung großer Bereiche aus der Vorstellungswelt des Patienten; sie werden entweder als Vakuum (»ich erinnere mich nicht«) oder falsche Erinnerung (»so hätte es gewesen sein *können*«) erlebt.

Diesen massiven Vorgängen liegen Ängste vor Schuldgefühlen zugrunde, die als unerträglich und deshalb katastrophal erlebt werden.

Patienten, die mit dieser Art von Problemen kommen, können sehr wohl Liebesgefühle entwickeln, verfügen aber auch über ein immenses Reservoir an Haßgefühlen, die durch Ablehnung und Grausamkeit zum Ausdruck gebracht werden. Die Kombination beider Gefühle ruft Schuldgefühle hervor, die den Patienten zu weiteren schizoiden Abwehrmaßnahmen greifen lassen, besonders einer sekundären Fragmentierung, die oft sehr weitgehend ist und dazu führt, daß der Patient seine Erfahrung regelrecht beseitigt, so daß sie kaum mehr zugänglich ist. Um sein Ich und seine inneren Objekte wieder in Ordnung bringen zu können, muß der Patient sich seines Vorgehens (sowohl in seinem eigenen psychischen Raum wie in der äußeren Realität) bewußt werden, und in dem von mir vorgestellten Material wird deutlich, daß dieser Prozeß sehr langsam und schmerzhaft ist.

Zum Abschluß dieser Arbeit möchte ich eine Frage aufwerfen: Was genau findet der Patient wieder? Sind es Erinnerungen? Sind es wahre Erinnerungen? Oder etwas anderes? Nach meiner Erfahrung geht es selten, wenn überhaupt, um Erinnerungen an reale Ereignisse. Was an ihrer Stelle wieder auftaucht, sind Annäherungen an diese (inneren oder äußeren) Ereignisse, die durch viele Transformationen im Inneren des Patienten modifiziert worden sind, durch Transformationen, die auf seine vielfältigen weiteren Erfahrungen, die alle wiederum aufeinander einwirken, zurückzuführen sind.

Also *was* wird wieder zugänglich? Meines Erachtens ist es die Fähigkeit, Verbindungen wieder herzustellen. Wenn das Ich des Patienten wiederhergestellt ist, wird es ihm möglich, die Kontinuität der Zeit zu akzeptieren, weil er die Fähigkeit erwirbt, Verbindungen herzustellen, was wiederum eine Integration des Selbst ermöglicht.

## Zusammenfassung

In dieser Arbeit geht es um eine Form der Spaltung, bei der eine Gesamtsituation eingekapselt und so vom sonstigen (psychischen) Erleben des Patienten getrennt wird, daß eine »Lücke« entsteht, die kleinere oder größere Amnesien hervorruft. Es wird die Annahme formuliert, daß die dieser drastischen Situation zugrundeliegende Dynamik sich vor allem gegen intensive depressive Ängste richtet, die mit als unerträglich erlebten Schuldgefühlen einhergehen. Außerdem wird die Verknüpfung mit perversen Mechanismen, die zur Abwehr eingesetzt werden, untersucht und die Rolle ödipaler Phänomene in dieser Situation beschrieben, und es werden die daraus erwachsenden technischen Schwierigkeiten dargelegt, wie sie in der Analyse dieser Patienten auftreten. Für die Patienten sind diese Amnesien wie ein Vakuum – »ich kann mich nicht erinnern« – oder wie falsche Erinnerungen: »so könnte es gewesen sein«. Abschließend geht es um die Frage, was eigentlich erinnert wird oder erinnert werden kann.

## Summary

This paper deals with a type of splitting in which the individual encapsulates a total situation that is then severed from the rest of the patient's (mental) experience leaving the person with a »lacuna« and with mini or maxi amnesias. It postulates that the dynamics underlying such a drastic situation are used mainly against intensive depressive anxieties in which guilt is felt unbearable. It discusses the connection to perverse mechanisms used as defence and describes the role that Oedipal phenomena play in this situation and bring out the technical problems encountered in the analysis of such patients. These amnesias are experienced by the patients as a vacuum – expressed as »I don't remember« – or false memories: »it could have been like that«. Finally the paper questions what really is being or can be recovered.

## Literatur

Bion, W. R. (1957): Differentiation of the psychotic from the non-psychotic personalities. In: *Int. Journ. Psycho-Analysis* 38, 266-75. Dt.: Zur Unterscheidung von psychotischen und nicht-psychotischen Persönlichkeiten, übers. von E. Vorspohl. In: *Melanie Klein Heute*, Bd. 1. Hg. von E. Bott Spillius. Stuttgart: Klett-Cotta [3]2002, 75-99.
— (1959): Attacks on linking. In: *Second Thoughts*. New York: Jason Aronson 1967, 93-109. Dt.: Angriffe auf Verbindungen. Übers. von E. Vorspohl. In: *Melanie Klein Heute*, Bd. 1. Hg. von E. Bott Spillius Stuttgart: Klett-Cotta [3]2002, 110-129.
— (1970): *Attention and Interpretation*. London: Tavistock Publications.

Freud, S. (1937): Die endliche und die unendliche Analyse. In: *GW XVI*, 57-99.

Klein, M. (1946): Notes on some schizoid mechanisms. In: *The Writings of Melanie Klein*, Bd. III. Hg. von R. Money-Kyrle / B. Joseph / E. O'Shaughnessy / H. Segal. London: Hogarth Press 1975. Dt.: Bemerkungen über einige schizoide Mechanismen. Neu übers. von E. Vorspohl. In: *Gesammelte Schriften*, Bd. III. Hg. von R. Cycon. Stuttgart: frommann-holzboog 2000, 7-41.

— (1957): Envy and gratitude. In: *The Writings of Melanie Klein*, Bd. III. Hg. von R. Money-Kyrle / B. Joseph / E. O'Shaughnessy / H. Segal. London: Hogarth Press 1975. Dt.: Neid und Dankbarkeit. Eine Untersuchung unbewußter Quellen. Übers. von E. Vorspohl. In: *Gesammelte Schriften*, Bd. III. Hg. von R. Cycon. Stuttgart: frommann-holzboog 2000, 279-368.

Riesenberg Malcolm, R. (1999) [1989]: As-if: the phenomenon of not learning. In: *Bearing Unbearable States of Mind*. London: Routledge, 125-136.

*Ruth Riesenberg Malcolm, 33 Greenhill, London NW3 5UA,*
*ruth@malcolm32.freeserve.co.uk*

*Übersetzung aus dem Englischen von Antje Vaihinger,*
*Sellnberg 8, D-35396 Gießen, AntjeVaihinger@aol.com*

# Die Beziehung zwischen psychosomatischen Symptomen und latenten psychotischen Zuständen[1]

*Herbert Rosenfeld*[*]

Angesichts der Flut an Veröffentlichungen über psychosomatische Erkrankungen ist es unmöglich, diese Literatur zusammenzufassen, und noch unmöglicher, alles zu lesen, was zu diesem Thema geschrieben worden ist.

Viele Autoren haben versucht, jeder psychosomatischen Erkrankung spezifische psychische Konflikte oder spezifische Charakterstrukturen zuzuordnen (Franz Alexander und Flanders Dunbar). Andere, wie Felix Deutsch und Adolph Meyer, verweisen darauf, daß es bei allen psychosomatischen Zuständen eine starke Wechselwirkung zwischen Körper und Psyche gebe. Andere Autoren wiederum unterstreichen, daß psychosomatischen Erkrankungen vielerlei Faktoren zugrunde liegen wie genetische Faktoren, frühkindliche Traumata, die Unfähigkeit, eine gegebene Situation durch Handeln oder symbolische Darstellung zu bewältigen, oder auch eine Psychose. Je nachdem, auf welchem Niveau die gedankliche Verarbeitung einer Situation möglich ist, kann sie über das autonome Nervensystem in einem unmittelbaren physiologischen Geschehen Ausdruck fin-

1   Anmerkung zum Artikel: Diese Arbeit erschien auf Englisch als Kapitel 2 in *Herbert Rosenfeld at work*, hg. von Franco de Masi, London. Wir danken dem Centro Milanese de Psicoanalisi für die Erlaubnis, die deutsche Übersetzung zu veröffentlichen.

*   Herbert Rosenfeld (1910-1986) stammte aus Deutschland und emigrierte 1935 nach London. Er war Lehranalytiker der British Psychoanalytic Society (Zweig der IPA) und einer der führenden Vertreter kleinianischer Psychoanalyse. Zahlreiche Veröffentlichungen, auf deutsch u.a. in den beiden Büchern *Zur Psychoanalyse psychotischer Zustände* und *Sackgassen und Deutungen*.

den. Ich habe 1964 die Hypothese aufgestellt, daß seelische Konflikte, insbesondere frühe Verwirrtheitszustände (die das kindliche Ich besonders schwer tolerieren kann), aufgespalten und projiziert und dann auf eine Weise in den Körper oder innere Organe verlagert werden können, die zu Hypochondrie oder einer psychosomatischen Erkrankung führt, manchmal auch zu einer Kombination beider. Wenn man bedenkt, daß einer psychosomatischen Erkrankung viele Faktoren zugrunde liegen können, kann nur durch eine detaillierte analytische Untersuchung des spezifischen psychosomatischen Problems aufgeklärt werden, was die jeweilige Psychosomatose ausgelöst hat.

In diesem Seminar möchte ich ein Konzept entwickeln, mit dem sich die Frage beantworten läßt, warum bei neurotischen Patienten oder Personen, die sich einer Analyse unterziehen, zwangsläufig Ängste berührt werden, die oft – in Anlehnung an Melanie Kleins Terminologie – als psychotische Ängste zu bezeichnen sind. Klein hat die frühesten kindlichen Ängste und die Mechanismen der paranoid-schizoiden Position und der depressiven Position im einzelnen untersucht und beschrieben. Sie hat insbesondere herausgearbeitet, auf welche Weise das frühkindliche Ich, das mit primitiven destruktiven Emotionen fertig werden muß, beeinträchtigt wird, und sie hat die infantilen Abwehrvorgänge beschrieben, die sich gegen die Überwältigung des Selbst durch die Auswirkungen der destruktiven Triebimpulse (Todestrieb) richten. Dieses Problem hatte schon Freud in seiner Arbeit über *Die endliche und die unendliche Analyse* (1937) untersucht.

Bei unseren sogenannten normalen Patienten finden wir oft »psychotische Inseln«, die in psychosomatischen Symptomen oder einer anderen Art von Symptomatik eingekapselt oder darin verborgen sind. Diese Einkapselungen sind entstanden, weil die psychotischen Bereiche säuberlich vom psychischen Selbst abgespalten werden, so daß sie zunächst völlig unzugänglich sind, wenn sie aufgedeckt werden. Schwieriger noch ist, daß nicht erkannte psychotische Probleme in den Körperorganen, in die sie eingedrungen sind, stabil untergebracht sind. Destruktive und in Körperorganen verborgene »psychotische Inseln« üben eine zerstörerische Wirkung aus. Die penetrierende Qualität einer »psychotischen Insel« hängt mit einer omnipotenten projektiven Identifizierung zusammen, die zunächst gegenüber einem äußeren Objekt versucht worden war und dann wahrscheinlich nach innen verlagert wurde. Dieses Problem zeigt sich in der Analyse und kann dann analysiert werden, aber erst, wenn sich die »psychotische Insel« bis zu einem gewissen Grad von den Organen gelöst hat und die Konflikte in der

Übertragung aufgetaucht sind. Dann wird deutlich, daß der Patient die projektive Identifizierung zum Zweck der Kommunikation verwendet und gleichzeitig versucht, sich von seinen unerträglichen psychotischen Problemen zu befreien, indem er sie auf den Analytiker projiziert. Wenn der Bereich, in dem die psychotischen Ängste angesiedelt oder eingekapselt sind, auf die analytische Behandlung anspricht, hat man oft den Eindruck, der Patient sei geheilt, insbesondere wenn einige Aspekte seiner Ängste klar geworden sind; aber oft werden die »Krankheit« oder die »psychotischen Ängste« nur an einen anderen und unbekannten Ort verlagert, und der Patient tut alles dafür, daß dieser Ort unbekannt bleibt. Sollte sich der Patient als geheilt betrachten und die Behandlung aufgeben, weil seine Symptome verschwunden sind, wächst ziemlich sicher das Risiko, daß die Erkrankung später in irgendeiner Form wieder auftritt. Nach meiner Erfahrung sind diese psychotischen Bereiche oder Inseln ziemlich häufig nachzuweisen.

Mein klinisches Material stammt aus der Analyse einer verheirateten jungen Frau, die unter einer Depression litt, nachdem sie wiederholt Fehlgeburten und eine Frühgeburt erlitten hatte, bei der ihr Kind gestorben war. Ich möchte zeigen, daß diese Patientin eine »psychotische Insel« in ihrem Uterus hatte. Ich möchte zunächst das klinische Material kurz zusammenfassen, dann Träume der Patientin wiedergeben und die intensiven Interaktionen zwischen Analytiker und Patientin beschreiben, um die Entwicklung und das explosive Erscheinen der »psychotischen Insel« in der analytischen Situation nachzuzeichnen, das eine kurze Übertragungspsychose auslöste. Nach der Auflösung der »psychotischen Insel« konnte die Patientin schwanger werden und ein gesundes Kind zur Welt bringen. In dieser Behandlung konnte der psychotische Prozeß weitgehend an die Oberfläche geholt und in der Übertragungssituation durchgearbeitet werden. Bei der Schilderung der »psychotischen Insel« möchte ich außerdem zwischen den traumatischen Erfahrungen der Patientin und ihrer tiefsitzenden Angst unterscheiden, daß Teile von ihr genetisch bedingt unerträglich und tödlich seien, eine Angst, die lange völlig unzugänglich gewesen war. Außerdem möchte ich den mehr oder weniger erfolgreichen Versuch darlegen, die »psychotische Insel« mit Hilfe der Analyse in das Selbst der Patientin zu integrieren.

Zur Anamnese dieses Fallbeispiels möchte ich lediglich erwähnen, daß die Patientin einen jüngeren Bruder hatte, den sie als kleines Kind völlig ignoriert und später sehr beschützt hatte.

Die Mutter der Patientin litt viele Jahre lang an einer Herzerkrankung, die sie äußerst empfindlich machte. Schon in der frühesten Kindheit erlebte die Patientin ihre Mutter als sehr fragil, weil sie Aggressionen und Lärmen überhaupt nicht ertragen konnte. Der Vater erwartete von seinen Kindern, daß sie um jeden Preis zu den Klassenbesten gehören sollten. Meine Patientin hatte versucht, ihn durch ausgezeichnete Schulerfolge zufriedenzustellen; aber obwohl sie die Klassenbeste geworden war, hatte sie nie das Gefühl gehabt, ihn zufrieden und glücklich zu machen. Wahrscheinlich herrschte in ihrer Familie ein unerträglicher Druck, der die Patientin dazu zwang, Teile ihres großen Wunsches, sie selbst zu sein und sich selbst zu verwirklichen, abzuspalten und zu projizieren. Als Kind litt sie an Asthma und Ekzemen.

Zu ihrer gynäkologischen Problematik berichtete sie, daß ihr Gynäkologe davon ausgehe, daß ihre Fehlgeburten organisch bedingt seien; auch wenn bei der Patientin wahrscheinlich eine körperliche Schwachstelle vorliegt, war ihr doch bewußt, daß sie meine Hilfe brauchte. Sie war hochintelligent und in ihrer beruflichen Tätigkeit im Bereich der Forschung sehr geschickt. Obwohl sie bei unserem Erstgespräch etwas rigide und eingeschränkt gewirkt hatte, entwickelte sie von der ersten Sitzung an starke Gefühle, wenn sie von einer sie besonders belastenden Erfahrung berichtete: Nach dem Tod ihres neugeborenen Säuglings war die Patientin untröstlich und hatte damals im Krankenhaus plötzlich die lebhafte Phantasie gehabt, bei einem älteren, von ihr hochgeschätzten Freund in die Brusttasche seines Anzugs zu schlüpfen. Diese Erinnerung schien ihren Gefühlen für mich in diesem Moment zu entsprechen, einer fast unmittelbar einsetzenden Übertragung. Ab diesem Zeitpunkt war die Analyse dieser Patientin sowohl auf emotionaler wie intellektueller Ebene in Gang gekommen. Es war in dieser Sitzung klar, daß die Patientin sich bewußt mit ihrem neugeborenen Säugling identifiziert hatte und daß ihr neben ihrer Angst und Depression wegen seines Todes auch ihre Befürchtung bewußt war, sich durch ihr Kind, wäre es am Leben geblieben, eingeschränkt, kontrolliert und ausgenutzt zu fühlen.

Ich möchte jetzt einige Fragmente aus dieser Analyse zusammenfassen, die mit den Fragen, die ich diskutieren möchte, in Zusammenhang stehen. Die Patientin wollte nicht erneut schwanger werden, bevor sie nicht einige ihrer Probleme durchgearbeitet hatte. Es war eindeutig, daß sie sich von ihren Eltern auf dem Höhepunkt der ödipalen Phase mit fünf Jahren zurückgewiesen gefühlt hatte, als ihre Mutter mit ihrem Bruder schwanger war. Es stellte sich heraus, daß sich die

Patientin geschworen hatte, jede Situation zu vermeiden, in der sie Gefahr liefe, von einem Mann oder einem ihrer Eltern gedemütigt werden zu können, die sie hatten fühlen lassen, daß sie nur ein kleines Mädchen sei, das noch nicht selbst ein Kind bekommen könne.

Nachdem sich ihr Bild von ihrem Vater allmählich gebessert hatte und sie mehr Selbstvertrauen entwickeln konnte, versuchte sie wieder schwanger zu werden, was nie ein Problem für sie gewesen war. Sie hatte sich eher darüber beklagt, daß sie viel zu leicht schwanger werde und deshalb Fehlgeburten erlitten habe. Aber dieses Mal klappte es trotz wiederholter Versuche nicht, auch nicht, nachdem sie ihren Arzt konsultiert und sich hatte beraten lassen. Da die Patientin nie Probleme mit ihrer Fertilität gehabt hatte, vermutete ich damals, daß ihr hormonelles Gleichgewicht gestört sein könnte. Sie suchte einen Spezialisten auf, der herausfand, daß der Aufbau des Endometriums gestört und deshalb keine Konzeption möglich war. Da es ihr nach der Beschäftigung mit ihrem intensiven ödipalen Konflikt mit ihrem Vater deutlich besser gegangen war, vermutete ich ein tiefer liegendes seelisches Problem.

In dieser Zeit hatte die Patientin einen psychotischen, ich-dystonen destruktiven Traum. *Im Traum saß sie am Ufer eines Sees und sah einem Mann beim Schwimmen zu. Ganz plötzlich merkte sie, daß der Mann sich aus einer großen Flasche Whisky in den Hals kippte und versuchte, sich zu ertränken. Sein triumphierender Gesichtsausdruck machte ihr klar, daß er trank, um sicher zu gehen, daß sein Suizidversuch erfolgreich sei. Sie brüllte ihn an, er solle aufhören zu trinken, sie wolle ihm helfen, aber er trank weiter und blickte sie triumphierend an; er versank immer tiefer im Wasser. In ihrer Verzweiflung rannte die Patientin zu einer Telefonzelle und wollte den Rettungsdienst rufen, entdeckte aber, daß die Telefonkabel durchtrennt waren und sie niemand erreichen konnte. Aber sie hatte das Gefühl, daß ihr letztlich jemand hätte helfen können, den Mann aus dem Wasser zu ziehen und wiederzubeleben.* Obwohl die Patientin keine Assoziationen zu dem Traum hatte, nahm ich an, daß es um einen Teil ihrer destruktiven und selbstdestruktiven Persönlichkeit ging: Sie war verzweifelt und suchte meine Hilfe.

Wenig später hatte sie einen ähnlichen Traum, in dem es noch deutlicher um ihren Uterus und ihre Angst ging, kein Kind bekommen zu können. *Sie träumte von einem neugeborenen Jungen, der so krank war, daß er nicht richtig betreut werden konnte. Er konnte nicht normal wachsen. Schließlich mußte das Baby so-*

*gar zur Elektroschockbehandlung in ein psychiatrisches Krankenhaus gebracht werden. Im Traum ließ sich die Krankheit des Säuglings darauf zurückführen, daß seine Beine im Uterus geknickt und gequetscht worden waren.* Auch zu diesem Traum brachte die Patientin keine Assoziationen. Ich deutete ihr, daß sie fürchte, eine schwere depressive Erkrankung zu haben, die auf die Analyse nicht anspreche, und diese Angst vor einer Geisteskrankheit sei in ihren Uterus projiziert. Ich war nicht sicher, was die geknickten Beine des Babys bedeuten sollten, aber es wirkte wie ein gewolltes gewaltsames Detail.

Unmittelbar danach berichtete mir die Patientin einen weiteren Traum. *Im Traum hatte sie den Morgen im Bett verbracht, so daß sich ihre Schwiegermutter (die bei ihr lebte) um den Haushalt kümmern mußte. Weil sie Schuldgefühle hatte, so lang im Bett geblieben zu sein, stand sie mittags auf, um ihrer Schwiegermutter zu helfen. Aber ihre Schwiegermutter sagte ärgerlich, daß sie müde sei und sich entschlossen habe, Ferien zu machen.* Normalerweise kam sie mit ihrer Schwiegermutter gut zurecht. Die Patientin stand immer sehr früh auf, sogar an den Wochenenden; ihr Mann dagegen stand spät auf und verspätete sich bei Verabredungen, während sie immer pünktlich war. Ihre Reaktion auf diesen Traum war ganz ungewöhnlich. Obwohl sie in der Regel selbst viele Assoziationen zu ihren Träumen hatte, schwieg sie dieses Mal, nachdem sie mir den Traum erzählt hatte. Ich versuchte, einige ihrer Gefühle im Zusammenhang mit dem Traum in Worte zu fassen und ging besonders darauf ein, wie sehr sich ihr Verhalten im Traum von dem im wirklichen Leben unterscheide. Nachdem die Patientin lange geschwiegen hatte, wies ich darauf hin, daß sie sich an diesem Tag wenig aktiv zeige und wenig mit mir analytisch zusammenarbeite (was ungewöhnlich für sie war). Zum Schluß sagte ich, daß sie sich in der Analyse ähnlich wie im Traum verhalte und dann fürchte, ich könnte mich über sie ärgern und sie dann verlassen. Ich verknüpfte den Traum mit ihrer Befürchtung, daß ich gegen ihre Schwierigkeiten, schwanger zu werden, nichts ausrichten könnte und mich verhalten würde wie eine erschöpfte Mutter, die für ihr Kind nichts mehr tun kann. Zur nächsten Sitzung kam sie einige Minuten zu spät und sagte, sie hätte es fast nicht geschafft – sie hatte beschlossen, überhaupt nicht zu kommen. Sie fügte hinzu, daß ich mich in der letzten Sitzung so unglaublich ungeschickt angestellt hätte, daß sie fürchterlich wütend geworden sei. Wie konnte ich, ein Analytiker, so meine Kontrolle verlieren? Sie wirkte eher kalt und wütend als niedergeschlagen.

Es war mir bereits klar geworden, daß sich die Patientin bis jetzt viel zu gut betragen hatte und sich deshalb jetzt erlaubte, einen Teil ihrer aggressiven Gefühle in ihren Träumen und ihrem Verhalten zum Ausdruck zu bringen. Ich meinerseits spürte überhaupt keinen Ärger, sondern hatte im Gegenteil den Eindruck, daß es sich um einen sehr bedeutsamen Traum handelte. Ich unterstrich, daß aus irgendeinem Grund der gestrige Traum für sie heute Realität geworden sei. Nach meinem Verständnis war sie in eine vorübergehende Übertragungspsychose geraten. Ich sagte ihr, daß sie sich meines Erachtens ganz sicher sei, daß ich verärgert war und die Kontrolle verloren hatte. Vielleicht habe sie einiges von dem, was ich ihr gesagt hatte, vergessen oder nicht gehört, deshalb wiederholte ich es. Da ich wußte, daß sie sich in der Analyse immer gut betragen hatte, sagte ich ihr, daß sie in diesem Moment offensichtlich überzeugt sei, sie sei im Recht und ich im Unrecht, daß wir aber nach und nach aufklären könnten, was gerade passierte. Ich fragte sie, weshalb sie glaube, daß ihre Sicht der Situation zutreffend sei. Ich hatte in diesem Moment das Gefühl, daß sie mich wahrscheinlich angreifen wollte und ich mich wie jemand fühlen sollte, der eine Fehlgeburt erlitten hatte, aber ich dachte auch, daß es in der letzten Sitzung etwas Bestimmtes gegeben haben mußte, worüber sie sich geärgert hatte und worüber sie nicht mit mir sprechen wollte. Auch in den nächsten Tagen blieb sie mir gegenüber kalt, ärgerlich und aggressiv, wurde dann aber allmählich wieder lockerer. Sie sagte mir, sie sei sehr angespannt gewesen und habe sich wahrscheinlich geirrt. Erst viel später erklärte sie, was sie so ärgerlich gemacht hatte. Sie hatte mir nicht mitgeteilt, daß sie im Traum ganz eng in die Bettücher gewickelt war, fast so, als stehe das Bett für einen Uterus. Darüber hinaus habe sie sich an dem Tag besonders isoliert gefühlt und nicht aus dem Haus gehen wollen. Ich sollte keine Gelegenheit haben, etwas zu sagen, was sie niedergeschlagen machen würde.

Während der letzten Sitzung hatte sie den Eindruck gehabt, daß ich auf sie einredete, als wolle ich mich in ihre Isolierung drängen. Mein Verhalten rief ihr den Traum mit dem Baby in Erinnerung, dessen Beine im Uterus gewaltsam verbogen waren. Sie habe erkannt, daß ihr Liegenbleiben in diesem Traum dafür stand, im Uterus bleiben und nicht herauskommen zu wollen. Ähnlich wie ihr Verhalten, mit dem sie viele Jahre später den analytischen Fortschritt behinderte, bedeutete diese intensive Blockade – die dafür stand, im Uterus Zuflucht zu suchen – auf feindselige Weise ihr Gefühl, lebendig und eine Patientin zu sein, die von mir abhängig war und mich brauchte, zu projizieren. Und dieses Thema hatte sie nicht angehen wollen.

Im Rückblick denke ich, daß es in ihrem Traum mit der müden Schwiegermutter vor allem um die Unfähigkeit der Mutter ging, sie zu containen. Die Übertragungspsychose hatte gezeigt, daß sie inzwischen einen Teil ihres Ärgers und ihrer Vorwürfe an die Eltern in der Beziehung zu mir agieren konnte, denn zuvor hatte sie sich immer verpflichtet gefühlt, den Eltern zu gefallen, weil sie Angst vor der heftigen Wut ihrer Mutter hatte, wenn sie ihr gezeigt hätte, wie sehr sie ihre Fürsorge, zu der diese aber nicht fähig war, gebraucht hätte. Aber die Übertragungspsychose hatte auch gezeigt, daß sie kurz davor war, von tiefer liegenden Ängsten überwältigt zu werden, weil sie sich, eingeschlossen im Uterus, wie ein ganz destruktives Selbst gefühlt hatte, dem niemand helfen konnte, und das hatte sie verborgen halten müssen. Mit meinem unbeholfenen Einblick in diese Zusammenhänge war ich in diesen höchst gefährlichen Bereich eingedrungen. Sie hatte Angst, daß ich in Bereiche vordringen könnte, die ich nicht würde containen können, weil ihre Gefühle viel zu tödlich und erschreckend waren.

Es brachte ihr Erleichterung, diese riesige Wut und ihre Vorwürfe zum Ausdruck zu bringen, sie fühlte sich nicht mehr so blockiert, und es fiel ihr leichter zu sprechen. Sie war überrascht, daß ich nicht mit Ärger auf ihre immense Feindseligkeit reagiert und ihr nicht widersprochen hatte. Aber einige Monate später berichtete sie einen Traum, der ihr sehr zu schaffen gemacht hatte. *Im Traum ging es um einen Teppich aus einem sehr dicken Gewebe, in dem eine schreckliche Kreatur lebte, die so schrecklich war, daß sie es nicht über sich bringen konnte, hinzusehen. Aber sie wußte trotzdem, daß sie grünlich und totenähnlich aussah.* Trotz des Horrors, der von ihrem Traum ausging, fand ich ihn sehr aufschlußreich, obwohl die Patientin keine Assoziationen dazu liefern konnte. Ich dachte an eine Beschreibung ihres Uterus, auf dem sich eine dicke Membran gebildet habe, so daß sie bereit war für eine Schwangerschaft. Zu diesem Zeitpunkt wußten wir nichts davon, weil der letzte medizinische Befund sehr pessimistisch geklungen hatte. Es war klar, daß sie selbst sich nicht in der Lage fühlte, ihre schreckliche und tödliche Destruktivität zu kontrollieren, aber tatsächlich hatte der destruktive Einfluß auf ihren Uterus nachgelassen, wie das dicke und gesunde Gewebe des Teppichs anzeigte. Der Traum läßt sich meines Erachtens als zutreffende Darstellung ihres psychosomatischen Zustands und ihrer psychotischen Gewalttätigkeit (in ihrem Uterus) auffassen. Obwohl sie davor zurückschreckte, sich die schreckliche Kreatur im Traum anzusehen, zeigte sich, daß ihr psychotischer Zustand als Manifestation eines psychogenen Geschehens repräsentiert wurde. Isolierung und Spaltung zwischen Psyche und Soma hatten nachgelassen, was sich in der abrupt einsetzenden Übertragungspsychose zeigte, in der sie sich große Sorgen um die Vorgänge in ihrem Inneren machte. Daß ihr Uterus wieder besser funktionierte und durch diese tödliche Kreatur nicht zerstört worden war, schien darauf hinzuweisen, daß die Patientin mich mit ihren heftigen Angriffen während der Übertragungspsychose und danach nicht verletzt hatte und daß sie auf mein Containment vertraute. Die Tatsache, daß diese Kreatur weiterexistierte, verwies allerdings auf ein weiterhin bestehendes Problem, mit dem wir uns in der Zukunft würden beschäftigen müssen, was ich ihr gegenüber zum damaligen Zeitpunkt nicht erwähnte. In dieser Sitzung deutete ich ihr, daß sie mir mitteilen wolle, daß sich der Zustand ihres Uterus gebessert habe und sie höchstwahrscheinlich bereit dazu sei, schwanger zu werden. Ich fügte hinzu, daß sie das Gefühl habe, in ihr gebe es etwas Schreckliches, das sie sich nicht ansehen wolle und das ich nicht hätte mitbekommen sollen. Die Periode der Patientin stellte sich nicht ein, und vier Wochen später war ein Schwangerschaftstest positiv. Während der neun Monate ihrer Schwangerschaft konzentrierte sie sich darauf, die Ratschläge ihres Arztes zum Schutz ihres Fötus zu befolgen, weshalb sie auch einige Monate im Krankenhaus verbrachte. Die Ärzte wollten kein Risiko eingehen, weil ihre Zervix eine gewisse Schwäche aufwies. Zum errechneten Zeitpunkt brachte die Patientin ein gesundes kleines Mädchen zur Welt und widmete sich einige Monate lang ausschließlich seiner Betreuung. Sie war hingerissen vom Verhalten und den Äußerungen ihres Babys und entzückt, wie gut sie es verstehen konnte. Sie erzählte mir davon in vielen Einzelheiten, und ihre Probleme schienen sich in Luft aufgelöst zu haben.

Eine Zeit lang ließ ich die Dinge laufen; es schien nur natürlich, daß die Versorgung ihres Babys die Patientin mit großem Glück erfüllte und daß sie ihre Beobachtungen mit mir teilen wollte. Aber nach einigen Wochen sprach ich sie darauf an, daß es ihr in dieser Zeit schwer zu fallen scheine, zur Analyse zu kommen. Sie reagierte auf diese Deutung mit einem Traum, *in dem sie ein sechs Wochen altes Baby war, das die winzigen Kleidungsstücke eines Neugeborenen anhatte und versuchte, zu laufen und zu sprechen.* Sie hatte ausdrücklich gesagt, wieviel Mitgefühl sie für ihre kleine Tochter habe und wieviel Vergnügen es ihr bereite, sich um sie zu kümmern und ihr zuzusehen. Deshalb konnte sie eine Zeit lang nicht gut zugeben, daß sie die Analyse brauchte. Eine weitere Bedeutung ihres Traums war, daß darin etwas von ihrer Psychopathologie und ihrer Tendenz zur Selbstidealisierung deutlich wurde, die mit einer gewissen Pseudoreife einherging und manchmal dazu führte, daß sie sämtliche Probleme verleugnete. Der Traum ließ sich deshalb als eine Art Karikatur der momentanen Situation verstehen: Sie stellte sich selbst als sechs Wochen altes Baby dar, das viel zu schnell groß wurde und schon laufen und sprechen wollte. Diese Selbstidealisierung und Überlegenheit war nichts Neues, sie hatte sie aber noch nie so offen eingeräumt. Jetzt waren diese Züge noch stärker geworden, weil die Patientin sich bewiesen hatte, daß sie selbst die ideale Mutter war, die sie sich immer gewünscht hatte. Diese Selbstidealisierung und die damit einhergehende Verleugnung führten bald zu erheblichen Schwierigkeiten in der Analyse. Es war klar, daß die Patientin Fortschritte gemacht hatte – sie hatte mehr Vertrauen zu sich selbst und zu mir –, aber das Auftauchen der schrecklichen Kreatur im Traum zeigte auch, daß die Analyse nur zum Teil Fortschritte gemacht hatte, und es bestand die Gefahr, daß ein Teil der Psychose für immer verborgen bleiben könnte. Es war auch klar, daß die Patientin für ihre eigenen Neidgefühle wenig Toleranz aufbrachte und auf den Neid anderer sehr empfindlich reagierte.

Beispielsweise lud sie eines Tages einige Kollegen zu einem Fest in ihr Haus ein. Eine der Kolleginnen ließ aus Versehen eine große Vase fallen, die der Patientin besonders viel bedeutete. Diese Freundin benahm sich sehr merkwürdig: Sie erwähnte den Vorfall nicht, und die Patientin entdeckte die Scherben in einer Ecke, nachdem die Gäste gegangen waren. Eine andere Freundin erzählte ihr später, wer den Schaden angerichtet hatte. Weder entschuldigte sich die Betreffende noch erwähnte sie das Ereignis überhaupt. Die Patientin sagte lediglich, daß sie dieses Verhalten nicht ausstehen könne und sich frage, wie es möglich sei, jemand zu besuchen, etwas Schönes bei ihm zu entdecken und es kaputt zu machen, ohne das je zuzugeben.

Da die Patientin an ihrer Selbstidealisierung festhalten wollte, konnte sie zu der Zeit überhaupt keine Deutung ihrer projektiven Identifizierung annehmen, sondern reagierte, als werde sie verfolgt. Obwohl sie wahrscheinlich den Charakter ihrer Freundin durchaus richtig einschätzte, hatte ich den Eindruck, daß sie dieses Ereignis dazu benutzte, ihre destruktiven und neidischen Gefühle mir gegenüber zu projizieren und zu verleugnen. Diese Gefühle waren in der Analyse sehr deutlich geworden, nachdem sie sich während der Übertragungspsychose im

Zusammenhang mit der Analyse neidisch gefühlt und geträumt hatte, eine Platte mit großer Heftigkeit auf ein Boot zu schleudern und dabei dessen Rumpf zu beschädigen. Während dieses Analyseabschnitts beteuerte die Patientin, sie habe endlich ein Selbst entdeckt, das sie mögen konnte. Sie hatte das Gefühl, ich wollte ihr dieses gute Selbst mit meinen Deutungen regelrecht entreißen, damit sie sich wieder unsicher und nutzlos fühle. In dieser Zeit brachte sie ständig Assoziationen zu destruktiven Charaktereigenschaften, die sie an anderen beobachtete. Gleichzeitig behauptete sie kategorisch, keineswegs überzeugt zu sein, daß es so etwas wie Projektion überhaupt gebe. Es habe nichts mit ihren Problemen zu tun, wenn sie sich soviel Gedanken über die Probleme anderer mache. Dieser Mangel an Einsicht dauerte nur einige Wochen. Ich zeigte ihr, wie sie mich provozierte, indem sie kaum etwas über sich selbst mitteilte außer mir zu sagen, wie gut es ihr gehe und daß es dabei bleiben solle. Andererseits legte sie es ständig darauf an, daß ich ihre projektiven Selbstanteile deutete, wenn sie sich fast ausschließlich auf die destruktiven Charaktereigenschaften anderer konzentrierte. Mir wurde klar, daß ich es über kurz oder lang wieder mit einem paranoiden Ausbruch zu tun bekommen könnte.

Nach einiger Zeit versuchte ich, mich diesem Thema sehr vorsichtig mit Deutungen anzunähern, nachdem es besonders deutlich geworden war, als die Patientin sich einige Tage lang über die neidischen und unangenehmen Charaktereigenschaften ihres Schwagers ausgelassen hatte. Aber sie blieb überzeugt, daß ich ihr Eigenschaften zuschriebe, die sie nicht habe. Da sie darin einen üblen Angriff auf ihre Persönlichkeit sah, war sie nicht gewillt, sich weiterhin mit diesem lächerlichen analytischen Kram abzugeben. Die nächsten Tage blieb sie verärgert und verschlossen, so daß ich fürchtete, ich hätte mit meinen vorsichtigen Deutungen ihrer projektiven Identifizierung eine zweite Übertragungspsychose ausgelöst. Aber sie ärgerte sich, weil ihre Zweifel noch nicht verschwunden waren, ob an meinen Deutungen vielleicht etwas Wahres dran sein könnte, und sie beklagte sich, daß die Situation dadurch nur schlimmer werde. Sie entschied sich deshalb, alles lächerlich zu machen, was ich zu ihr sagte. Aber als sie einige Tage danach ihre depressive und zwanghafte ältere Schwester besuchte, faßte sie den Beschluß, nicht auch so werden zu wollen und sich deshalb lieber ihren Gefühlen zu stellen. Dabei wurde ihr klar, wie rigide sie sich aufrecht hielt und wieviel Angst sie hatte, unerwünschte Gefühle aufkommen zu lassen, weil sie sich dann schwach, müde und dem Zusammenbruch nahe fühlen würde, und das wollte sie nicht. Bei Patienten mit abgespaltenen und projizierten depressiven und paranoiden destruktiven Tendenzen ist diese Schwierigkeit, die destruktiven Aspekte durch eine Deutung des Spaltungsvorgangs aufzudecken, ganz besonders typisch. Gerade die Konfusion depressiver und paranoider Gefühle können solche Patienten kaum ertragen, was oft zur Bildung psychosomatischer und hypochondrischer Symptome oder zu schweren Spaltungen führt. In dieser Phase der Analyse ging es bei meiner Patientin insbesondere um einen Spaltungsvorgang, der sich kurz danach körperlich bemerkbar machte.

Die Sommerferien verbrachte die Patientin mit ihrem Mann und ihrer kleinen Tochter im Ausland. Sie erzählte mir, wie schwierig diese Zeit für sie gewesen sei. Jede Nacht hatte sie einen sehr beunruhigenden Alptraum, aus dem sie jedes Mal erschöpft und verängstigt erwachte. Manchmal hatte sie denselben Alptraum sogar zweimal in einer Nacht. Sie fürchtete sich deshalb vor dem Schlafengehen und fühlte sich tagsüber gelangweilt und lustlos; sie konnte sich an nichts freuen. Sie fühlte sich außerstande, ihre Träume zu verstehen, was ihr klarmachte, daß sie immer noch sehr auf Hilfe angewiesen war. Der Inhalt dieser Alpträume wiederholte sich, meistens ging es um Prüfungsträume. Zum Beispiel hatte sie in den meisten dieser Träume *in einem Fach, das noch nicht mal ihr eigenes war, viel zu spät mit den Prüfungsvorbereitungen begonnen. Sie war sicher, daß sie durch die Prüfung fallen würde, da sie nicht viel Zeit zum Lernen hatte.* Offensichtlich erlebte sie die Analyse wie eine schwierige Prüfung, die sie vielleicht nicht bestehen würde und bei der sie für ihre Taktik der Zeitverschwendung schwer bestraft werden könnte, eine Taktik, die sie in dieser Zeit häufig an den Tag legte.

Im nächsten Jahr der Analyse zeigte sich noch deutlicher, wie blockierend und ausweichend die Patientin sich verhielt. Sie berichtete einen Traum, *in dem ein Lastwagen, ein Zweitonner, an einem Berg steckengeblieben war und die Straße blockierte. Der Motor lief nicht mehr. Zwei Männer, von denen einer hinter dem Lastwagen lehnte, versuchten ihn den Berg hochzuschieben, aber der Lastwagen rollte zurück und der Mann war irgendwie daran befestigt. Im Traum hatte die Patientin Angst, daß der Mann zermalmt [crushed] werden könnte. In größter Angst rannte sie zu einem Krankenhaus und wollte erreichen, daß ein Krankenwagen zu der Straße geschickt würde, auf welcher sich der Vorfall ereignet hatte. Sie ärgerte sich, weil die Person an der Rezeption bei dem Anruf irgendwie geistesabwesend war, aber nachdem sie mit dem Fahrer des Krankenwagens verbunden wurde, konnte sie sich nicht an die Straße erinnern, auf wel-*

*cher der Mann von dem Lastwagen eingeklemmt war.* Die Struktur des Traums ähnelte derjenigen des Traums vom Ertrinken, in dem der Mann das Telefonkabel durchtrennt hatte. Ich griff die Spaltung auf, die sich zwischen dem Zermalmen im Traum und ihrem Wunsch zeigte, für Hilfe zu sorgen; aber in diesem letzten Traum zeigt sich deutlich, daß die Funktion, eine Verbindung herzustellen, gestört ist und daß dieses Problem ganz dringlich geworden ist. Nicht nur vermittelte die Person an der Rezeption den Anruf nur sehr träge weiter, die Patientin konnte sich auch nicht erinnern, wo ihr erschlagendes und blockierendes Verhalten sich abgespielt hatte. Sie brauchte immer noch sehr lange, bevor sie zugeben konnte, wie extrem schwer ihr das Nachdenken fiel, wenn sie sich gleichzeitig gegen die Empfindung wehren mußte, nicht gestört werden zu wollen oder den Wunsch hatte, allein gelassen zu werden.

Einige Monate später sagte sie mir, sie sei überzeugt, so schwer und schwierig werden zu können, daß ich keinen Weg mehr sehen würde, ihr zu helfen; ich könnte von meinem Wunsch, ihr zu helfen, zermalmt [crushed] werden und sie würde meine Hilfe nicht würdigen können. In dieser Zeit hatte sie Träume, in denen sie akrobatische Übungen in der Luft absolvierte, und es war schwierig zu verstehen, was sie da machte. Manchmal hatte ich das Gefühl und deutete ihr das auch, daß sie nicht nur aggressiv war, sondern auch jede klare Definition ihres Erlebens zurückwies, besonders wenn es etwas Positives oder Konstruktives war. Sie stimmte mir zu und erzählte dann von einem Ereignis aus ihrer Teenagerzeit.

Sie war am Meer und malte mit Wasserfarben ein Bild mit einem schönen Himmel und Wolken; eine Frau, die ihr über die Schulter sah, bewunderte das Bild. Daraufhin nahm sie das Bild, zerknüllte es, warf es weg und verkündete, sie würde nie mehr ein Bild malen. Ich erinnerte sie daran, daß sie in diesem Fall nicht nur wegwerfen würde, was ich und andere ihr gegeben hätten, sondern auch ihre eigenen künstlerischen Fähigkeiten attackieren würde, wenn sie Bewunderung und Interesse hervorriefen – wahrscheinlich befürchte sie, neidische Attacken hervorzurufen. In der nächsten Sitzung sagte sie, sie habe nichts, worüber sie sprechen wolle, nur etwas Triviales; nach einigem Zögern erzählte sie mir davon, weil sie sonst nichts zu sagen hatte. Am Vormittag war sie in einem Laden gewesen, um Kleidungsstücke umzutauschen, die ihr zu klein waren. Die Verkäuferin war sehr freundlich und entgegenkommend gewesen und hatte ihr andere Sachen gegeben, die ihr viel besser paßten; als sie den Laden verlassen wollte, hatte ihr eine andere Frau die Tür aufgehalten, was sie sehr freundlich fand, weil sie ihr

Baby dabei hatte. Sie habe auch an einen netten Mann gedacht, einen Handwerker, der in ihrem Haus etwas arbeitete. Es gab ein Problem mit der Beschaffung des Materials, so daß der Mann ein paar Tage warten mußte, bis er genug Backsteine und Zement zusammen hatte. Seine Geduld rührte sie, und sie betonte, wie gut sie es habe, so einen netten Handwerker zu haben, der die Maurerarbeiten für sie erledigte.

Das einzig Unangenehme an diesem Morgen hatte sich ereignet, als sie auf der Straße an einer Frau vorbeigelaufen war, einer Psychologin, die stur geradeaus blickte, als hätte sie die Patientin überhaupt nicht wahrgenommen. Das hatte sie ziemlich irritiert. Ich erwiderte, daß die Details, über die sie gesprochen habe (von denen sie annehme, sie seien Zeitverschwendung und ohne Bedeutung), zu einem Modell zusammengefaßt werden könnten, das folgende Geschichte vermittle. Es gab einmal eine Mutter-Analytikerin, die ihr dabei half, nicht mehr das Gefühl haben zu müssen, ihr werde die Position eines kleinen Mädchens aufgezwungen, und die ihr die Chance anbot, groß zu werden und sich zu entwickeln. Auch die Patientin fand, daß diese aufmerksame Mutter-Analytikerin nicht besitzergreifend sei und sie in dieser Position festhalten wolle, sondern ihr ermöglichte, sich zu entwickeln, indem sie es ihr erleichterte, in die Welt hinauszugehen. Und ich würde für ihr Gefühl die Details ihrer Einfälle wie ein Vater-Analytiker zusammenfügen, um die Struktur ihrer Persönlichkeit aufzubauen, wofür sie dankbar sei und sich glücklich schätze, mich zu haben. Trotzdem fürchte sie sich auch noch vor der verfolgenden Figur, die nicht nur die neidische und destruktive Mutter darstelle, sondern auch ihr eigenes neidisches und destruktives Selbst, das sich darauf beschränke, einfach zu beobachten, was zwischen uns vorgehe, es für völlig wertlos zu halten und wegzuwerfen.

Nach dieser Deutung wurde die Patientin sehr nachdenklich, und im Verlauf der nächsten Wochen stellte sich heraus, daß ihre omnipotente Haltung in sich zusammenfiel. Sie träumte, daß ein Ballon geplatzt und genau auf sie gefallen sei. Der Ballon bestand aus sehr dünnem Material und verletzte sie nicht. Sie bekam schwere Kopfschmerzen und fühlte sich körperlich krank. An einem Tag waren die Kopfschmerzen so stark, daß sie nicht zu ihrer Sitzung kam; als sie etwas arbeiten wollte, fühlte sie sich so matt, daß sie ins Bett gehen mußte. Am nächsten Tag erzählte sie mir eine Geschichte *von mehreren Leuten, die mit einem Ballon fliegen wollten. Zunächst wußten sie nicht, wo sie hinfliegen wollten. Dann sagte einer von ihnen, sie sollten lieber nach Indien fliegen als in eine*

*Wüste, denn wenn sie in einem Ballon unterwegs wären, sei es besser, irgendwo zu landen, wo es Menschen gebe, die ihnen helfen könnten, damit sie nicht so isoliert wären.* Dieser Einfall schien darauf hinzudeuten, daß aus ihrem omnipotenten Wunsch zu fliegen der Wunsch geworden war, von ihrem omnipotenten destruktiven Selbst wegzukommen und ihre Leere und Isolierung aufzugeben, um einen Ort zu erreichen, wo es leichter möglich wäre, Kontakt herzustellen und Hilfe zu bekommen. Am nächsten Tag brachte sie zwei Träume mit. Der erste war wieder ein typischer Prüfungstraum, *in dem sie nicht genügend vorbereitet war und den Raum nicht finden konnte, in dem die Prüfung stattfinden sollte, so daß sie sehr besorgt und ängstlich wurde.* Im zweiten Traum *rollte sich ihre Wäsche in der Waschmaschine zu einem Ball zusammen, der durch den Deckel quoll; offensichtlich war etwas nicht richtig befestigt gewesen. Sie versuchte herauszufinden, ob sie die Abdeckung schließen konnte, sah aber, daß das nicht ging und sie die Waschtrommel hätte richtig verschließen sollen – deshalb war die schmutzige Wäsche zu einem Ball zusammengerollt.*

Während sie diese Assoziationen mitteilte, klagte die Patientin, daß sie wieder dieselben rasenden Kopfschmerzen bekomme wie am Tag zuvor, was eindeutig mit der zusammengerollten Wäsche in ihrem Traum zusammenhing. Dieser Traum zeigte, daß ihr zunehmend bewußt wurde, daß sie ihre Gedanken nicht ins Nichts, in den Raum, verschwinden lassen konnte, sondern klar denken und ihren Kopf als stabilen Container benutzen mußte, in dem sie ihre »Probleme mit dem Denken« durchdenken konnte. Oder anders ausgedrückt, ihre Kopfschmerzen waren mit dem Impuls verknüpft, sich wie früher auf destruktive Weise der Auflösung ihrer Gedanken zu überlassen, an nichts zu denken und sich hinwegtragen zu lassen. Inzwischen allerdings verursachte ihr dieses Vorgehen ernsthafte Schmerzen, und sie fing an zu begreifen, daß sie sich mit dieser Haltung selbst schadete; das zeigte, daß es Fortschritte gegeben hatte, ihr Ich stärker geworden war und bessere Verknüpfungen entstanden waren.

Trotz des schwierigen Sommers gab es im nächsten Jahr, in dem die Patientin unter schweren Kopfschmerzen, Müdigkeit und sogar Erschöpfung litt, langsame Fortschritte. Die nächsten Sommerferien nahmen einen besseren Verlauf. In der ersten Sitzung nach den Ferien erzählte sie mir einen Traum. *Sie kletterte eine Wendeltreppe empor, die immer enger und enger wurde, bis sie sich am Eisengeländer festhalten mußte.* An einer bestimmten Stelle wurde ihr klar, daß sie in Schwierigkeiten geriet: »Es war klar, daß ich aus einer Laune des Schicksals he-

raus in so einer brustartig geformten Konstruktion in Schwierigkeiten geraten
mußte«. Das erinnerte sie an eine unangenehme Geschichte. *Bei einem Mann*
*war eingebrochen worden, als er nicht zu Hause war, und er hatte beschlossen zu*
*warten, bis die Diebe für den nächsten Raubüberfall zurückkommen würden. Er*
*baute eine stählerne Falle um sein Haus und wartete, bis die Diebe zurückkehr-*
*ten. Dann verschloß er die Stahlkonstruktion und ließ die Diebe darin zurück, sie*
*sollten dort verhungern.*

Ich war während der Ferien umgezogen, und die Patientin bestritt, sich dafür
zu interessieren oder neugierig zu sein. Mein altes Haus hatte ihr gefallen, während sie an dem neuen herumkritisierte; sie hielt sich für eine Kennerin auf diesem Gebiet und konnte deshalb nicht verstehen, warum sie sich hätte aufregen
oder dafür interessieren sollen. Für mein Gefühl teilte mir die Patientin hier mit,
wie stark und real ihre Phantasien waren, weil sie mir zeigte, wie sehr sie in mich
eingedrungen war und mir alles Gute gestohlen hatte, das ich besaß. Sie wußte
tatsächlich alles über mein Haus und wie es eingerichtet war, aber sie wußte
auch, daß sie mich verbraucht, entleert und deprimiert hatte, so daß sie unter
Schuldgefühlen litt und sich mit mir, einer leeren Brust, identifizieren mußte.
Darüber hinaus hatte sie das Gefühl, daß ich ihr eine Falle gestellt hatte, um sie
zu bestrafen und einzusperren. Ihr Gefühl der Erschöpfung und des Zusammen-
bruchs hing mit dieser Depression zusammen.

Am nächsten Tag erstaunte mich die Patientin mit einer Bemerkung über den
Einband eines großen Buches über Architektur, das in meinem Behandlungszim-
mer lag. Sie habe lange gedacht, daß der Einband sehr beschädigt sei, aber jetzt
genauer hingesehen und gemerkt, daß sie sich geirrt hatte. Der Einband war überhaupt nicht beschädigt, sondern ganz im Gegenteil sehr bunt und sah ganz neu
aus; sie war sehr überrascht, daß ihr Eindruck, der Einband sei sehr abgenutzt,
eine völlige Fehlwahrnehmung war. Und dennoch bekam ich den Eindruck, daß
ihre Einstellung sich nicht ihrer Einsicht entsprechend veränderte. Gegen Ende
der Sitzung meinte sie, sie sei nicht wirklich niedergeschlagen, sondern eher
gleichgültig; aber sie realisiere auch, daß diese Einstellung gefährlich sei, weil
damit etwas Schwerwiegendes und Zähes einhergehe, das mein Interesse an ihr
beeinträchtigen könnte. Sie räumte ein, daß sie nicht nur Angst vor Kritik hatte,
sondern ihr auch bewußt war, daß sie ihr Gefühl der Langeweile mir auferlegte
beziehungsweise es in mich projizierte, so daß die Analyse zu etwas Leerem und
Banalem wurde, mit dem ich schließlich nichts würde zu tun haben wollen. Sie

wisse auch, daß ich mich nicht für sie interessieren könnte und gelangweilt wäre, wenn sie nicht interessant genug wäre und mir das Material bringen würde, das ich brauchte, um mit der analytischen Arbeit voranzukommen. Es ging nicht um ihre Angst, ich könnte genug von ihr haben, sie war vielmehr überzeugt, daß ich von ihr genug hatte. Oder anders ausgedrückt, sie teilte mir mit, daß ihr Bild von mir vollkommen zutreffend sei, weil ich mich in einen gelangweilten, verbrauchten und farblosen Analytiker verwandelt hätte.

Am nächsten Montag berichtete die Patientin, sie habe einen unangenehmen Traum gehabt. *Es war wie ein Bild, an einem merkwürdigen Ort, feucht und neblig und ziemlich dunkel. Ein paar einzelstehende Felsen ragten isoliert heraus, es gab keine Verbindungen oder Brücken dazwischen. Sie wußte auch, daß es sehr kalt war. Es fühlte sich an, wie über einen Abgrund zu gehen, und es kam ihr vor, als habe sie keine Körperempfindungen.* Sie dachte, daß dieser Traum etwas mit ihrer Unfähigkeit sich mitzuteilen zu tun habe, was ihr Gefühl der Isolierung verstärkte; im Traum war nicht verloren gegangen, daß die Patientin sich dieses Zustands bewußt war und ihn sehr unangenehm fand. Es war klar geworden, daß die Patientin nach einer Verbindung suchte, einer Brücke, was sie mit ihrer Selbstwahrnehmung verknüpfte; es war gerade ihre Fähigkeit, sich selbst zu verstehen und wahrzunehmen, die sie abgeschnitten und verloren hatte, weshalb sie sich isoliert fühlte und nicht in der Lage war, herauszufinden, wo sie war und wer sie war. Die Schwierigkeiten der Patientin im Traum, an einer isolierten Stelle zu stehen und das Gefühl des Fallens zu haben, waren typisch für ihre Angst vor einem Zusammenbruch, die gelegentlich auftrat und meistens damit einherging, daß sie sich völlig unfähig fühlte, zu denken und ihren eigenen Verstand zu benutzen. Die Patientin hatte eingeräumt, daß ihre heftigen Angriffe auf mich der Angst entstammten, mir durch ihren Neid wirklich geschadet zu haben, nachdem ihr klar geworden war, daß der depressive Zustand sich in ihr selbst befand, während ich voller Leben war und ihr helfen konnte. Statt sich durch diese Entdeckung erleichtert zu fühlen, empfand sie Langeweile und Neid. Sie versuchte, meine Befriedigung darüber, sie verstanden zu haben, zu schmälern.

Die nachfolgenden Träume erhellten ihre Einstellung zu mir noch mehr. Zum Beispiel erzählte sie einen Traum, *in dem sie an einem Aktenschrank lehnte und mit Mr. B. plauderte, den sie sehr nett fand. Sie waren auf einer Party, denn es waren noch mehr Leute anwesend. Sie hätte viel lieber allein mit ihm geredet, statt mit all diesen anderen Leuten reden zu müssen. Als sie mit ihm sprach, hat-*

*te sie einige Notizen in der Hand, die sie beiläufig in den Aktenschrank rutschen lieβ, ohne darauf zu achten, wo sie landeten. Sie gab zu, ziemlich nachlässig zu sein und die Notizen eher zufällig irgendwo abzuheften. Danach ging sie einen Hügel runter und sah nicht weit entfernt eine Gruppe von Leuten in einem Halbkreis stehen, die einem Mann zuhörten, der lebhaft etwas erzählte. Ihr gegenüber war ein Vagabund, der schnell auf die Gruppe zuging. Plötzlich zog er ein Gewehr heraus, zielte auf den Mann und wollte ihn offensichtlich erschieβen. Als sie das merkte, stürzte sie sich auf ihn und schrie: »Laβ' das«! Er wandte sich um und richtete die Waffe auf sie, worauf sie rief: »Erschieβ' mich nicht!« Anscheinend lieβ er es sein, aber all die Leute, die auf einer erhöhten Plattform gestanden hatten, schienen umzufallen, als wäre es ein Zeichentrickfilm.* Ihre Assoziationen kreisten um ein Spiel ihrer Tochter, die einen Riesen gebastelt hatte, der dem Vagabunden in ihrem Traum sehr ähnlich war. Ihre Tochter war durch diesen Riesen sehr beunruhigt gewesen und hatte ihm eine gefällige Frisur verpaβt.

Ich zeigte der Patientin, daβ ihr im Traum klar gewesen sei, wie beiläufig und vage sie sich in der Analyse äuβere, weshalb es viel schwieriger sei, Verbindungen herzustellen. Da sie projiziere und ihre Gedanken ständig auf andere Menschen und Situationen verteile, komme es ihr vor, als sei ihre Analyse eine öffentliche Veranstaltung, was im Traum sehr unbefriedigend für sie sei, weil es dann schwer sei, die Verknüpfungen und Verbindungen zu finden, die sie brauche, um zur Analyse als einer wertvollen Erfahrung für sie einen guten Kontakt herzustellen. Dieser Vorgang sei klarer geworden, nachdem sie die Verbindungen wieder herstellen und sehen konnte, daβ ich voller Leben sowie an ihr und anderen interessiert sei. Gleichzeitig habe sie aber anerkennen müssen, daβ in ihren Gefühlen mir gegenüber immer noch etwas Omnipotentes sei und habe sich damit auseinandersetzen müssen, daβ sie mir gegenüber mörderische Impulse hatte, als sie mich und sich selbst deutlich sah. Im Traum zeige sich, daβ dieser Angriff nicht nur mir, sondern auch dem Teil in ihr gelte, der mir Wertschätzung entgegenbringe und mich beschützen wolle. Im Traum habe sie gut zum Ausdruck bringen können, wie sie mit diesen destruktiven Angriffen umging. Und nun lieβen sich die verschiedenen Teile ihres Selbst allmählich zusammenfügen, und ihre Angriffe auf das Sehen, Verknüpfen und Verbinden zeigten sich ganz deutlich in ihrer Bedeutung.

Es ist interessant zu sehen, daβ es nicht nur das Verfolgungsgefühl im Zusammenhang mit ihrer Depression war, das der Patientin groβe Sorgen bereitete; der

Felsentraum und ihre Unfähigkeit zu denken führten dazu, daß sie sich so verzweifelt mutlos und isoliert fühlte, und vor allem dieser Zustand war der Grund für ihre Angst vor einem Zusammenbruch. Wie Bion (1954, 1957) gezeigt hat, sind Angriffe auf Verbindungen und die Verleugnung der Realität wichtige Aspekte der psychotischen Persönlichkeit.

Die wiederholten Angriffe auf Verknüpfungen zwischen guten und bösen Gefühlen – in Verbindung mit den Verwirrung stiftenden neidischen Angriffen auf wichtige äußere Beziehungen, die durch ihre Angriffe auf ihre Fähigkeit, wahrzunehmen und zu denken, noch verschlimmert wurden – hatten in der Patientin nicht nur die Angst entstehen lassen, daß ihr Selbst und ihre Fähigkeit zu denken dauerhaft geschädigt seien, sondern auch die Angst, verrückt zu sein. Ein psychotischer Zustand hat viele Auswirkungen, eine der beunruhigendsten ist die Tatsache, daß die Patienten sich in einer psychischen Verfassung, aus der sie allein keinen Ausweg mehr finden, wie eingeschlossen fühlen. Mit dieser Art »psychotischer Insel« mußte sich die Patientin in der Analyse auseinandersetzen, nachdem das tödliche Monster nach und nach ans Licht gekommen war. Man muß in der Arbeit mit diesen Patienten viel Geduld aufbringen, wie der Bauarbeiter im Traum meiner Patientin, der ihr dabei hilft, allmählich ihr Selbst und ihre Gedanken zusammenzufügen, und geduldig warten, bis es genügend greifbare Hinweise gibt, um die Gesamtstruktur der Persönlichkeit zu verstehen. Erst dann können Zusammenhänge detailliert gedeutet werden. Diese Deutungen entfalten dann einen erheblichen therapeutischen Einfluß, weil die Patienten allmählich zu einer Integration ihrer psychotischen Probleme mit den gesünderen Anteilen ihrer Persönlichkeit gelangen können.

Der Analytiker muß sich davor hüten, Patienten dieser Art, die oft vieles gut wahrnehmen und kreativ in der Analyse mitarbeiten können, zu idealisieren. Der Analytiker muß sich aber auch der Gefahr bewußt sein, diese Patienten für wenig entwickelt zu halten, da sie ihr großes kreatives Potential und ihre Entwicklungsmöglichkeiten oft einbüßen, wenn ihnen der Zugang zu den destruktiven Teilen ihrer Persönlichkeit verloren geht. Dieser schmerzliche Prozeß muß kontinuierlich fortgesetzt werden, bis eine dauerhafte Besserung erreicht ist.

# Schlußfolgerungen

In dieser Arbeit habe ich versucht, einen im Selbst eingekapselten psychotischen Teil zu beschreiben, den ich eine »psychotische Insel« nenne. Sie läßt sich bei vielen Patienten finden, die an einer neurotischen Störung leiden und keineswegs besonders krank wirken. Wenn diese »psychotischen Inseln« vollständig abgespalten und projiziert sind oder vom psychischen Selbst abgekapselt und ausgesondert sind, werden sie oft in bestimmten Körperorganen angesiedelt – im Brustraum, im gastrointestinalen Bereich, im Uterus, in der Haut oder anderen Körperregionen. Meines Erachtens liegen einer »psychosomatischen Erkrankung« oft solche psychotischen Inseln zugrunde.

Was eine »psychotische Insel« enthält, kann sehr unterschiedlich sein, aber meistens herrschen unkontrollierbare destruktive Triebimpulse, Ängste und damit einhergehende Abwehrvorgänge vor. Aber es können auch positive und kreative Teile des Selbst (das sich mit dem destruktiven Selbst vermischt hat und deshalb nicht mehr differenziert werden kann) in der »psychotischen Insel« enthalten sein. Das bedeutet offensichtlich, daß die Gesamtpersönlichkeit geschwächt oder nicht voll entwickelt wirken kann, was aber hinter einer Selbstidealisierung und Verleugnung verborgen bleiben kann. Häufig berichten Patienten im Laufe der Analyse von traumatischen Erlebnissen in ihrer frühen und späteren Kindheit, die sich auf die Schwierigkeiten ihrer Mütter beziehen, sich hinreichend auf ihren Säugling einzustellen. Oder anders gesagt entdeckt man vielleicht, daß die Fähigkeit der Mutter, zu halten und zu containen, schwer beeinträchtigt war oder völlig gefehlt hat. Manchmal litten beide Eltern unter Problemen, die sie ihrem Kind oder ihren Kindern aufbürdeten, und waren dann nicht in der Lage, ihrem Kind zuzuhören und seinen tatsächlichen Bedürfnissen die notwendige Aufmerksamkeit entgegenzubringen. Manchmal übt eine so geartete Umwelt so viel Druck auf ein Kind aus, daß es klein beigibt und sich seiner Umgebung vollständig anpaßt; Winnicott hat diesen Prozeß mit seinem Begriff des »falschen Selbst« beschrieben. Bion hat den Prozeß – er nannte ihn »Alpha-Funktion« – dargelegt, der durchlaufen werden muß, damit sich eine normale Fähigkeit des Denkens und Funktionierens entwickeln kann. Er hat gezeigt, wie ein Säugling Triebimpulse und psychische Zustände, mit denen er nicht fertigwerden kann, in die Mutter projiziert und entleert, und wie durch die Intuition der Mutter (die Bion *Rêverie* nannte) diese unbegreifbaren Triebimpulse für das

Kind verstehbar werden können, wenn es sich irgendwie angenommen und annehmbar fühlen kann. Diese Situation erschafft im äußeren Objekt einen Raum, in dem sich das Kind sicher und gehalten fühlen kann. Die Introjektion dieses Raums erschafft einen inneren Raum im Kind, in dem es anfangen kann zu denken, zu beobachten und daraus sein eigenes mentales System aufzubauen. Wenn das Kind allmählich lernt, seine guten und bösen Triebimpulse zu akzeptieren, entwickelt es ein Selbst, das mit inneren und äußeren Konflikten umgehen kann.

Wenn dieser für die Entwicklung notwendige Raum nicht zur Verfügung gestellt wird, kann im Säugling und später im Kind eine enorme und zügellose Wut ausgelöst werden, da es sich ständig dazu gezwungen fühlt, seelische Inhalte auszuscheiden, ohne eine Lösung für seine Probleme finden zu können. Es bleibt dem Kind dann nichts anderes übrig, als seine Probleme durch Spaltung und Verleugnung zu bewältigen. Es gibt noch ein weiteres und eng damit zusammenhängendes Problem. Die genetische Veranlagung mit positiven und destruktiven Anteilen des Selbst weist sehr große individuelle Unterschiede auf. Je stärker die destruktive Veranlagung eines Kindes ist, desto mehr ist es auf eine Umgebung angewiesen, die ihm dabei hilft, sein positives – und noch wichtiger, sein negatives – Selbst zu erkennen und anzunehmen, um nach und nach in der Lage zu sein, sich den tiefsitzenden Ängsten zu stellen, von seinen destruktiven Triebimpulsen besetzt und zerstört werden zu können, und sie zu überwinden. Wenn diese zur genetischen Ausstattung gehörenden destruktiven Triebimpulse nicht durch die Umwelt und das Selbst akzeptiert werden können, werden sie abgespalten und von früh an projiziert; sie bleiben dann gefährliche und invasive Monster. Oft besteht der Kern einer eingekapselten »psychotischen Insel« aus der Wechselwirkung zwischen vorzeitig abgespaltenen und projizierten Triebimpulsen, die einen nicht modifizierten gewalttätigen Inhalt haben und durch spätere unbewältigte Frustrationserlebnisse noch verstärkt werden.

Als klinisches Beispiel wählte ich eine Patientin, deren »psychotische Insel« in ihrem Uterus lokalisiert war. Während der Analyse führte der Durchbruch zu ihrer psychotischen Insel zu einer vorübergehenden Übertragungspsychose, in der die Patientin von destruktiven Gefühlen durchdrungen war, die während ihres ganzen bisherigen Lebens unterdrückt, abgespalten und projiziert gewesen waren.

Von der ersten Sitzung an schien sich die Patientin in der Analyse zu Hause zu fühlen; sie fühlte sich angenommen und contained. Dank dieser Erfahrung konnte sie meines Erachtens den Traum haben, in dem sie im Bett lag und ihre Schwiegermutter so ermüdet hatte, daß diese die Patientin verlassen und Ferien machen wollte. Dieser Traum wurde in der Übertragungspsychose konkret umgesetzt und entsprach wahrscheinlich unbewußt immer einer realen Situation.

Die Patientin brauchte ein paar Tage, um den Schock zu überwinden, daß ich mich in ihre verärgerte Schwiegermutter verwandelt hatte, aber unmittelbar danach löste sich die »psychotische Insel« von ihren Körperorganen und ihr psychosomatischer Zustand konnte behandelt werden. Daraus ergab sich die Notwendigkeit, sich mit der Konstruktion dieser »psychotischen Insel« auseinanderzusetzen und sie mit Hilfe der Untersuchung der Übertragungssituation während eines langsam verlaufenden Prozesses durchzuarbeiten, bei dem alle Einzelheiten detailliert beleuchtet wurden. Es stellte sich heraus, daß die vorzeitige Spaltung und Projektion neidischer und destruktiver Gefühle, die die Patientin als schreckliche grüne Monster in ihrem Uterus beschrieb, ein wichtiger Aspekt der »psychotischen Insel« waren.

Einige Jahre lang kamen Angriffe durch neidische, abgespaltene und projizierte Anteile in den Träumen und Handlungen der Patientin zum Ausdruck. Nach und nach gelang es, ihre neidischen Angriffe auf ihre Kreativität und ihre Angriffe auf den Analytiker, mit denen sie seine Funktion entwertete und auslöschte (gemischt mit Bewunderung und einer beschützenden Haltung ihm gegenüber) herauszuarbeiten. Und schließlich wurde deutlich, daß ihre destruktiven Angriffe auf ihre eigene Fähigkeit, Verbindungen herzustellen, Verstehen und Wiedergutmachung unmöglich gemacht hatten. Diese Entdeckung ermöglichte es der Patientin nach und nach, das schreckliche Monster und ihr fürsorgliches Selbst zu integrieren, und führte dazu, daß sie sich ihrer Fähigkeit, ihre Liebesobjekte zu lieben und zu beschützen, bewußt wurde und daß sie ihre kreativen Fähigkeiten entdecken konnte.

## Zusammenfassung

In psychotischen Symptomen eingekapselte und vom sonstigen psychischen Erleben eines Patienten abgespaltene »psychotische Inseln« üben eine zerstörerische Wirkung aus. Ihre penetrierende Qualität beruht auf einer omnipotenten projektiven Identifizierung, die zunächst auf ein äußeres Objekt gerichtet war und dann nach innen verlagert wurde. Das klinische Material stammt aus der Behandlung einer Patientin, bei der die psychotische Insel in ihrem Uterus lokalisiert war. Der Zugang zu dieser Insel löste eine vorübergehende Übertragungspsychose aus, in der die Patientin von destruktiven und bis dahin abgespaltenen Gefühlen durchdrungen war. Deren Durcharbeitung in der Übertragungssituation ermöglichte es der Patientin, destruktive und fürsorgliche Anteile ihres Selbst zu integrieren und ihre Fähigkeit, Verbindungen herzustellen, wiederzugewinnen.

## Summary

»Psychotic islands« that are encapsulated in psychosomatic symptoms and split from the psychic self have a damaging influence. Their penetrating quality is linked to an omnipotent projective identification which has probably been projected onto an external object and has then been withdrawn inside. The clinical material is drawn from a patient in whom the »psychotic island« was rooted in her uterus. Under analysis, breaching of the psychotic island determined a temporary transference psychosis, in which the patient was invaded by destructive feelings that had been split before. Working through this transference situation allowed the patient to integrate her destructive and her caring self and enabled her to re-establish linking functions.

## Literatur

Bion, W.R. (1954): Notes on the Theory of Schizophrenia. In: *Second Thoughts*. New York: Jason Aronson 1967, 23-35.
— (1957): Differentiation of the psychotic from the non-psychotic personalities. In: *Int. J. Psychoanal.* 38, 266-75. Dt.: Zur Unterscheidung von psychotischen und nicht-psychotischen Persönlichkeiten. Übers. von E. Vorspohl. In: *Melanie Klein Heute*, Bd. 1. Hg. von E. Bott Spillius. Stuttgart: Klett-Cotta ³2002, 75-99.
— (1962b): *Learning from Experience*. London: Maresfields Reprints, Karnac Books 1984. Dt.: *Lernen durch Erfahrung*. Übers. von E. Krejci. Frankfurt am Main: Suhrkamp 1990.
Freud, S. (1937): Die endliche und die unendliche Analyse. In: *GW XVI*, 57-99.
Rosenfeld, H. (1964): *Psychotic States: A Psycho-Analytical Approach*. New York: International Universities Press 1965. Dt.: *Zur Psychoanalyse psychotischer Zustände*. Übers. von C. Kahleyß-Neumann. Frankfurt am Main: Suhrkamp 1981.
Winnicott, D.W. (1960): Ego distortions in terms of true and false self. In: *The Maturational Process and the Facilitating Environment*. London: Hogarth Press

1965, 140-57. Dt.: Ich-Verzerrung in Form des wahren und des falschen Selbst. Übers von G. Theusner-Stampa. In: *Reifungsprozesse und fördernde Umwelt.* Frankfurt am Main: Fischer 1985, 182-199.

*Übersetzung aus dem Englischen von Antje Vaihinger,*
*Sellnberg 8, D-35396 Gießen, e-mail: AntjeVaihinger@aol.com*

Jahrb. Psychoanal. 48, S. 51–68 © 2004 frommann-holzboog

# Narkotisieren, Zertrümmern, Ent-Sorgen

## Zur leisen Arbeit an der Vernichtung lebendiger Bedeutung

*Helmut Hinz*[*]

Das Konzept psychotischer Mechanismen bei neurotischen Erkrankungen ist nicht neu, sondern eine explizite Formulierung eines impliziten psychoanalytischen Wissens. Schon Freud sprach vom Ich des Psychotikers, dem sich der Normale, der »eben nur durchschnittlich normal« sei, »in dem oder jenem Stück, in größerem oder geringerem Ausmaß« (Freud 1937c, 80) nähere. Später entwickelte er den Begriff der *Ichspaltung* im Abwehrvorgang (Freud 1940e, 59), die gegen die synthetische Funktion des Ichs arbeitet und einen Riß entstehen läßt, der nicht kleiner, sondern allmählich größer wird. Dieser Riß entsteht im Zuge der normal-neurotischen Entwicklung bei der traumatisch wirkenden Wahrnehmung der Differenz zum Primärobjekt und der Geschlechterdifferenz und der daraus entstehenden archaischen Phantasie und Mißkonzeption der Kastration. Die Folge des Traumas ist die Bildung eines Fetischs und die simultane Wahrnehmung *und* Verleugnung der Differenz. Vielleicht ist es nicht zu kühn, diesen Riß in der von Melanie Klein entwickelten Unterteilung zwischen paranoid-schizoider und depressiver Position mit den zugehörigen Abwehrmechanismen in elaborierter Form wieder zu erkennen. Danach wurden von psychoanalytischen Forschern Begriffe wie z.B. »grandioses Selbst« (Kohut 1971), »psychotischer Kern des Selbst« (Loch, mündliche Mitteilung) und »mad self« (Rosenfeld 1964, 337) erarbeitet.

[*]  Helmut Hinz, Dr. med., Lehranalytiker (DPV/IPV), längere Zeit Oberarzt der Abteilung für Psychoanalyse, Psychotherapie und Psychosomatik der Universität Tübingen, arbeitet in eigener Praxis in Tübingen.

Psychotische Mechanismen haben ganz allgemein zum Ziel, die Verbindung zur Realität aufzuheben: zur inneren Realität, zur äußeren Realität und zu den Funktionen des Ich, die der Wahrnehmung der inneren und äußeren Realität dienen sollen. Die Aufhebung der Verbindung zur Realität ist erforderlich, wenn diese wahrzunehmen zu große Angst hervorruft, also traumatisch ist.

Die klassischen Abwehrmechanismen und auch die später entdeckten wie Spaltung und projektive Identifizierung führen ebenfalls zu einer Veränderung im Realitätsbezug zum Zweck der Sicherung des libidinösen Objektes. Eine wichtige Unterscheidung ist jedoch mit der Frage zu treffen, ob der im jeweiligen Abwehrmechanismus noch erhaltene Bezug zur Realität mit seiner impliziten Schmerzerfahrung, diese modifizieren kann oder eliminieren muß. Dies ist die von W.R. Bion (1957) bekannte Differenzierung zwischen neurotischem und psychotischem Modus. Ob in einem Abwehrmechanismus der neurotische oder der psychotische Modus überwiegt, hängt davon ab, ob die Vermeidung von Schmerz oder dessen Verarbeitung überwiegt. Mir erscheint sinnvoll, den Begriff psychotischer Mechanismus für den Anteil der Abwehr vorzubehalten, der die Verbindung zu innerer und äußerer Realität beseitigen soll. Davon läßt sich dann der Anteil der Abwehr abgrenzen, der sekundär bereits wieder der Restitution des Objekt- und Realitätsbezuges dient. Verkehrung ins Gegenteil, Idealisierung und Entwertung, Verleugnung, Spaltung, Projektion, Introjektion und projektive Identifizierung enthalten jeweils zugleich Beseitigung von Realität und deren Partialwiederherstellung in einem zu untersuchenden Mischungsverhältnis. Dadurch werden Teilobjektbeziehungen eliminiert und erzeugt. So wird verständlich, warum z.B. Perversion Psychose zugleich abwehrt und produziert, perverser Kontakt sowohl Ungetrenntheitserleben als auch den Objektverlust stets neu hervorruft. Solche paradoxen Vorgänge finden sich analog z.B. auch bei den Abwehrmechanismen der Idealisierung, der Entwertung und der Spaltung.

In *Formulierungen über die zwei Prinzipien des psychischen Geschehen* untersucht Freud die Entstehung des Realitätsprinzips durch 1. die Erhöhung der Bedeutung der Sinnesorgane zur Wahrnehmung der »Außenwelt« (Freud 1911b, 232) und 2. die Entwicklung von Bewußtsein, geknüpft an die Sinnesorgane und 3. die Entstehung der Aufmerksamkeit zur periodisch absuchenden Antizipation der Umweltdaten, falls ein unaufschiebbares Bedürfnis auftaucht. 4. Geht es um die gleichzeitige Entstehung von Merken und Gedächtnis, also um die Ausbildung und Wahrnehmung einer »Innenwelt« (Freud 1924b, 389). Hinzu kommt 5.

die Funktion der Urteilsfällung, darüber zu entscheiden, ob eine bestimmte Vorstellung wahr oder falsch, gut oder böse, im Einklang mit der Realität sei oder nicht, und sie entscheidet darüber durch »Vergleichung mit den Erinnerungsspuren der Realität« (Freud 1911b, 233).

Das Realitätsprinzip mit seinen funktionellen Differenzierungen büßt, wenn psychotische Mechanismen zunehmen, an Bedeutung ein. Die Aufnahme neuer Wahrnehmungen aus der Außenwelt, Bewußtsein und Aufmerksamkeit dafür wird verweigert oder verliert ebenso an Bedeutung wie die Wahrnehmungen, die über Aufmerksamkeit und Gedächtnis aus der Innenwelt kommen (Freud 1924b, 389). Die Funktion der Urteilsfällung wird so geschwächt und damit die an sie verknüpfte *Realitätsprüfung*.

Mit Hilfe von Bions Theorie des Denkens (1963) lassen sich diese Besonderheiten der Störung der synthetischen Funktion des Ichs genauer erläutern. Psychotische Mechanismen sind demnach, noch einmal anders definiert, dadurch charakterisiert, daß Gedanken im Sinne archaischer Phantasie nur in veränderter Weise, nämlich die Außen- und Innenwelt mißrepräsentierend, gebraucht werden können. 1. als definitorische Hypothese, 2. als Fixierung dieser definitorischen Hypothese, obwohl bereits ein Wissen dafür vorhanden ist, daß diese Hypothese falsch ist; 3. zur projektiven Identifizierung mit ihrem intrusiven Aktionspotential, d.h. mit der Verwicklung des Analytikers zu dessen alloplastischer Angleichung an die aktuell aktivierte archaische Objektbeziehungsphantasie.

Die anderen Möglichkeiten, Gebrauch vom Denken zu machen, sind durch projektive Identifizierung aus dem Ich-Selbst entfernt und in den Analytiker verlagert, der den Versuch machen kann, unter erschwerten Bedingungen, d.h. zunächst in relativer Einsamkeit, ohne beherzte Mithilfe durch seinen Analysanden, diese externalisierten Funktionen auszuüben: 1. zu erinnern und zu merken, 2. aufmerksam wahrzunehmen und bewußt zu sein und 3. die Situation genauer zu untersuchen.

Gelingt es dem Analytiker, diese Funktionen aufrechtzuerhalten, was für Entwicklung erforderlich ist, wird dies bedrohlich erlebt. »Es läuft darauf hinaus, daß die Heilung selbst vom Ich wie eine neue Gefahr behandelt wird« (Freud 1937c, 84).

Psychotische Mechanismen sind also *auch* eine aktive Einschränkung und Veränderung der Ich-Funktionen: Bewußtsein, Aufmerksamkeit, Merken, Gedächtnis, Neugier, auf genaueres Wissen, und Urteilsfähigkeit, zwischen innen und außen, schlecht und gut, schädlich und förderlich zu unterscheiden. Um einige Beispiele zu nennen, die auch beim Patienten, aus dessen Analyse ich berichten werde, eine Rolle spielen: Projektion von Interesse an Analyse in den Analytiker, Vergessen von Gedankenverbindungen, Erinnern von bedeutungsentleerten Gedankenbruchstücken, latent erregt-benommene Bewußtseinszustände (Fornari-Spoto 2003, 29) beim Wechsel zwischen zuviel Zweifel und zuviel Gewißheit, Produktion von Nicht-Wissen und Verwirrung durch permanentes Zweifeln und Pervertieren ins Gegenteil. Die Funktion dieser aktiven Einschränkungen ist es, die Belastungen der depressiven Position rückgängig zu machen, wenn diese zu schwer werden, also als »neue Gefahr« (Freud 1937c, 84) erlebt werden.

Wenn die Funktionen der depressiven Position aktiv sind, besitzt der seelische Apparat ein Kriterium, eine stark besetzte *Vorstellung* vom bedürfnisbefriedigenden Objekt von der *Wahrnehmung* dieses Objektes zu unterscheiden. Wenn diese Wahrnehmungen mit dem Sicherheitsgefühl unvereinbar werden, werden die Funktionen der paranoid-schizoiden Position dominant, wodurch die stark besetzte Vorstellung vom Objekt mit dessen Wahrnehmung gleichgesetzt wird. Es wird also Wahrnehmungsidentität angestrebt. Die Fähigkeit, Wahrnehmung und Vorstellung, also außen und innen, zu unterscheiden, ist durch *Total-Identifizierung* unterminiert. Total-Identifizierung liegt vor, wenn der Patient sich durch Projektion und Introjektion so weitgehend identifiziert, daß er den Eindruck hat, *er selbst sei das Objekt*. Dadurch wird das Element der Getrenntheit aus der Realitätserfahrung entfernt und die Entwicklung, Modifizierung, also Verdauung der Grundgefühle Abhängigkeit, Frustration, Haß, Neid und Schuld umgangen (siehe dazu Rosenfeld 1987, und Müller 2003). In schweren Fällen ist diese *Phantasie, selbst das Objekt zu sein*, die Grundlage z.B. für halluzinatorische Erlebnisse und Wahn. Je nach quantitativer Ausprägung werden kleinere oder größere Persönlichkeitsbereiche entdifferenziert. Außerdem wird viel Energie verbraucht, wenn eine Vorstellung maniform omnipotent gegen eine Wahrnehmung behauptet werden muß.

Wenn Erfahrung nicht modifiziert werden kann, also nicht verdaubar ist, führt dies zum *Haß auf Erfahrung*, also zum *Haß auf innere und äußere Realität* und zu dessen Überwiegen gegenüber libidinösen Impulsen. Wenn keine ausreichend guten Erfahrungen als Gegengewicht zu schlechten gemacht werden können, setzt, zur prekären Absicherung des Primärobjekts, gewaltsame, willkürliche Spaltung und exzessive projektive Identifizierung ein. Das Mißlingen dieser Abwehr führt zu Konfusion und Vernichtungsangst, die durch *kleinteilige Spaltung* ausgeschieden werden muß. Dieser zuletzt genannte Abwehrvorgang ist nach meiner Meinung der psychotische Mechanismus im engsten Sinne. Besonders durch diesen entsteht ein subjektives oder auch nur vom Objekt wahrnehmbares Gefühl von Unlebendigkeit oder Nicht-Existenz, ein Verlust der Mein-Haftigkeit, Geistlosigkeit und Langeweile, Derealisation, Depersonalisation und z.B. psychosomatische Symptome.

Zur Erläuterung der Überschrift meines Beitrages sei noch hinzugefügt, daß mit Narkotisieren eine Bewußtseinsveränderung, ein Vorgang der Betäubung bezeichnet ist, der mit einer Spaltung von Denken und Fühlen zu tun hat. Zertrümmern meint das Zerbrechen und Platt-Machen von zunächst für mich und *auch* den Patienten emotional sinnvollen Zusammenhängen. Sedierend wirkte bei meinem Patienten die anscheinend ruhig denkende, vermittelnde und scheinbar kooperative Art zu kommunizieren, die eine latent erregende, Zwist und Zweifel streuende Aktivität verbarg. Es war davon auszugehen, daß ein grausamer, selbstschädigender Prozeß am Werke war, zunächst nur abstrakt zugänglich, obwohl auch der Patient ein Wissen davon mitbrachte, wenn er sagte, in ihm sei ein »malignes Konstrukt«, oder wenn er in Wiederholungsträumen seine abgestürzte Mutter reanimierte, oder träumte, mit seinem Auto über einen Körper in einem Plastiksack zu fahren.

Die beschädigten Überreste des Dialoges zu bemerken und zu untersuchen, ist eine schwierige und unangenehme analytische Arbeit. Die vom Patienten praktizierte mentale Beseitigung der wahrgenommenen Sinnzusammenhänge verspricht dagegen schnelle Erleichterung und erspart erschreckende Einsicht in die komplizierte Abwehr eines Doppellebens, das mich an Dr. Jekyll und Mr. Hyde erinnerte. Ein Motiv für den tödlich eliminierenden Jekyll-Anteil dürfte im Versuch liegen, das Objekt aktiv vorwegnehmend zu überwältigen aus Angst vor der Wiederholung des Traumas, dem der Patient ausgesetzt war. Die mentale Eliminierung von Bedeutung entlastet auch von gedanklichem Urteil, gefühlter Sorge und realistischer Schuld. Das ist mit Ent-Sorgung bezeichnet. Die Folge davon ist der permanente Verlust von Lebendigkeit und das Dahinsiechen wertvollen Kontaktes.

Der Patient, aus dessen Analyse ich einen Ausschnitt zeigen möchte, ist ein effizient tätiger Facharzt für Innere Medizin, aber hoffnungslos-unglücklich und latent suizidal. Die Analyse begann im Mai 1992. Er suchte analytische Hilfe, als er 34 Jahre alt war. Er war schon mehrere Jahre an verschiedenen Stellen als Arzt tätig gewesen und hatte wechselnde, oberflächliche Beziehungen. Er fühlte sich chronisch deprimiert und litt unter verschiedenen körperlichen Beschwerden (Nackenschmerzen, Rückenschmerzen, Magenweh). Wegen chronischer Verstopfung verabreichte er sich häufig Einläufe. Sein zentrales Problem sei seine Unfähigkeit, Entscheidungen zu treffen. Eine explizite Frage war, ob er sich für eine Facharztausbildung in Anästhesie oder für eine psychotherapeutische Ausbildung entscheiden solle. Er denke alle paar Minuten an Sex und habe außerdem seit Jahren manchmal die seltsame Empfindung, von einem großen Gummiball umschlossen oder berührt zu werden.

Er wuchs als Einzelkind auf. Seine Mutter hatte früher einige außereheliche Beziehungen gehabt, der Vater war zeitweise depressiv und hatte Antidepressiva nehmen müssen. Der Patient selbst war anscheinend als Junge ängstlich, gehemmt und voller Selbstzweifel. Die Mutter meinte, sein Urinstrahl sei zu schwach und überzeugte offenbar auch den Vater und den Hausarzt von dieser Meinung. Zur Dehnung der Harnröhre wurden Gummikatheder eingeführt, ohne Betäubung eine schmerzhafte und traumatisch ängstigende Prozedur. Traumatisch wirkten sich auch die Streits der Eltern aus. Der Patient sieht sich in der Erinnerung, wie er zwischen den Eltern stehend, beide zusammenhaltend von einer Scheidung abzubringen sucht. Wenn die Eltern abends ausgingen, konnte er nicht schlafen, weil er panische Angst bekam, sie würden im Verkehr umkommen.

Er benutzte bis zum Tag seiner Einschulung Schnuller und Schmusekissen, dann setzte er die Aufforderung seiner Eltern, auf diese Objekte nun zu verzichten, auf seine Weise radikal in die Tat um und verbrannte beide im Ofen. Trennung und Verzicht waren ihm nicht möglich, stattdessen Losreißen und partielle Verwerfung der emotionalen Verbindung zu beiden Eltern. Übrig blieb er allein. Am ersten Schultag, auf dem Weg zur Schule, habe er, fasziniert vom Anblick einer Straßenwalze und vom Geruch des Teeres, die Zeit vergessen. Aus dieser Zeit existiere ein Photo von ihm, auf dem er »stolz wie ein junger König aussehe«, was sich als narzißtische Selbstüberhöhung nach der Verwerfung der elterlichen Objekte verstehen läßt.

Ich kommentiere diese Informationen hier nicht weiter, sondern beschreibe einen Aspekt aus dem Verlauf der Analyse. Nach einigen Jahren begann er repetitiv darüber zu klagen, seine Frau erlaube ihm nicht, Kontakt mit früheren

Freunden und Freundinnen zu halten. Diese Klage kam mir wie eine fixe Idee vor. Er war völlig überzeugt, seine Frau wiederhole sofort ihre aggressiv-gewalttätigen Eifersuchtsausbrüche. Das mußte er unbedingt vermeiden, weil er in existentielle Angst geriet, wenn sie mit Scheidung drohte. Er entwertete in der Analyse seine Frau so heftig, daß der Eindruck entstand, sie sei ein undifferenziertes, lautes, grob-aggressives und auch lügenhaftes Weib. Ich glaube zwar, daß sie tatsächlich eine schwierige Frau ist und sich gut für seine Projektionen eignet. Deshalb denke ich rückblickend, es war notwendig und sinvoll, seine komplizierten, wiederholten Beziehungsschilderungen methodisch treu nach möglichen Bedeutungen für die Übertragung abgesucht und diese so konsequent wie möglich gedeutet zu haben. Denn es wurde sichtbar, wie effektiv er seine Gattin provozieren mochte, sich »verrückt« und manchmal gewalttätig zu verhalten. Unverhüllt idealisierte er die Gewalttätigkeit ihres ersten Ehemannes, der sie mit Brutalität dazu gebracht hatte, sich von ihm scheiden zu lassen, wodurch dieser seiner Aufgabe als Ehemann und Vater seines Sohnes entledigt war, Aufgaben, mit denen sich mein Patient abmüht, Analyse eingeschlossen.

Mich griff der Patient auf vielfältige, versteckte, jedoch wirksame Art an. Ein Traum brachte dies offen und drastisch, sadomasochistisch auf den Punkt: »Sie baden in einer Wanne gefüllt mit meiner Scheiße und genießen das offensichtlich.« Er plagte mich durch sein Vergessen und die ihn erregende Fähigkeit, Bedeutungen zu entblößen. Als dies klarer erkannt war, kam er unter zunehmenden Druck, der sich Luft machte in fortdauernden Klagen, ihm seien die Arbeit, diese Ehe und die Analyse zu viel. Die Praxisgründung, seine Eheschließung (beide Lebensentscheidungen waren nach einigen Jahren Analyse getroffen worden) und alle seelischen und materiellen Investitionen seien Fehler (die er ohne Analyse nicht begangen hätte) und er wolle nichts lieber als all das schnell loswerden. Eine Besserung könne nur kommen, wenn er die Beziehung zu seiner Frau, und die Analyse beenden würde. »Verstehen heißt, als der Dumme dastehen.«

Dementsprechend wollte er eine Reduktion der Stundenfrequenz. Als er realisierte, daß ich dazu nicht bereit war, begann er systematisch Stunden abzusagen. Er gab mir eine Liste von z.B. 20 Stunden, wann er über das Jahr verteilt nicht zur Analyse kommen könnte, weil er zusätzlich zur Praxis, ein zweites berufliches Standbein benötige. Das schien zunächst, wegen der Neugründung seiner Praxis, plausible finanzielle Gründe zu haben, wenngleich immer auch die Angst explizit war, seine Patienten könnten plötzlich wegbleiben. Als der finanzielle Grund weggefallen war, sah ich die inneren Motive deutlicher und verstand die systematischen Stundenabsagen als Identifikation mit mir (ich gebe ihm meinerseits eine Liste meiner Ferien) sowie als Flucht vor Kastration, im Sinne einer Unterwerfung unter meine Bedingungen. Als er einen Praxis-Assistenten einstellte, tat er dies auch mit dem Gedanken, die vierte Stunde wieder regelmäßig wahrzunehmen. Ich begann zu glauben, die analytische Arbeit hätte seine Angst gemindert. Stattdessen begann er damit, nach einer Sommerpause, die er zunächst als Termin zur Beendigung der Analyse hatte nehmen wollen, regelmäßig alle Donnerstagstunden ausfallen zu lassen, indem er diese am Ende der Mittwochstunde absagte. Offenbar ermöglichte ihm die abgesagte Stunde den notwendigen Rückzug und einen narzißtisch kontrollierten Abstand zum Analytiker/ Objekt. Auf diese Weise balanciert er ein Dilemma, das sich begrifflich verschieden fassen läßt: 1. als homosexuelles Dilemma zwischen Kastrationswunsch und Kastrationsangst, 2. als Dilemma zwischen Ersticken und Abstürzen, 3. als Dilemma zwischen Klaustrophobie in einer Beziehung mit Bedeutung und der Agoraphobie bei Beziehungs- und Bedeutungslosigkeit. Seit einiger Zeit hat er schlimme Alpträume, die das zum Ausdruck bringen. Schlafwandelnd und manchmal Hilfe schreiend sucht er die Schlafzimmertür (Fluchtweg) oder klammert sich panisch so heftig an seine Frau (Objektverlustangst, Absturzgefahr), daß diese in Angst, keine Luft mehr zu bekommen, aufwacht (Projektion seiner Erstickungsangst).

Es gelang, sein Vergessen und den Bedeutungsverlust detaillierter zu sehen. Beides hatte die Funktion aus einem Container, der als Gefängnis erlebt wird, zu entkommen und die halbverdauten Erfahrungen auszuscheiden, die zu Alpträumen führen und sonst kaum transformierbar scheinen. Die Interpretation eines *Traumes* aus dieser Zeit half das Verständnis zu präzisieren: Er lenkte ein Auto. Neben ihm saßen ein Freund und eine frühere Freundin. Das Auto raste in ein Erdloch. In Panik rief er den Namen seines Freundes, um zu erfahren, ob dieser noch am Leben sei. Bei sich selbst registrierte er eine Trümmerfraktur des Gesichtsschädels. Er organisierte den Transport in die Klinik und sorgte dort selbst für die dringend notwendigen Röntgenaufnahmen. Die Klinikärzte seien dazu nicht fähig gewesen. Sein Gesichtsschädel erwies sich als vollkommen destabilisiert und deformiert. Er stellte nun zu seiner Verwunderung fest, daß er sich auf einer Station befand, auf welcher außer ihm nur Patienten mit Anus praeter behandelt wurden. Eine Assoziation, die er zum Traum hatte, war die Erinnerung, wie er als Junge nach einem Unfall, den der Vater verursacht hatte – das Auto lag auf dem Kopf –, als erster heraus gekrochen sei, um Hilfe zu holen.

Zur Interpretation dieses Traumes: Der analytische Verkehr, die Verbindung zwischen uns, wird von ihm gesteuert und endet in einem Unfall. Er rast in ein Erdloch. Eine Frau, die zunächst noch dabei war, spielt keine Rolle mehr, wird also der Tarnung der homosexuellen Beziehung gedient haben, die im After (dem Erdloch) endet. Das Überleben des Analytiker-Freundes ist ungewiß. Der Patient bleibt alleine zurück, Analytiker und Analyse sind weg oder nicht auffindbar. Der Patient übernimmt in Total-Identifizierung und Rollenumkehr (entsprechend der Phantasie: das Objekt bin ich) die Rolle des Arztes und sorgt für sich selbst. Seine Assoziation geht auch in diese Richtung. Er sieht sich damals und jetzt als derjenige, der für Untersuchung und Hilfe sorgt. Die Verletzung des Gesichtschädels ist eine Darstellung seiner Denkstörung und der Zertrümmerung von Bedeutung. Der Formverlust stellt das Zersplittertsein und die aktive Zersplitterung der Gedanken dar. Schädel und After sowie Gedanken und Ausscheidungen sind gleichgesetzt. Denken steht vorwiegend im Dienst der vorzeitigen Ausscheidung unerträglicher Gedanken und ihrer Bruchstücke. Hier liegt ein Grund, weshalb der Kontakt mit ihm unlebendig, schizoid-emotionsarm ist und die Inhalte oft kompliziert und repetitiv wirken. Dieser gummiert-unfruchtbare, anal-narzißtische Rückzug ist sehr stabil.

Um nun auf die Darstellung einer Stunde hinzuführen, muß ich noch folgendes schildern: Vor einiger Zeit erzählte er von einem erneuten Konflikt mit dem Besitzer des Hauses, in dem er seine Privatwohnung und die Praxisräume gekauft hat. Dieser habe ohne Rücksprache vor dem Haus eine riesige, Tag und Nacht leuchtende Neonreklame und Firmenflaggen aufstellen lassen. Der Patient war empört und deprimiert und sah sein Praxisschild daneben verschwindend klein und abgedrängt. Diese Konstellation verstand ich als klares Bild für die paranoide und homosexuelle Angst des Patienten, von mir überrumpelt, vereinnahmt und feindselig in Besitz genommen zu werden, um letztlich meine Flagge in ihm zu hissen (homosexuelle Vergewaltigung).

Kürzlich fand ein Treffen zwischen meinem Patienten, seinem Anwalt, dem genannten Hausbesitzer und dessen Rechtsanwalt statt, um Streitigkeiten beizulegen. Meinem Patienten ging es darum, das drängende Problem zu lösen, daß das Mauerwerk in den unteren Stockwerken feucht ist und vom Schwamm bedroht sein könnte. Der Hausbesitzer seinerseits wollte einige bauliche Veränderungen, denen er zunächst zugestimmt hatte, in den Status quo ante zurückversetzt sehen. Bei diesem Treffen trat der Hausbesitzer wieder dominant und wütend auf. Mein Patient fühlte sich »ängstlich wie ein Kind«, an die Wand gedrückt. Sein Anwalt sei ihm keine Hilfe gewesen. Seine Forderung nach einem unabhängigen Gutachter war mit der Begründung zurückgewiesen worden, er, der Hausbesitzer, sei selbst der Fachmann und fordere stattdessen, daß die Veränderungen, die der Patient in seiner Praxis hatte vornehmen lassen, zurückgebaut würden, andernfalls sehe man sich vor Gericht wieder. Ich deutete ihm, er denke, ich benötigte Supervision, ein unabhängiger Gutachter müsse klären, ob die vom ihm gekauften analytischen Räume schlecht gebaut seien, undicht gegen von unten eindringendes Wasser. Er brauche einen Anwalt, um sich gegen mich verteidigen zu können, sehe aber selbst darin keine Chance für sich, weil alles in einen Angriff gegen ihn verwandelt würde.

Daraufhin erwähnte der Patient, der Chefarzt der Chirurgischen Abteilung der Stadt habe sich suizidiert und diese Möglichkeit habe er auch.

Hier ist eine klare Isomorphie (Loch) zu erkennen zwischen dieser Szenerie, der aktuellen analytischen Situation und der traumatischen Kindheitsszene der Dehnungen der Urethra. Damals hatten sich, wie berichtet, sowohl der Arzt als auch der Vater des Patienten der Meinung der Mutter angeschlossen, der Urinstrahl des Jungen sei zu schwach. So sah sich der Junge damals wie heute hilflos inmitten dieser Objekte als Opfer, ohne ein Wissen zu haben, wie ihm geschieht, ob er einer perversen Aktion oder einer notwendigen ärztlichen Handlung ausgesetzt war, ob er (von Mutter, Vater, Arzt) mißbraucht, kastriert oder gar getötet würde. War die Analyse eine womöglich völlig überflüssige Dehnungsaktion, ein Mißbrauch, oder eine notwendige Erweiterung eines inneren Raumes für psychische Bedeutung, die bereits stattfand, jedoch als lebensbedrohlich erlebt wird? Das Trauma war mitsamt seinen erschreckenden Folgen reaktiviert und dem bewußten Erleben zugänglicher geworden: ein Alptraum aus Nichtwissen, Denkstörung, Klaustrophobie und paranoider Mißbrauchsangst. Deutlich stand deshalb die Drohung des Patienten im Raum, die Veränderungen, die die Analyse gebracht hatte, müßten wieder rückgängig gemacht (zurückgebaut) werden, andernfalls gebe es Krieg.

Als seine Frau in diesen Tagen, wie ich fand, liebevoll ein Geburtstagsfest für ihn arrangierte, war er wieder unzufrieden, weil ausschließlich sie bestimme, wer eingeladen wird. Ihm sei nicht erlaubt, frühere Freunde und Freundinnen einzuladen. Nachdem ich ihm sagen konnte, daß er sich vor lauter Angst und Mißtrauen nicht erlaube, seine freundschaftlichen, noch weniger seine passiv femininen Wünsche in die Beziehung zu mir einzuladen, wurde er direkter und empfänglicher.

Ich hatte in dieser Zeit, meine Aufmerksamkeit auf die *Form* der Kommunikation gerichtet, um inhaltliche Redundanz, Kompliziertheit und Unlebendigkeit zu vermeiden. In diesem Sinne deutete ich einige Male seine Stundenabsagen, das Zu-Spät-Kommen und sein Schweigen am Stundenanfang mit Hilfe des Modells, daß jemand, der sich bedrängt und eingeschlossen fühlt, am Ausgang sitzen muß, um wenn nötig fliehen zu können, nur so könne er es überhaupt aushalten.

Nun komme ich zur angekündigten detaillierten Schilderung einer Analysestunde: Er kam fünf Minuten zu spät und schwieg weitere zehn Minuten. Währenddessen dachte ich wieder daran, daß sein Zu-Spät-Kommen und Schweigen als Fluchtweg nötig seien und entschloß mich, vor ihm etwas zu sagen:

A.: Ich denke, sie müssen im Schweigen erst mal ein wenig Luft holen.

P.: Ich liege hier auf der Couch und fühle mich völlig unbequem und angespannt. Was für ein Idiot muß ich sein. Meine Blase ist total voll. Ich habe es vermieden, auf die Toilette zu gehen, weil ich mich in der letzten Stunde durch ihre Bemerkung angegriffen fühlte, die kommentierte, daß ich zuerst auf's Klo ging. Ich hatte gehofft, ich könnte meine Probleme lösen. Aber schon bei der Lösung so simpler Probleme versage ich. Ich bin deshalb noch entschiedener als schon zuvor, Ende 2002 aufzuhören. Mein ganzes Leben funktioniert auf diese Weise. Die ganze Zeit versuche ich, mich nur an das anzupassen, was Sie wollen. Schon als Kind habe ich versucht, es allen recht zu machen. Und hier ist es nun genau dasselbe.

Ich fühle mich so sehr angegriffen. So sehr unter Druck. Ich sage die Stunde für morgen ab. Ich dachte schon vor der Stunde daran, daß ich das tun will, wußte aber, daß sie das aufgreifen würden und daß ich mich dann wieder angegriffen fühlen würde. Nun habe ich es gesagt. Ich kam zu spät. Ich war sicher, Sie würden das kommentieren. Ich habe das alles total satt. Ich stoppe all das.

(Bereits in diesem Moment war ich offenbar erschöpft, durch die vorige Stunde und die Zeit davor, in denen er indirekt, weniger offen aggressiv, ähnliches gesagt hatte. Ich hörte mich innerlich sagen: »Bitte hör' auf zu sprechen, ich kann es nicht länger ertragen.« Also sagte ich nichts.)

Er fuhr fort: Als ich heute mit der Praxis zu Ende war, kam eine junge Frau zu uns ins Privathaus, um sich zu erkundigen, wie es ihrer schwerkranken Mutter gehe. Gestern Nacht hatte ich wieder Dienst. Wieder mußte ich um drei Uhr morgens aus dem Bett. Ich bin so müde. Ich ertrage das nicht länger.

A.: Obwohl Sie sich wirklich schrecklich dabei fühlen, ist es, so glaube ich, sicherer für Sie, daran festzuhalten, daß ich Sie unterwerfen und an meine Bedürfnisse anpassen will, und sich zwischen Ihnen und mir nichts Sinnvolles ereignen könne. Dann wird hier nur wertloses Zeug, also Urin produziert, dann haben Sie nur Urin im Kopf, den sie loswerden müssen.

P.: Ich weiß keinen anderen Weg. Ich kann mit Ihrer Methode nicht umgehen. Diese Methode wiederholt nur, was ich mein Leben lang tat. Druck, Anpassung, Gehorsam. Ich bleibe dabei auf der Strecke. Heute nacht habe ich mich von allen guten Geistern verlassen gefühlt. Als mich die Ehefrau eines sehr kranken Nachbarn anrief, sagte ich im Halbschlaf unbeherrscht: »Aha – Sie wohnen in dem Haus mit dem lauten, aufgemotzten Auto!« Die Frau erwiderte: »Was geht hier eigentlich vor? Was möchten Sie damit sagen? Was für ein Doktor sind Sie?« Ich habe es fast nicht geschafft, durch den heutigen Arbeitstag zu kommen und betete, daß ich nicht wieder Nachtdienst machen muß. Ich fühle mich durch meine Praxis überfordert, es ist zu viel für mich.

(Ganz offensichtlich war er voller Erregung, Schuld- und Versagensangst wegen seines aggressiven Ausrutschers in der Nacht und seiner jetzt direkt geäußerten Feindseligkeit mir gegenüber, aber auch seiner Angst, was er mir damit antut. Auch ich selbst war erregt und erschöpft.)

A.: Ich glaube, daß Sie auch von ihrer Erfahrung mit mir sprechen, die kaum auszuhalten ist. Sie hatten nicht für möglich gehalten, daß Sie sich hier so bedroht, existenziell angegriffen und voller Panik und Wut fühlen könnten.

P.: Ja. Für heute abend hatte ich eine Praxisbesprechung mit allen Mitarbeitern und meinem Assistenten anberaumt. Aber ich habe absagen müssen. Meine Frau sagte daraufhin: »Wenn du trotzdem zur Analyse gehst, kann es ja nicht wirklich ernst sein.«

A.: Sie haben etwas anderes gedacht.

P.: Was wollen Sie damit sagen? Ich kam, weil es wichtig für mich ist. Ich dachte zwar, daß es besser wäre, zu Hause zu bleiben, liegen gebliebene Arbeiten zu erledigen.

(An dieser Stelle ist mein Protokoll lückenhaft. Es ging etwa folgendermaßen weiter:)

A.: Ich denke, Sie benötigen das Gefühl, es mir recht machen zu müssen, wie eine Art Korsett, um sich nicht aufzulösen.

P.: Das werde ich wissen, wenn ich die Analyse beendet habe.

A.: Sie möchten fort und fort schnell argumentieren, um sich zusammenzuhalten, immer in Angst, die Kontrolle zu verlieren und womöglich zu weinen. Das wäre das Schlimmste für Sie. Vielleicht ist Ihre Blase voller Tränen.

P.: Ich weiß nicht, ob das das Schlimmste für mich ist. Das ist Ihr Bild. Ich erlebe das nicht so. Wie sollte sich jemand, der in einen Schraubstock gespannt ist, entspannen und sich gehen lassen können. Sie fühlen anders. Sie sind sicher, daß mein Zeitplan nur innere Motive hat. In den letzten Tagen dachte ich wieder, daß Sie an Ihre vier Stunden fixiert sind. Sie schicken mich lieber über den Jordan, als daß sie um eine Stunde reduzieren. Am Ende können sie dann sagen: Operation geglückt, Patient tot.

A.: Sie sind sicher, daß ich auf meinen letzten Triumph warte, Sie auf den Knien zu sehen, mit naß gemachter Hose, um dann meine Flagge in Ihnen zu hissen.

P.: Ich gebe zu, daß ich lange Zeit genau das dachte, dann meinte ich einige Zeit, Ihnen trauen zu können, aber in den letzten Tagen hatte ich wieder diesen Verdacht. Dann fange ich wieder an, Sie zu verteidigen und denke, daß Sie eben total von ihrer Methode überzeugt sind und total daran glauben.

A.: Sie vermeiden es daran zu denken, daß in der letzten Woche nur eine Stunde stattgefunden hat.

P.: Aber ich denke seit Monaten daran, die Analyse zu beenden.

A.: Tatsächlich ja seit einigen Jahren. Aber in den letzten Tagen denken Sie intensiver daran, nachdem Sie mir vertraut hatten, daß ich nicht über Sie triumphieren will. Ich denke, Sie fühlten sich verletzlich und bedroht, weil Sie empfänglicher und weicher gewesen waren. Für eine kurze Zeit waren sie mutig genug, um einen Freund (und sogar eine Freundin) hierher in die Stunde einzuladen.

## Kommentar

Ich habe diese Stunde ausgewählt, obwohl es leicht sein mag, kritisch einzuwenden, der Analytiker agiere lediglich, was in ihn projiziert wird, es sei nur ein typisches sadomasochistisches Enactement und die Sackgasse dargestellt worden, wie sie bei neurotisch-narzißtischer Problematik rasch entstehen kann. Eine Sackgasse in Richtung prolongierter Introjektion bzw. umgekehrt prolongierter Projektion (Money-Kyrle) von Sadismus auf Seiten des Analytikers. Im ersten Fall gerät der Analytiker in eine masochistische Position, ist zu defensiv, hat zu große und zu lange anhaltende Schuldgefühle und wird potentiell unbrauchbar, weil er zu schwach erlebt wird. Der Patient findet wieder kein Objekt, das seiner Wut und Not standhalten kann. Im zweiten Fall gerät der Analytiker in eine sadistische Position, ist zu offensiv, sieht das böse Objekt zu wenig in sich und seinem analytischen Tun und wird unbrauchbar, weil er als unzugänglich erlebt wird. Der Patient findet wieder kein Objekt, das genügend aufnahmefähig ist.

Die ausgewählte Stunde eignet sich nicht, die Unlebendigkeit des Kontaktes zu zeigen, die oft eine Rolle spielte. Auch die Anästhesiewirkung ist geringer, wenn man davon absieht, daß ich teilweise defensiv war. Es handelt sich auch nicht um eine Stunde, in der die leise Vernichtung lebendiger Bedeutung geschieht. Ich meine jedoch, daß diese Stunde als Beispiel für die kleinteilige Spaltung (Verwandlung von Bedeutung in Urin) dienen kann, sowie für die jetzt mögliche direkte und laute Äußerung seiner Feindseligkeit und Entwertung, die dadurch integrierbarer und bewußtseinsfähiger erscheint, einschließlich flüchtiger indirekter Wahrnehmung von Schuldangst und Sorge um das Objekt. Das halte ich für einen Fortschritt.

Es handelt sich um eine direkte urethrale Attacke, mit kräftigem, dickem Urinstrahl, indem er die Analyse reduziert auf ein idiotisches Unternehmen, das schlechte Anpassung wiederhole. Es liegt nahe, daß dies auch durch die Angst bestimmt war, seine Potenz sei zu klein oder werde wieder als zu klein befunden. Wegen der Projektion dieses Angriffes in mich, fühlt er sich sofort attackiert, als ich ihm sage, er müsse erst Luft holen. Dann nimmt er unbewußt präzise wahr, daß ich erschöpft bin und ihn nicht mehr ertragen mag. Das kommt verschoben zum Ausdruck in der Sorge der Tochter um den Zustand ihrer kranken Mutter. Da ich ihm dann in meiner ersten Deutung (Kopf voller Urin, der weg muß) wohl nicht krank, sondern stark genug erscheine, setzt er seine Entwertung fort, bemerkt aber zur Hälfte (im Halbschlaf), daß er verrückt agiert (von allen guten Geistern verlassen) und sich unbeherrscht äußert, wenn er das Laute und Aufgemotzte ausschließlich in mich projiziert. Über die zitierte Ehefrau des kranken Nachbarn bringt er seine Verwirrung zum Ausdruck, was hier vor sich gehe, ob ich überhaupt als Arzt oder sadistisch handle. Mit Rationalisierungen (Halbschlaf, Übernächtigung und Arbeitsüberlastung) versucht er zu einer Ent-Schuldung zu kommen. Gleichzeitig steckt darin auch seine Angst durch weitere Alpträume weiteren erschöpfenden ›Nachtdienst‹ leisten und Schlaflosigkeit erleiden zu müssen. Beten könnte die Anrufung einer omnipotent guten Instanz gegen die wahrgenommene omnipotente Aggression enthalten, der gegenüber er sich verzweifelt ohnmächtig fühlt. Das Gefühl der Überforderung bleibt jedoch bestehen, besonders in der Beziehung zu mir, weshalb ich hervorhob, wie existentiell er sich bedroht fühle durch die nicht für möglich gehaltene Gewalt seiner Panik und Wut. Er reagiert darauf zustimmend, um dann, verkürzt gesagt, die in seine Frau projizierte Verleugnung zu artikulieren: »alles ist nicht wirklich ernst«. Ab hier beginne ich auszuweichen, indem ich von seiner Frau spreche und daß er etwas anderes als sie gedacht habe. Vermutlich tat ich das auf der ängstlichen Suche nach einem positiveren Aspekt in ihm. Er ist verwirrt und fragt, was ich sagen wolle? Danach kann ich den Verlauf nicht mehr genau erinnern, offenbar ist mein Denken in diesem Moment geschwächt. Ich versuche mich zu retten, indem ich die Verbindung konstruiere, daß er seine Vorstellung, er müsse sich mir anpassen, als Korsett benötige. Er zerschlägt diese Bemerkung: »Das werde ich wissen, wenn ich die Analyse beendet habe.« Danach werde ich vollends defensiv, als ich sage, die Blase könnte mit Tränen, also Traurigkeit gefüllt sein. Diese Bemerkung ist nicht falsch, jedoch eher von Theorie geleitet als von Beobachtung. Ich führe diese defensive Deutung auf Angst vor ihm und auf Schuldgefühle zurück, die ich bekommen hatte, als ich seine volle Blase im Sinne kleinteiligen urethral-mentalen Aufsplitterns in völlige Wertlosigkeit als Urin im Kopf deutete.

Danach erholte sich meine analytische Funktion wieder etwas, als ich die analytikerzentrierte Deutung finde, er habe den Verdacht, ich wollte über ihn triumphieren. Nun kann er die Sequenz darstellen, die für die heutige progressive positive Zuspitzung verantwortlich sein dürfte: kurzzeitig waren sein Verdacht geringer, Vertrauen und Empfänglichkeit größer geworden. Das jedoch verstärkt die Klaustrophobie und den paranoider Verdacht erneut und löst eine Mischung aus Wiedergutmachung und omnipotenter Reparation hervor: er sagt, er verteidige mich. Der Versuch mißlingt, aus dieser zirkulären Situation auszusteigen, indem ich ihn an die fehlenden Stunden der letzten Woche erinnere. Er weist diese Verbindung zurück. Er denke schon seit einigen Wochen an Beendigung. Meine Bemerkung, das sei schon einige Jahre der Fall, stimmt zwar, ist jedoch ge-

gensadistisch gefärbt, ehe ich ihm sage, daß er mutig genug gewesen sei, seine ansonsten meist ausgesperrte freundschaftliche Seite einzuladen. Aktueller wäre gewesen, daß er heute den Mut hatte, seine Feindseligkeit und den Impuls, seine Flagge in mir zu hissen, direkter zu zeigen.

## Schlußbemerkung

Nach dieser Stunde war weitere Durcharbeitung möglich. Er konnte formulieren, daß er immer von Beendigung rede, weil er Angst habe, verlassen zu werden. Auch das Märchen Hänsel und Gretel griff er wieder auf, das ich für ihn als Bild seiner Angst vor Täuschung und Vernichtung, wenn sich Hilfe anbietet, zusammengefaßt hatte: Hänsel und Gretel haben sich verirrt. Eine Mutter-Figur bietet Hilfe an, entpuppt sich jedoch als kannibalische Hexe, die Hilflosigkeit mißbraucht, beide mästet, um sie zu fressen. In die Analytiker-Hexe ist seine Feindseligkeit, Zerstörungslust und Maskierung projiziert, außerdem seine orale Gier. Der Wahrnehmung dieser Zusammenhänge und Gefühle versucht er zu immer wieder zu entkommen, indem er zur Täuschung das magere Hühnerbein seines angeblich so kleinen Analyseerfolges vorzeigt. Damit hält er seine Sehnsucht nach hilfreichem, freundlichem Kontakt und seine Klaustrophobie und Vernichtungsangst, wenn Kontakt gelingt, balancierend unter Kontrolle.

## Zusammenfassung

Es erscheint sinnvoll, den Begriff psychotischer Mechanismus für den Anteil der Abwehr vorzubehalten, der die Verbindung zu innerer und äußerer Realität beseitigen soll. Davon läßt sich der andere Anteil abgrenzen, der sekundär der Restitution des Objekt- und Realitätsbezuges dient. Psychotische Mechanismen sind demnach dadurch charakterisiert, daß Gedanken im Sinne archaischer Phantasie Außen- und Innenwelt mißrepräsentierend gebraucht werden: 1. als definitorische Hypothese, 2. als Fixierung dieser definitorischen Hypothese, obwohl bereits ein Wissen dafür vorhanden ist, daß diese Hypothese falsch ist; 3. zur projektiven Identifizierung mit ihrem intrusiven Aktionspotential zur Verwicklung des Analytikers und zu dessen alloplastischer Angleichung an die aktuelle archaische Objektbeziehungsphantasie. Psychotische Mechanismen sind dadurch auch eine aktive Einschränkung und Veränderung der Ich-Funktionen: Bewußtsein,

Aufmerksamkeit, Merken, Gedächtnis, Neugier auf genaueres Wissen, und der Urteilsfähigkeit, zwischen innen und außen, schädlich und förderlich zu unterscheiden. Nach diesem ersten Teil einer Definition des Begriffes folgt eine ausführliche klinische Illustration wie 1. das Interesse an Analyse in den Analytiker projiziert wird, 2. Gedankenverbindungen vergessen, 3. bedeutungslose Gedankenbruchstücke erinnert werden und 4. beim Wechsel zwischen zuviel Zweifel und zuviel Gewißheit latent erregt-benommen Bewußtseinszustände entstehen. Anhand des Protokolles einer Stunde soll deutlich werden, wie der lange anhaltende unlebendig schizoide Zustand, der die Folge der beschriebenen Bedeutungsentleerung ist, durch eine direkte, offen aggressive Anklage durchbrochen wird. Dieser direkte und offene Artikulation der Aggression wird als Fortschritt gewertet, der einer Integration dieses zuvor projizierten Persönlichkeitsteiles vorausgeht.

## Summary

It seems to make sense to restrict the term psychotic mechanisms to that part of the defence, which cuts off the connection to the inner and outer reality. From this one can separate another part, which secondarily serves to restore the relation to object and reality. Psychotic mechanisms are therefore characterised by the use of thoughts in the sense of archaic phantasies, misrepresenting the inner and the outer world: 1. as a defining hypothesis, 2. as fixation of this hypothesis, although there exists a knowledge, that this hypothesis is wrong, 3. for projective identification with its potential to induce enactment in the analyst and to equalize him with the actual archaic phantasies. Psychotic mechanisms therefore are active restrictions and alterations of ego-functions: consciousness, attention, memory, curiosity to get to know more precisely, and the ability to judge and differentiate between inside and outside, damaging and fostering. After this theoretical part which wants to give a definition of the term, a detailed clinical illustration follows in order to show, how the patient 1. projects the interest in analysis into the analyst, 2. significantly forgets the link between thoughts, 3. remembers insignificant parts of those links and 4. luxuriates in stupefaction, when oscillating between too much doubt and too much certainty. With the help of a detailed description of an analytical session the author shows, how the long lasting state of lifelessness, produced by the evacuation of meaning, gives way to a break-through of a direct and open aggressive attack. This is assessed to be a development, preceding the integration of that part of the personality, which was so long projected.

## Literatur

Bion, W. R. (1957): Differentiation of the psychotic from the non-psychotic persona-lities. In: *Int. J. Psychoanal.* 38, 266-275. Repr. in (1967): *Second Thoughts.* London: Heinemann. Deutsch: Zur Unterscheidung von psychotischen und nicht-psychotischen Persönlichkeiten. In: *Melanie Klein Heute*, Bd. 1: Beiträge zur Theorie. Hg. von E. Bott-Spillius. München: Verlag Internationale Psychoanalyse 1900, 75-99.

— (1963): Eine Theorie des Denkens. In: *Psyche-Z Psychoanal.* 17, 426-435

Fornari-Spoto, G. (2003): »In Benommenheit schwelgen«. Die Analyse eines narziß-tischen Fetischs. In: *Jahrb. Psychoanal.* 46, 29-46.

Freud, S. (1911b): Formulierungen über die zwei Prinzipien des psychischen Geschehens. In: *GW VIII*, 229-238.

— (1924b): Neurose und Psychose. In: *GW XIII*, 385-391

— (1937c): Die endliche und die unendliche Analyse. In: *GW XVI*, 57-99.

— (1940e): Die Ichspaltung im Abwehrvorgang. In: *GW XVII*, 59-62.

Kohut, H. (1971): *The analysis of the self.* New York: International Universities Press.

Müller, T. (2003): Über psychotische Identifizierungen. In: *Psyche-Z Psychoanal.* 57, 35-62.

Rosenfeld, H. (1965): *Zur Psychoanalyse psychotischer Zustände.* Frankfurt am Main: Suhrkamp.

— (1964): On the psychopathology of narcissism. *Int. J. Psychoanal.* 45, 332-337.

— (1987): *Sackgassen und Deutungen.* München/Wien: Verl. Internat. Psychoanal.

*Dr. med. Helmut Hinz, Gartenstraße 26, D-72074 Tübingen,*
*helmuthinz@t-online.de*

# »… aber ich fühle, es ist anders …« (Paula Heimann)

## Anmerkungen zum Affektsystem der Gewißheit bei psychotischen, neurotischen und ›normotischen‹ Mechanismen

## Psychoanalyse und Gewißheit

*Joachim F. Danckwardt**

## 1. Einleitung

»Wie läßt sich die Paradoxie verstehen, daß Abwehr- und Schutzmechanismen, die katastrophische Angst vor Veränderung und vor Selbst- und Objektverlust vermeiden sollen, diese aber immer wieder schüren und dadurch den ›Einriß im Ich‹ erneuern? Wie werden neurotische Erkrankungen durch Mechanismen mitgeprägt, die bedeutungsvolle Beziehungen in statu nascendi unterminieren?« lauteten Fragen der Fachtagung »*Psychotische Mechanismen bei neurotischen Patienten*« am 15. Februar 2003 in Tübingen. Hinz hat eine Synopse der bis heute verfügbaren Entdeckungen um die Differenzierung zwischen neurotischem und psychotischem Modus des Ichs zusammengetragen: das polyphone Ensemble aller Abwehrmechanismen, vor allem die »kleinteilige Spaltung« und das von Rie-

*  Joachim F. Danckwardt, Dr. med., ist Psychiater und Psychoanalytiker in Tübingen, Lehranalytiker der Deutschen Psychoanalytischen Vereinigung (Zweig der IPA) und war Vorsitzender dieser Vereinigung. Psychoanalytische Erkundungsforschung über psychopharmakotherapeutische, psychotherapeutische, psychoanalytische, mediale und künstlerische Prozesse, u. a. über »*Paul Klee 1910: Ich muß dereinst auf dem Farbklavier der nebeneinanderstehenden Aquarellnäpfe frei phantasieren können*« (1999, 2001).

Jahrb. Psychoanal. 48, S. 69–102 © 2004 frommann-holzboog

senberg Malcolm bemerkenswert illustrierte »Vergessen«, die Entstehung und funktionelle Differenzierung des Realitätsprinzips, die Störungen in der synthetischen Funktion des Ichs, der Aufmerksamkeit, des Merkens, des Gedächtnisses, der Neugier, des genauen Wissens, der Urteilsfähigkeit und so weiter (in diesem Band). Die zentrale Regulationsgröße aller metapsychologischer Gesichtspunkte sei die, ob beim Abgleich mit der Realität »die Vermeidung von Schmerz oder dessen Verarbeitung überwiegt«. In dem folgenden Beitrag werde ich in dieser Hinsicht vier Ebenen erkunden: (1) die Ebene der untrüglichen, aber bislang ungedachten Gewißheit von Patienten über ihren »dringlichen Punkt«; (2) die Ebene der Medialisierung dieser Gewißheit; (3) die Ebene eines Realisierungsprinzips; (4) die Ebene der eigentlichen Triebkraft.

Vor Jahrzehnten machte sich Paula Heimann in einer Falldiskussion implizit zum Anwalt des Analysanden gegenüber dem Wissen/Nichtwissen der Analytiker. Sie sagte: »… aber ich fühle, es ist anders …« (zitiert nach Weidlich 2003, 111). Mein Argument lautet, Paula Heimann brachte mit diesem Ausspruch nicht nur eine Probeidentifizierung mit Analysanden zum Ausdruck, sie ergriff auch Partei für ein intrapsychisches *zentrales affektives Motiv und Regulativ* von Analysanden, für deren *Gefühl der Gewißheit*. Damit ›beurteilen‹ Analysanden, ob sie Sicht, Auffassung, Verständnis, Konzeptualisierung und Behandlungsmethodik des Analytikers als für sie zutreffend halten. Analysanden können diese Art von ›Begutachtung‹ nicht mit den Worten von Analytikern formulieren und durchsetzen. Analysanden treffen solche ›Beurteilung‹ in der Regel intuitiv. Ihre ›Beurteilung‹ wird häufig als ›Widerstand‹ wahrgenommen, ein solcher Widerstand wird vielfach szenisch kommuniziert, und wir sind, obwohl wir Widerstand nicht erst seit Anna Freud (1936) zwar als unangemessenen Übertragungsaspekt, jedoch als notwendigen Selbstschutz, als Freihalten des aktuellen Ich-Erlebens von Schmerz und Angst auffassen und handhaben, doch gerade über den automatisch-mechanistischen Charakter (Cremerius 1968) seiner Hartnäckigkeit erstaunt. Daher ist ein zweites Argument dieser Studie, die Existenz und das Wirken eines *Affektsystems der Gewißheit* modellhaft in Betracht zu ziehen, welche das gesamte Selbst-Schutzsystem regulieren hilft. Damit könnte *Gewißheit als zentrales affektives Motiv und Regulativ* und als *Referenzgefühl für therapeutische Realisierung* nicht nur ein Gegenstand der Wissenschaft bzw. der Wissenschaftstheorie und der Wissenschaftler, sondern eine conditio humana überhaupt sein.

Therapeutische Verwirklichung unterliegt einem *Prinzip* – dem *Realisierungsprinzip*. Es war schon in der Ur-Psychoanalyse – Freuds Selbstanalyse – wirkend nachweisbar. Zur Wiederherstellung seiner Zuversicht am 10. März 1898 deutete er zwar einen seiner Träume, den Traum von der »Botanischen Monographie«, als eine damals dringend benötigte Affirmation, sich hinsichtlich der »Traumdeutung« als Entdecker zu fühlen, sie aber entgegen einer unbewußten Verführung durch Fließ nicht, wie bei der Arbeit »*Über Coca*« vierzehn Jahre zuvor, unvollendet vorzeitig zu veröffentlichen. Unvollendet blieb jedoch die in der Struktur des zu den Assoziationen gehörigen »Tagtraums von der Glaukomoperation« versteckte Idee von *der analytischen Situation* (Danckwardt 1989, 879). Eine Realisierung des aufgrund der Wiener Hausarztstruktur für zukünftige Psychoanalytiker durchaus drängenden Problems um die Jahrhundertwende – der Mediziner war Arzt für die gesamte Familie und diese Position wurde gleichsam vererbt (Federn 2001) – war ›noch nicht dran‹.

## 2. Wissenschaftshistorischer Gesichtspunkt der certitudo medicinae

Gewißheit ist als ›certitudo medicinae‹ ein altes Problem. Im Jahr 1968 hatte Kudlien im Rahmen einer breiten Geschichte der Gewißheit in der Medizin Untersuchungen durchführen lassen. Im Ringen um die ›certitudo medicinae‹ verdiente der portugiesische Philosoph und Arzt F. Sanchez (1550-1623) besondere Beachtung. Er gilt als Vorläufer von Descartes' wissenschaftlicher Haltung des Zweifels. Seine Schrift »*Quod nihil scitur*« von 1581, die im wesentlichen von Philosophiehistorikern gelesen und interpretiert worden war, wurde nach medizinhistorischen Gesichtspunkten analysiert. Sanchez' philosophische Grundeinstellung war in die geistigen Strömungen seiner Zeit eingebettet, die *das Ich, die Gewißheit der inneren Erfahrungen, als unzweifelhaft sichere Wahrheit zugrunde* legte, um *von diesem punktuellen Ausgang mit einer rationalen Naturbetrachtung oder deduktiver Methodik in die »Unendlichkeit der Welt« vorzustoßen*, die das anti-ptolemäische Weltbild verkörperte. Wie verhielt sich Sanchez' philosophische Einstellung zu seinen medizinischen Anschauungen? In welchen *Stadien der Loslösung von der Scholastik* und vom *medizinischen Dogmatismus seiner Zeit* befand er sich? Als Mediziner war Sanchez weniger rigoros als in seiner erkenntnistheoretischen Schrift »*Quod nihil scitur*«. Sanchez machte Sinneswahrnehmungen und berührte damit die *erkenntnistheoretische Haltung der sensualistischen Lehren*. Darüber hinaus mied er aber seinerseits eine Dogmatisierung des *äußerlich Sichtbaren und des Verborgenen*, indem er es nur beschrieb. So kam er zu einer *Sammlung von Symptomkomplexen* sowie zu einer damals revolutionären *anätiologischen Haltung des Empirikers*, nicht aber schon zu *anätiologischen Krankheitsbezeichnungen* (Danckwardt 1968). Rudolph übernahm diese Einschätzung und stellte sie in einen größeren Zusammenhang der Entwicklung des medizinischen Experimentalismus (Rudolph 1974). Sein Koautor, Halbfaß, wies darauf hinwies, daß Gewißheit »in der Geschichte der *Philosophie* zwar eines der *zentralen Motive und Regulative*, nicht aber ein zentrales Thema begrifflicher Klärung und systematischer Explikation bezeichnet« (Halbfaß 1974). Weil die *Medizin* des 20. Jahrhunderts den Weg des Positivismus einschlug, schien eine Auseinandersetzung mit der ursprünglichen Bedeutung von Gewißheit, nämlich im »subjektiven Sinne als unerschütterliches Überzeugtsein« oder als »Befindlichkeit des im Fürwahr- oder Fürguthalten vorbehaltlos festgelegten, vom Zweifel befreiten Bewußtseins« (Halbfaß 1974, 592) nicht mehr vielversprechend zu sein. In dieser begrifflichen Fassung und ihres Kontexts ist Gewißheit aber als *zentrales affektives Motiv und Regulativ* für die in dieser Studie entwickelten Überlegungen zutreffend umrissen. Auch der Hinweis auf die *Sammlung von Symptomkomplexen* und auf die *anätiologischen Krankheitsbezeichnungen* läßt an Strömungen in der Psychiatrie der Gegenwart denken, in der Patienten mit psychischen ›Störungen‹ keine diese entwickelnde, verarbeitende oder aufrecht erhaltende Persönlichkeitsidentität mehr zugestanden wird (Landis 2001, 2002; Schmidt-Hellerau 2003; Thomä/Landis 2003; WHO 1999). Sogar der *anätiologischen Haltung der Empiriker* begegnen wir in zeitgenössischen Strömungen der psychoanalytischen Psychotherapie (»no memory, no desire«, Bion 1967), die von Freud 1898 bedacht wurden (Zwei Denksysteme; Spannung der Unsicherheit ertragen, siehe Freud 1985, 345).

# 3. Die Wiederkehr der certitudo medicinae in der Therapeut-Patient-Beziehung

## 3.1 Gewißheit bei Wahnerkrankungen

Es überrascht nicht, daß die Problematik in einigen Strömungen der Psychiatrie wie z.b. in Kretschmers klinischer und wissenschaftlicher Laufbahn (Danckwardt 1996, 1997) und in der Psychoanalyse überlebt hat. In der klinischen Arbeit zunächst in der Psychiatrie und alsbald auch in der Psychoanalyse und ihren Anwendungsformen begegnet man immer wieder dem Phänomen. Zum Beispiel bei Wahnkrankheiten (Berner et al. 1973). Eine seit Griesinger (1817-1868), dem Begründer der naturwissenschaftlich-positivistischen Epoche der Psychiatrie, geltende therapeutische Grundregel lautet: nicht die Gewißheit einer Wahnbildung anzweifeln oder argumentativ dagegen vorgehen (Griesinger 1845). Dieser Empirie liegt eine 1911 von Freud am »Fall Schreber« herausgearbeitete Erkenntnis zu Grunde, daß Wahnbildung eine gegen psychotische Prozesse (Meissner 1978) gerichtete ›erfolgreiche‹ Abwehrleistung und – hoch bedeutsam – eine Restitutionsleistung darstellt: »Was wir für die Krankheitsproduktion halten, ist in Wirklichkeit der Heilungsversuch« (Freud 1911, 307). Argumentation gegen Wahn*gewißheit* gilt folglich als Kunstfehler gegen das nihil nocere, weil sie sich gegen die Wahnbildung als autotherapeutischen Restitutionsversuch in der Form einer extendierten Lebensraum-(Container-)Bildung richtet (Danckwardt 1999). Soweit holzschnittartig ein Beispiel zur Bedeutung der *Gewißheit als zentrales affektives Motiv und Regulativ* bei psychiatrischen Erkrankungen.

## 3.2 Gewißheit bei Neurosen

Vielleicht mag man spontan nicht geneigt sein, das Phänomene der *Gewißheit als zentrales affektives Motiv und Regulativ* auch im Bereich der Neurosen, der Psychosomatosen oder gar unter »normotischen« Verhältnissen (Bollas 1997) zu erwarten. Gleichwohl ist diese Ausweitung dringend notwendig, denn man begegnet dem System z.B. auch bei der Zwangsneurose mit ihren ununterdrückbaren Zwangshandlungen oder nicht ausredbaren Zwangsideen und – erschreckend generell – auf dem umfangreichen und folgenschweren Terrain der Placebo-Phänomene (Ezekiel et al. 20001; v. Uexküll et al. 2003) und der Noncompliance-Phänomene (Bensing et al. 2003), die von der Lebenstatsache eines unerschütterlichen Überzeugtseins beherrscht sind, ob etwas hilft oder nicht, gleich ob Wirksamkeit an und für sich objektiv, d.h. statistisch evidenzbasiert angenommen werden muß. Wenn ein Kranker sagt, er ziehe homöopathische Medikamente den ›scharfen Medikamenten‹ der chemischen Industrie vor, dann gehen die Auswirkungen eines solchen »unerschütterlichen Überzeugtseins« volkswirtschaftlich gesehen in die Milliardenbeträge (Spitzer 2003; Walach et al. 2003). Ein klinisches Beispiel für die Gewißheit bei Neurosen wird im Kapitel 4 gegeben.

3.3 Gewißheit bei der Indikationsstellung

Bei der Behandlung mit analytischer Psychotherapie und Psychoanalyse werden ebenfalls klinische Phänomene beobachtet, bei deren Untersuchung man an die *Gewißheit als zentrales affektives Motiv und Regulativ*, als Befindlichkeit des im Fürwahr- oder Fürguthalten vorbehaltlos festgelegten, vom Zweifel befreiten Bewußtseins, denken kann. Therapeuten haben *Gewißheit als zentrales affektives Motiv und Regulativ* allerdings weniger bei Analysanden gesucht und entdeckt als bei der eigenen täglichen Arbeit. Bei Analytikern spielt die Gewißheit als »szenische« und/oder »situative Evidenz« eine führende Rolle. Dort geht es um Diagnose und um den Behandlungsinhalt, also um eine Orientierung des Therapeuten über den »zentralen Konflikt« oder über den »dringlichen Punkt«. Es geht um die Evidenz i.S. Argelanders (Argelander 1967), der damit das Zutreffen einer Arbeitshypothese über einen Patienten bezeichnete. Eine Arbeitshypothese über den Inhalt einer Behandlung treffe dann zu, wenn beim Therapeuten »*Gefühle* [sic, JFD] von prägnanter Übereinstimmung zwischen Information und dem Geschehen in der Situation« (situative Evidenz) und/oder »*Gefühle* [sic, JFD] von prägnanter Übereinstimmung zwischen der dynamischen Hypothese, dem dynamischen Wissen [über den Patienten, JFD] und dem Geschehen in der Situation« aufkommen.

Unversehens und unbemerkt tauchte die historische Problemstellung von der ›certitudo medicinae‹ also wieder auf, wenn sich die Evidenz nach Freuds *Traumdeutung* (1900) jenseits des medizinischen Positivismus als eine Leitidee zur Verifikation klinisch-psychotherapeutischer Hypothesen entwickelte. Sie stellt seit über vierzig Jahren eine der Grundlagen für hypothetisch-deduktive Vorhersagemodelle in der klinischen Psychotherapie bzw. Psychoanalyse dar

(Sargent et al. 1968; Horwitz 1974). Heute gibt es eine schier unüberschaubare relevante Literatur auf dem Gebiet, wie psychoanalytische Psychotherapeuten zu einer zureichenden Gewißheit über ihre klinischen Hypothesen gelangen können. König hat eine den aktuellen Stand der Modellbildung umfassende Monographie mit einer qualitativ-systematischen Einzelfallstudie zum Erkenntnisprozeß des Psychoanalytikers kombiniert und vorgelegt (König 2000).

## 3.4 Gewißheit bei der subjektiven Indikation

In der hier vorliegenden Studie richtet sich die Aufmerksamkeit schwerpunktmäßig auf die Frage, wie die Partner der Psychotherapeuten, die Psychotherapiepatienten, ihrerseits zu ihrer Gewißheit i. S. einer Befindlichkeit des im Fürwahr- oder Fürguthalten vorbehaltlos festgelegten, vom Zweifel befreiten Bewußtseins gelangen, mit der sie sich unbewußt den psychoanalytischen Psychotherapeuten präsentieren und/oder auf deren klinische Hypothese im therapeutischen Prozeß antworten. Hierzu liegen Untersuchungen vor. Sie weisen auf die Notwendigkeit hin, das Phänomen bei Patienten ernst zu nehmen. So beispielsweise die Arbeit von Dantlgraber, welcher der »objektiven«, d.h. nur durch Therapeuten vorgenommenen Indikationsstellung zu einer Behandlung eine »subjektive Indikation« (Dantlgraber 1982) an die Seite stellte, die aus der Sicht des Patienten mit erfolgt. Man kann auch annehmen, daß die subjektive Indikation aus der *Gewißheit als zentrales affektives Motiv und Regulativ* des Patienten mit hervorgegangen ist. Ohne sie kommt eine wirksame Behandlung kaum in Gang. Diese Erfahrungen haben sich zu der Auffassung weiterentwickelt, den Indikationsprozeß als komplizierten Entscheidungsprozeß (Kächele / Kordy 2003) zu begreifen und als Einpassungsverfahren (Danckwardt / Gattig 1996; Danckwardt 2000) zwischen Patient und Therapeut zu praktizieren, weil die Beachtung und das Vorliegen einer subjektiven Indikation auch für die Persönlichkeit des Therapeuten gelten muß, dessen Tendenzen zu einem mehr projektiven oder introjektiven Stil (Dantlgraber et al. 1995) ebenfalls die ›Paßform‹ der psychoanalytischen Psychotherapie mitbestimmt. Frühe Untersuchungen (Moeller 1969) bestätigen implizit die Auffassung vom Einpassungsverfahren.

## 3.5 Gewißheit im analytischen Prozeß

Der analytische Psychotherapeut und Psychoanalytiker begegnet der *Gewißheit als zentrales affektives Motiv und Regulativ* bei Patienten jedoch nicht nur in der Indikationsstellung. Er ist in alltäglichen Episoden, Phasen oder Stadien des analytischen und des psychotherapeutischen Prozesses ständig damit konfrontiert. Die Gewißheiten des Patienten übernehmen eine den Therapeuten monitorierende Funktion. So galt zum Beispiel ein Traum zwischen zwei Stunden immer schon als unverwechselbarer unbewußter Kommentar des Patienten über das Zutreffen oder Nichtzutreffen therapeutischer Aktivitäten (Moser 2003; Meltzer 1988). Das Wirken der *Gewißheit als zentrales affektives Motiv und Regulativ* ist also weniger an einer grob-klinischen Pathologie bzw. an psychiatrisch definierbaren Symptomen oder Symptomkomplexen bemerkbar, die während der Behandlung manifest werden können, wie z.B. bei der Wahnbildung. Sondern es ist sozusagen hinter dem Organisationsniveau von Träumen und Symptomen bemerkbar am Ineinanderwirken einzelner Mechanismen, an leitenden Abwehrkomplexen und restitutiven Leistungen. In eher seltenen Fällen aber schenken uns Patienten Träume zwischen den Stunden. Woran ist dann zu erkennen, daß und wie Patienten im wachen Alltagsleben zu ihrer Gewißheit, zu ihrem »… Aber ich fühle, es ist anders …«, gelangen und wie kommunizieren sie sie? Um die Antwort zu entwickeln, kehre ich zur »ewig grünenden Erfahrung« (Freud 1924c, 388) zurück.

## 4. Wie gelangen Patienten zur Gewißheit und wie teilen sie sie mit?

Ein klinisches Beispiel

Bei einer 40-jährigen verheirateten Kosmetikerin aus dem Rheinland wurden während der Autonomieentwicklung ihrer sieben, fünf und drei Jahre alten Töchter schwere Konflikte manifest. Aus psychoanalytischer Sicht erschienen die Konflikte unter dem klinischen Bild einer agitiert erscheinenden Depression mühsam abgewehrt gehalten. Es war jenes klinische Bild, das mit der »[…] Strategie der pharmazeutischen Industrie, die Umsatzzahlen eigener Medikamente zu fördern […]« (Burgmer et al. 2003, 440), »Sisi-Syndrom« (Wittchen et al. 1999)

76

genannt wurde. Mit der Strategie einer Behandlung anweisenden Bezeichnung wurde sie überwiesen. Da das »Vorliegen eines eigenständigen ›Sisi-Syndroms‹ als besondere Ausprägungsform der Depression und die postulierten Behandlungsstrategien [bislang, JFD] nicht als wissenschaftlich begründet angesehen werden« können (Burgmer et al., 2003, 443), kündigte diese diagnostische Eröffnung (Argelander 1967) einen Konflikt mit der Gewißheit über die eigene Identität im Gewand der medizinischen-diagnostischen Identifizierung und der damit verbundenen Behandlungsstrategie an: »Kaiserin« oder »Nichts« zu sein (Heising et al. 1971). In der so manipulierten ›pharmazeutischen‹ Gegenübertragung dem österreichischen Vorbild ähnlich, war die Patientin rastlos beschäftigt mit ihrer gegenwärtigen Situation als Mutter, Ehefrau und ehemalige Leiterin der Marketingabteilung. Mit Sport, allen möglichen erreichbaren Gesundheitsmaßnahmen, Freizeitkursen, arbeitsamtlichen Maßnahmen zur Wiedereingliederung in das Arbeitsleben, im Wechsel mit Schuldgefühlen den Kindern gegenüber, kämpfte sie gegen das Gefühl an, daß dies nun das Leben gewesen sein sollte. Weitere Symptome waren rasches Oszillieren zwischen Tränen und maniform anmutender Zuversichtlichkeit, von einer Idee zur nächsten stolpern, nach einem endlich gefaßten Entschluß über Ambivalenz straucheln und in Unentschiedenheit gefangen sein, Haare rupfen (Trichotillomanie) und unablässiges Telefonieren sowie Besprechen mit Freundinnen und Nachbarn und mit ihrer Mutter, die sie immer noch »meine Mami« nannte. Eine der Klagen ihres beruflich erfolgreichen und zeitlich sehr engagierten Ehemannes über die auf der Kippe stehende Ehe hielt sie selbst für kennzeichnend: Wenn er nach Hause komme, finde er immer wieder eine neue Frau vor. Sie hatte schon anderthalb Jahre zuvor eine Behandlung versucht, die anscheinend mit Mitteln des katathymen Bilderlebens arbeitete und die sie in einer Episode abbrach, in der sie den Eindruck bekam, die Therapeutin halte sie für ein Kind, dem man nichts zutrauen könne.

Die in den ersten Gesprächen geschilderte Symptomatik ließ sich als zukünftige Übertragungsmanifestation nicht nur auf den Therapeuten, sondern auch auf die therapeutische Methode, hochfrequente analytische Sitzungen, lesen. Daher mußte der Patientin eine so geartete Behandlung überhaupt erst ermöglicht werden, bevor sie als solche durchgeführt werden konnte. So schien sie sich nicht auf ein unbefangenes vor- oder unbewußtes Plaudern stützen zu können, mit dessen Hilfe sie als ein Subjekt langsam aus den Verwicklungen auftauchen mochte, das mehr oder weniger eindeutig und zunehmend gekonnter etwas will. Sie begann zum Beispiel die Stunde mit irgendeiner Äußerung, stolperte nach wenigen Sätzen über das Gesagte, lag dann wie hilflos in Ambivalenz, versuchte den intentionalen Bogen wieder aufzunehmen, was ihr wieder nur bis zu wenigen Sätzen gelang, und wurde durch einen neuen Einfall erneut umgeworfen. Am Ende wirkte sie wie gelähmt. Es war nach und nach ein Sprachprozeß entstanden, der auch mich in ihre Ataxie des Fühlens und Denkens hineinversetzte, womit ihre Symptomatik projektiv in mich ›auswanderte‹. Auf den von ihr ›mitgebrachten‹ assoziativen Prozeß konnte sich die Patientin also wenig verlassen. Das mochte früher dazu geführt haben, daß sie sich unbewußt in endlosen Gesprächen mit ihren Freundinnen und Bekannten hilfreichere assoziative Prozesse zu leihen beabsichtigte, die sie ›Ratgeben‹ nannte. Aus meinem verwirrten szenischen Spracherleben leitete ich ab, daß die Patientin ihre Gesprächspartner in eine ähnliche Verwirrung ›hineinredete‹ wie die, in der sie sich befand. In der Folge mußte sie sich von den Gesprächspartnern spiegelbildlich zurückbehandelt fühlen – nämlich stolpernd, chaotisierend und am Ende so ohnmächtig wie sie selbst. Daher war mein sorgfältiges Zuhören und Zusehen neu für sie. Die Auswirkungen wurden aufmerksam ›beäugt‹, ›mitgehört‹ und attackiert.

Auf diese neue Art des Zuhörens und Zusehens erhielt ich drei Träume. Im ersten träumte sie von einem Hasen, der hinter Gitterstäben sitzt. Im zweiten Traum war sie mit den Kindern in die Mensa zum Essen gegangen. Sie hatte ein Gericht, in dem es einen großen Knochen gab. Und dafür mußte sie 15 DM bezahlen. Das war teuer. Und außerdem ekelte sie sich ein wenig vor dem Knochen und vor dem Fett, während die anderen Spaghetti aßen und einen dafür in Mensen angemessenen Preis bezahlt hatten. Den dritten Traum habe sie im Anschluß an den Film »Lola rennt« gehabt. Darin wollte ihr jemand die Haare abschneiden; drei bärtige Männer; sie zerdrückte irgendeinem die Brille. Das war in einem Abteilwagen. Dann sah sie einen Schatten; graue, nebelhafte Umrisse. Sie verspürte Angst und hatte sexuelle Gedanken über Mißbrauch. Dann versuchte sie, übereinandergeklebte Folien voneinander zu trennen.

In allen drei Traumerzählungen tauchten wie in den Erstgesprächen Thema und Variationen über schwere Persönlichkeitskonflikte auf. Strukturell betrachtet, war der Konflikt zwischen unbeschwerter Beweglichkeit und psychomotorischer Blockierung herausragend, z.B. in dem Verhältnis von Hase zu Gitterstäben; der Knochen; der Ekel; Lola rennt. Ist Haarabschneiden gleichbedeutend mit Beine-(Knochen-)Abschneiden? Ist es gleichbedeutend mit Eingesperrtsein?

Ist der Abteilwagen ein Kinderwagen und die Brille des Analytikers seine, die Patientin im übertragenen Sinn auf ein vermeintliches oder induziertes Therapieziel festlegende Sicht, z.b. auf »sexuelle Gedanken über Mißbrauch«? Auch Übereinandergeklebte-Folien-Voneinander-Trennen läßt den Konflikt zwischen Bewegung und Blockierung (folie à deux?) assoziieren.

Weil die Patientin mit den geträumten, erinnerten und erzählten Träumen wie ein Hase im Zickzackkurs umging, schlug ich ihr meine Art zu assoziieren zur Verwendung vor. Ich vermittelte explizit, sie möge sich mehr Zeit nehmen und sich vor allem zuhören, ihren Assoziationen nachhören und den Wahrnehmungen, die sie durch das Assoziieren mache, Zeit zum Antworten einräumen, Antworten, die aus der eigenen Natur der Assoziationen erwachsen. Ich fügte hinzu, daß ich auch so arbeite, anstatt angestrengt und konzentriert vorauszudenken. Daraufhin konnte die Patientin sich aus ihrer Assoziationsangst (Green 2002, 413) aufmachen, und es kamen ihr andere als die ihr schon bekannten Gründe für ihr aktuelles Verhalten in den Sinn, nämlich sozusagen die Vorbilder. Sie assoziierte ihre agoraphobische Mutter und ihren beruflich zu einem Geschäftsführer avancierten Vater. Er *dominierte* ihre Mutter in der Kindererziehung und betrog sie früh mit anderen Frauen, bis das *Zerwürfnis* der Eheleute so tief ging, daß sie *nur noch um der Tochter willen beisammen* blieben und sich *scheiden* ließen, als diese den Schulabschluß hatte. Dann deutete sie die Phantasie an, die Agoraphobie ihrer Mutter habe etwas mit der Patientin als Kleinkind zu tun. Derartigen Selbstbezichtigungen nachsinnend, berichtete sie Erinnerungen aus dem Erzählschatz ihrer Mutter. Als die Patientin ein halbes Jahr alt war, hatte diese bei einem Spaziergang von einer Nachbarin *erfahren, daß deren Kind ein verkürztes Bein habe. Sofort untersuchte die Mutter ängstlich die eigene Tochter.* Ein verkürztes Bein wurde festgestellt. Obwohl die Tochter aus ihrer Sicht »nichts« hatte, wurde sie wegen der Hüftdysplasie für ein Viertel- oder ein halbes Jahr in eine Spreizhose gesteckt. Als das keinen Erfolg hatte, kam sie in Gips, der bis über das Becken hoch reichte, so daß sie auch *nicht aufsitzen konnte.* Sie habe immer *nur nach oben sehen* und ihre Mutter als eine sich *über sie beugende Person* wahrnehmen können. Sie habe *nicht einmal mit den eigenen Augen spazieren gehen können.* Erst nach dem dritten Lebensjahr sei sie aus dem Gipsbett wieder herausgekommen.

Die bewegungsbehindernden Prozesse in den Träumen waren nun mit dem eigentümlich stolpernden Sprachprozeß in Einklang zu bringen. Nicht das *Endresultat*, nicht das In-das-Gipsbett-gesperrt-Sein, war das von der Patientin eigentlich gefürchtete Übertragungsrisiko, es war der davor stattfindende Prozeß, die *Prozeß-Sequenz* von Sichaufrichten, Laufenbeginnen, Verglichen-, Gepackt- und grundlos Immobilisiertwerden. Diese Interaktionssequenz war über die Körperich-Erfahrung zur zentralen Konstituenten ihres vorbewußten phantasierenden (Varendonck 1921) und unbewußten affektiven Denkens (Meltzer 1984) geworden. Die Prozeß-Sequenz wurde zwar früher von der mütterlichen und ärztlichen Vernunft diktiert, damals von der Tochter und aktuell von der Patientin aber aus der Selbsterfahrung heraus nicht eingesehen bzw. nachvollzogen. Es gab doch keine subjektiven oder Leidenssymptome, als das Töchterchen plötzlich in die Spreizhose und anschließend in das Gipsbett gesteckt wurde. Es hatte doch keine Schmerzen und keine motorische Beeinträchtigung gehabt. Eine bona fide fürsorgliche Behandlungsmaßnahme ist einem in der motorischen Entwicklung befindlichen Kind nicht klarzumachen. Die Prozeß-Sequenz von Sichaufrichten, Laufenbeginnen, Verglichen-, Gepackt- und grundlos Immobilisiertwerden erinnert daher an einen von Bollas beschriebenen Enteignungsvorgang während der seelischen Entwicklung durch »extractive introjection« (Bollas 1987, 168 ff.).

Es war zu erwarten, daß die Patientin subjektive Grundlosigkeit der aktuellen psychotherapeutischen Behandlung befürchten würde. Sie hätte mit Paula Heimann sagen können: »Aber ich fühle, es ist anders.« Denn sie erlebte zahlreiche ihrer objektiven Symptome und bestimmte Verhaltensweisen in der Tat nicht als ichdyston, z.B. das ausgedehnte Tagträumen, das einem Leben in projektiver Identifizierung gleichkommt, das zu sehnsüchtigem Hinträumen zu anderen Männern führte, womit die Übertragung einer weiteren Prozeßidentifizierung, nämlich des Scheidungsprozesses (nicht der Scheidung) der Eltern, ins aktuelle Geschehen eintrat. Das Tagträumen entwickelte sie im Gipsbett. Es war eine Art Weitersehen und Weiterbewegen nach innen hinein, wo sie ihre in Gang gekommene und so jäh unterbrochene Autonomieentwicklung fortzusetzen trachtete. Das mochte früher tatsächlich hilfreich gewesen sein, wenn die Fixierung daran nicht gleichzeitig eine Pseudoautonomie beschert hätte, eine narzißtische Weltbeziehung, unter deren Einfluß reale Objektbeziehungen mit Puppenspiel verwechselt zu werden drohen. Dieser Konflikt um den Modus der Objektwahl bestimmte lange Zeit die Themen der Behandlung: zunächst der altruistisch-narzißtische Konflikt mit den Kindern um die berufliche Wiedereingliederung, dann die gleiche Konfliktkonstellation im Rahmen eines Praktikums, schließlich der altruistisch-narzißtische Konflikt mit dem Ehemann, den sie aus Vernunftgründen geheiratet habe. Die Behandlung verlief jedoch nicht wirklich konstruktiv. Denn immer dann, wenn die Rede auf unzweckmäßige Strategien kam, entsprach das keinem Leidensbedürfnis und keiner Einsicht, aus solchem Wiederholungszwang herauszugeraten. Derartige Klärungen und Bedeutungen kamen für sie eher wie aus »heiterem Himmel« und waren durch nichts zu begründen. Sie wurden sofort mit der Prozeß-Sequenz von Sichaufrichten, Laufenbeginnen, Verglichen-, Gepackt- und grundlos Immobilisiertwerden identifiziert.

Während sich zwar in den Außenbeziehungen durchaus gewisse Änderungen vollzogen, folgte die Behandlung in den Stunden unvermindert dieser Prozeß-übertragung und -gegenübertragung. Daher wurde die Frage dringlich, warum die Patientin in den Stunden an der Identifizierung mit der internalisierten Prozeß-Sequenz von Sichaufrichten, Laufenbeginnen, Verglichen-, Gepackt- und grundlos Immobilisiertwerden festhalten muß. Die Überlegung lag nahe, ob sich das Enactment von einer Übertragungs- und Gegenübertragungs*traumatisierung* zu einer Übertragungs- und Gegenübertragungs*neurose* gewandelt hatte, weil die Traumatisierung unbewußt in den Dienst von Wünschen gestellt wurde. Ein Wunsch war, mehr vom Leben – also auch reale Befriedigung von der Behandlung – zu haben, als stets Rücksicht auf andere zu nehmen und zu verzichten. Ein anderer Wunsch war, die internalisierte Prozeßsequenz von Sichaufrichten, Laufenbeginnen, Verglichen-, Gepackt- und grundlos Immobilisiertwerden andere fühlen zu lassen und sie so zu kommunizieren. Ein dritter Wunsch war, die früher *passiv* internalisierte Prozeßsequenz von Sichaufrichten, Laufenbeginnen, Verglichen-, Gepackt- und grundlos Immobilisiertwerden *aktiv* zu reprojizieren, um der Überraschung und dem Schrecken der Überwältigungen zu begegnen durch Selber-in-der-Hand-behalten: wie im Traum die Brille »zerdrücken«, so daß der andere nur noch »Schatten; graue, nebelhafte Umrisse« sieht.

Diese Wunsch-Transformation des Traumas brachte außerordentlich schwierige therapeutische Gratwanderungen mit sich. Als ein Beispiel gebe ich die Folgen meiner Urlaubsankündigung. Die Patientin reagierte zuerst einsichtig, verständig und ›zuvorkommend‹. Nach ein paar Stunden antwortete sie nämlich spiegelbildlich, d. h. in Identifizierung mit dem Aggressor (also prozeßidentifiziert), indem sie willkürlich (wie ich in ihrem Erleben) einen eigenen Urlaub vor dem von mir angekündigten festsetzte. Dadurch war die Behandlung zeitlich gesehen praktisch abgebrochen. Alles Interpretieren half nur dahingehend, daß die Fortführung in der Form der Wiederaufnahme nicht in Frage gestellt war. In der von ihr initiierten Urlaubszeit ging es ihr jedoch bedenklich schlecht, weil sie – theoretisch gesprochen – die Tragfähigkeit der anaklitisch-diatrophischen Gleichung, die Initialphasen konstituieren (vgl. Gitelson 1962, 199), verleugnet hatte. Nun erfuhr sie den von ihr performierten Verlust der therapeutischen Beziehung. Die Interaktionssequenz von Therapie-Urlaubsplanung-Gegenurlaubsplanung-Urlaub war zu einer *aktiven Wiederholung* der Prozeß-Sequenz von Sichaufrichten, Laufenbeginnen, Verglichen-, Gepackt- und grundlos Immobilisiertwerden geraten. Sie hatte tiefe depressive Verfassungen, die eine Therapeutensuche am Urlaubsort nach sich zogen. Nach Hause zurückgekehrt, ging sie zu einem Psychiater, denn inzwischen war ich in meinem Urlaub. Der Psychiater verschrieb ihr – wohl auch in Hinsicht auf die Trichotillomanie – zuerst tricyclische Antidepressiva, die aber subjektiv nichts bewirkten. Die Patientin meinte, sie spüre bis auf heftige Kreislaufprobleme überhaupt nichts von ihnen. Dann verschrieb er einen Serotoninwiederaufnahmehemmer und einen hochpotenten Tranquilizer mit einer bekannt hohen Gefahr der Abhängigkeitsentwicklung. Nach meinem Urlaub klingelte die Patientin früher. Ich nahm sie wie unter einer Glasglocke konserviert wahr und war *meinerseits erschrocken*. Sie war wie von diffusen und unauthentisch wirkenden Affekten gefesselt. Das Affektleben setzte sie und mich nicht mehr in den Stand, etwas Ausgesprochenes intuitiv zu beurteilen. Das erinnerte mich an die von Cole bereits 1960 berichtete »behavioral toxicity« von Psychopharmaka. Auch ihre Ichfunktionen wirkten wie bestäubt, was May (1971) als »snowing effect« beschrieben hatte. Die Pharmaka störten die psychologische Angstabwehr der »besonderen Wachsamkeit« (Freud 1926d, 191) der Gegenbesetzung, den ersten Teil der zweizeitigen Verdrängung. Wenn Psychopharmaka in die Fahrtüchtigkeit eingreifen können, warum dann nicht auch in Tüchtigkeiten des Selbstschutzes? Jedenfalls hatten sie also weder einen therapeutisch antidepressiven noch einen therapeutisch anxiolytischen Effekt. Sie interagierten mit autotherapeutischen Faktoren (z.B. Fähigkeit der Beurteilung, Angstabwehr und Konfliktfreihaltung der Ich-Funktionen) und der Psychotherapie (Danckwardt 1978; Danckwardt/Gaus 2003). Trotz Anxiolyse bestand beispielsweise Angst, welche die Patientin und ich *aber nicht fühlen* konnten. Sie war nur semantisch zu erschließen und zwar inhaltlich-szenisch an einem auf den Vater verschobenen Bericht: Ihr Vater konnte dem Angst-Streß als Geschäftsführer nur begegnen, wenn er abends Tranquilizer und morgens Energizer nahm, wodurch er abhängig wurde. An dieser thematischen Verschiebung konnte die Patientin immerhin unbewußt darstellen, daß sie die psychopharmakologische Behandlung als eine sich nun von innen heraus entwickelnde Sequenz von Aufgerichtetwerden, Begonnenwerden, Verglichen-, Gepackt- und grundlos Immobilisiertwerden erlebte. Gegen diese negative Übertragung auf die objektive pharmakodynamische Medikamentenwirkung wehrte sie sich teils mit einer paradoxen, teils mit einer negativ therapeutischen Medikamentenreaktion. Ich vergegenwärtigte uns daraufhin nochmals ihre Erinnerung an den Vater. Dann wies ich auf die Ähnlichkeit der jetzigen therapeutischen Prozeduren mit denen des Vaters hin (dies ist eine Prozeßidentifizierung) und sagte dann: Wie er Medikamente zu nehmen, sei vielleicht ein Versuch, es dem Vater deswegen gleichzutun, weil der damit zumindest berufliche Erfolge hatte. Sie antwortete scheinbar zusammenhanglos: »Die Mami« habe ihr wegen der Beinverkürzung stets einreden müssen: »Nein«. »Nein« sogar dann, wenn sie sich im Gipsbett wenigstens habe aufrichten wollen. Ihre Mami habe ihr gesagt, »Nein« sei das erste Wort gewesen, das sie überhaupt habe sprechen können. Sie habe ihre Mami nicht mit »Mami«, sondern mit »Nein« angesprochen. Ich griff diesen tief erschütternden Verweis auf die »Nein«-Episoden und deren prozeßidentifikatorische Aneignung auf. In der Aneignung des mütterlichen Neins war unbewußt auch das Nein gegen eine Verbindung mit dem Vater – in der Übertragung mit mir – enthalten. Ich sagte zu ihr, die Reaktion auf die eingenommenen Medikamente und auf meine Urlaubsankündigung habe vielleicht den Sinn, *Formen des Neins* darzustellen, um wie die Mutter zu handeln, aber diesmal aktiv, um sich nicht wieder passiv wie ein Kind ergriffen und niedergehalten zu erleben. Auf der sprachlich manifesten Ebene verneinte sie diesen Zusammenhang zunächst und meinte, *jetzt würde ich* mit meiner Intervention »Nein« zur Behandlung sagen (also sozusagen den von ihr umgedrehten Spieß wieder auf sie zurückwenden und sie passiv machen. Das bekannte Talionsprinzip beruht auf einer Prozeßidentifizierung). Auf der averbalen Ebene aber war diese Abfolge von einer psychophysiologisch beobachtbaren Entspannung begleitet – in der Stimme, im Sprachduktus, in der Atemfrequenz, im Pulsschlag und in der Körperhaltung. Daran war zu bemerken, daß sie unbewußt ihren Konflikt konstruktiv aufgenommen fühlte. Sie wurde schlaff und müde. Es schien so, als würden die Psychopharmaka jetzt wie vom Psychiater erhofft wirken, nachdem eine *psychologische Befreiung der Objektbeziehungssituation* erreicht war. Die Patientin konnte die erschütternde, Angst und Mißtrauen weckende und Glauben vernichtende Prozeß-Übertragung an dieser Stelle offen halten dadurch, daß sie meine Intervention als von ihrer Erfahrung unterschieden erlebte und sich mit dieser Unterscheidung zu einer Beurteilung – zu dem am höchsten organisierten Abwehrmechanismus – in Stand gesetzt sah. Sie konnte meine Interventionen am Unterschied beurteilen, statt reagieren zu müssen. Durch ihr Urteil konnte sie sich wieder sicherer und ruhiger an mich als hilfreicheres Realobjekt halten. Es war also in statu nascendi zu beobachten, daß die paradoxen und negativen Reaktionen, die stellvertretend auf die Pharmaka verschoben worden waren, unnötig wurden. Unter dem Eindruck dieses Erlebens keimte in ihr in den darauffolgenden Stunden die Überzeugung, daß sie die Medikamente absetzen werde: Sie hatte gespürt, daß die Befriedung vermittelnde Beruhigung der Psychopharmaka »eingerichtet« worden war durch eine den Konflikten emotionale Orientierung, emotionale Richtung und emotionalen Halt gebende *psychologische Prozeßresonanz*. Konnte sie sich deshalb auf die psychologische Form von Behandlung »beschränken«? Hatte sie in ihr wieder eine interaktive Position inne und nicht – wie bei den Medikamenten – eine »interpassive« Position (Danckwardt / Gaus 2003, 535)? Jedenfalls war in dieser Stundenabfolge ein kleiner therapeutischer Fortschritt erzielt worden. Die Patientin war aus der Identifizierung mit der Prozeß-Sequenz von Sichaufrichten, Laufenbeginnen, Verglichen-, Gepackt- und grundlos Immobilisiertwerden herausgeraten. Sie war zumindest bis zur nächsten Übertragungsmanifestation von dieser Prozeß-Sequenz de-identifiziert. Zwar entwickelte sich die Struktur dieser Abfolgen weiter, die kleinen Veränderungsschritte wurden jedoch eher ungeduldig wunschorientiert und handelnd genutzt. Praktisch mit dem Ablauf der von der Krankenkasse genehmigten Leistungen ein Jahr später, wieder zu Beginn einer Urlaubszeit, diesmal mit einer vorläufigen Trennung vom Ehemann und mit einem Wohnortswechsel, beendete die Patientin die Behandlung. Den Zuwachs an gezielterer Aktivität nutzte sie zur Veränderung der Lebensumstände. Wenig später rief sie einmal aus einem anderen Bundesland an, um eine »Bilanz« und »Beratung« zu vereinbaren. Das Treffen kam nicht zustande.

## 5. Diskussion

Von jeher und nicht selten gab und gibt es Phänomene im analytischen Prozeß, die über eine negative therapeutische Reaktion oder Widerstand in der Übertragung und Gegenübertragung usw. hinausgehen (Hinz 2002; Money-Kyrle 1991).

Es sind negative Situationen wie das Vergessen (Malcolm in diesem Band), psychotische Inselbildungen (Fornari-Spoto, mündliche Mitteilung), Behandlungsphasen mit lang hingezogener »leiser Arbeit an der Vernichtung lebendiger Bedeutungen« (Hinz in diesem Band; siehe auch 2003). Oder – wie bei dieser Patientin – mitgebrachte Schwächungen, Beschädigungen oder gar Zerstörungen hilfreicher Objektbeziehungen insbesondere die der analytischen Situation. »Wie läßt sich die Paradoxie verstehen, daß Abwehr- und Schutzmechanismen, die katastrophische Angst vor Veränderung und vor Selbst- und Objektverlust vermeiden sollen, diese aber immer wieder schüren und dadurch den ›Einriß im Ich‹ erneuern? Wie werden neurotische Erkrankungen durch Mechanismen mitgeprägt, die bedeutungsvolle Beziehungen in statu nascendi unterminieren?« Die nachfolgende Diskussion versucht, in dem Fallbeispiel Antworten auf folgenden Ebenen zu finden: 1. Gewißheit; 2. Performance; 3. Traumaverarbeitung, Wunschbildung und Verwirklichungsprinzip; 4. Prozeßidentifizierung.

## 5.1 Gewißheit als zentrales affektives Motiv und Regulativ

Mit einer Befindlichkeit des im Fürwahr- oder Fürguthalten vorbehaltlos festgelegten, vom Zweifel befreiten Bewußtseins, mit dem subjektiven unerschütterlichen Überzeugtsein legte die Patientin im Verlauf des ersten Behandlungsjahres fest, »was dran ist«. Mit dem *vom Analytiker ausgehenden Diagnoseverfahren* (z.B. der situativen und / oder szenischen Evidenz) konnten dagegen noch mehr virulente Konflikte ermittelt werden, welche die Patientin zur Behandlung gleichsam mitgebracht hatte. Beispielsweise im Vorfeld (Argelander 1970) der Behandlung der narzißtische Konflikt, »Kaiserin« oder »Nichts« zu sein. Danach der Neid-Konflikt mit den Töchtern: die Fürsorge für sie im Widerstreit mit ihrer Autonomieentwicklung. Oder mit der Symptombildung der Trichotillomanie beispielsweise ein Über-Ich-Konflikt zwischen Autoerotik und Selbstbestrafung: sie hielt die Trichotillomanie für eine Folge des Elektrosmogs, weil sie mit hochintensiver telefonistischer Innigkeit in Kontakt mit einem fernab wohnenden Mann war, in den sie – die Ehefrau und Mutter dreier Töchter – verliebt war. Und einige Konflikte mehr. Die Frage war aber die, wer wählt aus? Der Therapeut alleine? Die Patientin alleine? Beide? Oder anders: Nachdem die Patientin im Verlauf der Einleitungs- und Initialphase in eine persönliche Angleichung mit dem Therapeuten geraten war, nahm diese Entscheidung einen bemerkenswerten Lauf im Enactment (Jacobs 2001). Sie kam in der Therapeut-Patient-Beziehung *nicht passiv zustandsabhängig* (Schmidt 2003, 890 unter Bezug auf Koukkou et al. 1998) zustande. Die stark agierende Patientin *inszenierte* sich auch nicht in dem Sinne, daß sie auf die »now moments« (Schmidt 2003, 890 unter Bezug auf Stern et al. 1998) der Praxis bzw. des Verhaltens des Therapeuten *szenisch statuarisch* oder *produktartig reagierte* (Schmidt 2003) und dem Therapeuten eine Abfolge szenischer Zeichen übermittelte, die dieser mit wachsender »semiotischer Progression« und Symbolisierung (Schmidt 2003, 891 unter Bezug auf Plassmann 1993; Böhme-Bloem 2002) gestalthaft entschlüsselte und in einen zentralen Konflikt übersetzte. Diese Patientin entschied *von innen heraus und aktiv*, daß ihr zentrales Problem ein »Riß in der Beziehung des Ichs zur Realität« (Freud 1937, 389) war. Davon war sie unerschütterlich überzeugt, weil sie sich *die Gewißheit über die Aktualität* (Freud sprach vom »Glauben an die Aktualität«) gewissermaßen hinzuagierte, *genauer: erschuf*. Die Gewißheit der Aktualität beruhte mit auf dem Körnchen Wahrheit der Tatsächlichkeit der von ihr favorisierten Traumatisierung und ihrer im Hier und Jetzt stattfindenden Medialisierung. Zur Medialisierung benutzte die Patientin nicht (nur) Erinnerungen, Vorstellungen und deren *Inszenierung*, sondern vor allem auch die *Performance*.

## 5.2 Medialisierung in der Form der Performance

Performance bedeutet, daß die Patientin die zu ihrem inneren Drängen passenden Bausteine einerseits erst sammeln und andererseits aus dieser Sammlung so etwas wie eine Ikonographie überhaupt erst erschaffen muß. Eine Ikonographie für einmalige und unverwechselbare subjektive Prozesse liegt in der Außenwelt nicht bereit. Das ist der eine Beweggrund zum *Beschaffungsagieren*. An dessen Anfang besteht ein von innen drängender *Zwang zur Darstellung*, der zu einem *Kampf um Audio-Visualisierung* führt. Ein zweiter Beweggrund ist das »Identitätsverlangen« (Feldman 1999). Beiden Gründen eignet die Performance. Möglicherweise ist die Performance die ursprünglichste Form der prägnanten Audio-Visualisierung, der die Inszenierung folgen mag, bevor eine wachsende »semiotische Progression« zu Metaphern und Symbolen fortschreitet. Bei dieser Patientin bestehen diese sogar neben der Performance, weil ja immer auch reife Persönlichkeitsanteile neben den pathologischen mehr oder weniger dissoziiert bestehen. So konnte die Patientin bei den Schilderungen ihrer Außenübertragungsbezie-

hungen auf den Film »*Lola rennt*« zurückgreifen. Die Metapher ›Lola rennt‹ paß-
te anscheinend in der Außenübertragung zu ihrem Gefühl von Gewißheit, »was
dran ist«. Sie war aber für die Übertragung auf die analytische Situation nicht zureichend genug. Es entstand *für die Patientin kein sicheres Gefühl von prägnanter Übereinstimmung zwischen dem unbewußtem inneren dynamischen Prozeß-
Wissen und dem audio-visuell erzeugten und so erstmals erlebbaren Geschehen
in der äußeren Situation.* Als Metapher für die Ataxie ihres Sprechens in der
Übertragung machte das ›Lola rennt‹ nicht genug her. An ihm fehlten weitere
wesentliche Zutaten der Prozeßidentifizierung: das Sichaufrichten, das Laufenbeginnen, das Verglichenwerden, das Gepacktwerden und das grundlos Immobilisiertwerden. Aus diesem Grund mußten Prozesse in der Übertragung generiert
werden. Der dritte Grund zur Beschaffung von Darstellungsmitteln und Darstel-
lungsprozessen und / oder zu ihrer Erzeugung ist, daß das Subjekt von einer für
es zutreffenden Ikonographie noch gar nicht getrennt sein kann, wenn es sie für
die analytische Situation noch gar nicht gibt. Diese Ungetrenntheit des Subjekts
von seiner potentiellen Ikonographie, die aber noch nicht gefunden wurde, macht
den Unterschied zur Inszenierung aus. Im Unterschied zu einer neurotischen Inszenierung performierte die Patientin noch *ungedachtes Prozeß-Wissen* (verglei-
che Bollas 1987) über sich. Im Unterschied zu einer neurotischen Inszenierung,
die in einem bestehenbleibenden (Bezugs- bzw. Bühnen-) Rahmen stattfindet
(Meltzer 1988), überwächst, ja, ›myzelliert‹ die Performance die Objektgrenzen,
den ›Betrachter‹, der sich zunächst wie in einem Zuschauerraum (als objektives
Objekt im Sinne Winnicotts) aufzufassen vermeint, sich jedoch alsbald weniger
in der Welt einer Aufführung als allenfalls in der Welt eines künstlerischen ›Hap-
penings‹ wiederfindet: eigentlich in einer Phase der *Erschaffung von Welt*, von
unvergleichbarem und unverwechselbarem Geschehen. Inszenierung wäre vielleicht vielmehr wie ein Spiel, das einem schon existierenden Drehbuch folgt und
vielleicht noch selbstbeobachtende Ich-Anteile (Souffleur) erraten läßt. Performance hingegen ist Geschehen an sich, erschafft neu und macht weis. Inszenierung stellt dar, Performance wandert aus. Die Protagonisten haben dabei im Unterschied zu einer Inszenierung kein Gefühl von ›so-wie‹ oder ›als-ob‹. Performance ist auch keine folie à deux. Sie ist eine »organisierende Aktivität« à deux
(Loch 1968). Erst wenn sie beispielsweise adhäsiv wird (aufeinander klebende
Folien im Traum), wird sie vielleicht zur ›folie‹. Es ereignet sich also mehr als
das Vorherrschen von Abwehrformationen wie die projektive Identifizierung und

ihre Konstituenten. *Prozeß-Verdichtungen* und *Prozeß-Verschiebungen* treten hinzu. Vor allem führen der *Zwang zur und der Kampf um die Darstellbarkeit* zum konkretistisch-haptischen Einbezug des Therapeuten und seiner hilfreichen Umgebung, nicht als individuelle Person oder unverwechselbare Praxis, sondern als Material wie aus einem Bausteinbruch. Ein weiterer zentraler Bestandteil des weismachenden Einbezugs ist die *Konfiguration*. Mit den Bausteinen werden Teile der Personen (z.b. Teile der therapeutischen Interventionen oder schon seine Begrüßung u.ä.) und des Behandlungsraumes in Hinsicht auf die *Darstellbarkeit* und in Hinsicht auf ihre *Eignung zur Realisierung abgesucht, erprobt* und *selektiv* zur *Gestaltung des Geschehens benutzt* und *verdichtet*. Andere Teile der Realität werden *verleugnet*.

Der Therapeut erlebt die mitreißende Gesamthaftigkeit des Geschehens häufig als Zerstörung. Er kann sich daher nicht gewiß sein, daß es sich um ein *Zerstören um des Entstehens willen* handelt. Allenfalls oszilliert er bange zwischen höchst persönlich erlebtem Angriff auf seine Ganzheit, Zweifel und Gewißheit mit unbeweisbarer Zuversicht. Weil Geschehen und Gestalten – ob grob oder wie meist ›hypoallergen‹ – immer schon zugleich stattfinden, kann er nur unter nachhaltiger Reflexion der psychoanalytischen Aufmerksamkeit dazu durchdringen, das Geschehen als das aufzufassen, was es wohl auch ist: als *Gestaltungsentwurf* eines sich entfaltenden Ichs. Zur Aufbietung der psychoanalytischen Aufmerksamkeit scheinen heutzutage gewisse Grundkenntnisse und Selbsterfahrung in Medialisierung, d.h. in den Aufmerksamkeitsmitteln (Rose 1996), Aufmerksamkeitsstrategien (Crary 1996 und 2002) und in der Aufmerksamkeitskultur (Türcke 2002) der Patienten zu gehören, in die sie – anders als vor 100 Jahren – hineinsozialisiert werden. Wie bei dieser Patientin beispielsweise das allgegenwärtige Handy mit einer geheimnisvoll differenzierten teils symphonischen Signalgebung.

Gewißheit, Performance, Konfiguration und Geschehen zerreißen nicht nur seine äußere Realität, wie hier die der analytischen Situation. Sie zerreißen auch die im Inneren der Patientin repräsentierte frühere Realität. Das ist ziemlich deutlich fühlbar am selektiv-konstruktivistisch verwendeten biographischen Material aus ihrer Persönlichkeitsentwicklung und am selektiv-konstruktivistisch verwendeten Material aus der aktuellen Analysenentwicklung. Es fühlt sich wie totale Identifizierung an.

Wenn keine Manifestation von angeborener Destruktion, destruktivem Narzißmus oder aggressiv-destruktiver Reaktionsbereitschaft, was aber sollte dann der Inhalt eines *Gestaltungsentwurfs* noch sein? Bei dieser Patientin fand die Realisierung eines neurobiologisch erfahrenen, neurobiologische Bezugspunkte hinterlassenden Prozeßgeschehens statt, das aus Bewältigungsgründen (Filipp et al. 2003), Identitätsverlangen (Feldman 1999), Ritualisierungs- und Enkulturierungszwängen (Türcke 2002) in eine unbewußte Phantasie transformiert worden war. Keine statuarische unbewußte Phantasie, kein Ideal, keine Vorschrift, kein gewünschter oder gefürchteter (End-)Zustand, wie z.b. der Endzustand der zerdrückten Brille oder der eines hinter Gitterstäben gefangenen Hasen. Das Geschehen einer *unbewußten Prozeß-Phantasie* wurde realisiert. Es war bei dieser Patientin die unbewußte Prozeß-Phantasie von Sichaufrichten, Laufenbeginnen, Verglichenwerden, Gepacktwerden und grundlos Immobilisiertwerden.

### 5.3 Traumaverarbeitung, Wunschbildung, Verwirklichungsprinzip

Die Patientin hat ihr Verhalten als einen kumulativ-traumatischen Prozeß performiert und verstanden. Der erschaffende Einbezug des Therapeuten gestattete die Rück-Projektion des im Verlauf der Jahre vielfach nachträglich modifizierten traumatischen Prozesses in ihn hinein. Durch diese Übertragung wird der Therapeut analog traumatisiert, wie die Patientin traumatisiert worden war. Es wäre zu untersuchen, ob dies ein Einzelfall ist. Oder ob beispielsweise die Formulierung der Prozeßsequenz von »Narkotisieren, Zertrümmern, Entsorgen und leiser Arbeit an der Vernichtung lebendiger Bedeutungen« (Hinz in diesem Band) ebenfalls eine intuitive Gegenübertragungsdiagnose über einen erfahrenen Prozeß sein könnte.

Über den Weg des Übertragungs-Gegenübertragungsgeschehens kann eine solche Art des Traumas (Prozeßtrauma) womöglich überhaupt erst kommuniziert werden: das Geschehen spüren lassen, sollte das Leid nicht nur biographisch zitiert und intellektuell durchdekliniert werden. Das Übertragungs-Gegenübertragungsgeschehen ist eine medialisierende Form der Kommunikation; es übermittelt alle Affekt*geschehnisse*, der die Patientin seinerzeit ausgesetzt war, via Entstehung. Die Patientin medialisiert den reißenden Strom ihres Erschreckens, ihres blanken Entsetzens und die Lähmung des entstehenden Ichs des Kindes und die Lähmung des entstehenden Wir des analytischen Paares. Dieser entstehend übertragene und kumulativ traumatische Prozeß existiert aber nicht für sich allein. Er hatte ja längst Anschluß gefunden an die Indienststellung in Konflikten um die narzißtische und neurotische Regulation, und es waren davon konflikthafte narzißtische und neurotische Wunschsysteme der Zerstörung, z.b. als Abwehr des therapeutischen Prozesses im Sinne einer Vergeltung, oder der Wiederaufnahme, Wiedergutmachung und Wiederherstellung entstanden. Deshalb hatte das Geschehen die Bedeutung eines autotherapeutischen Restitutionsversuchs: »Was wir für die Krankheitsproduktion halten, ist in Wirklichkeit der Heilungsversuch« (Freud 1911, 307).

Man hört in klinischen Seminaren bei der Schilderung solcher Episoden traumatischer und desintegrativer Art häufig argumentieren, hier sei ein psychotischer Kern gestreift, erreicht oder abgewehrt gehalten. Tatsächlich aber herrschen womöglich ein drängendes Bündel von Prozeßidentifizierungen und die Projektion einer Verfassung von Noch-Nicht-Sein vor. Zwischen der oben geschilderten Patientin und dem oben geschilderten Therapeuten entstand dadurch eine Funktionsorganisation, in der zeitweilig die Erfahrung des Unterschieds von Innen und Außen aufgehoben schien. Für Reverie werden in der modernen neurowissenschaftlichen Forschung neurobiologische Bezugspunkte beschrieben. Wie bei der Meditation stellt – in modernen bildgebenden Verfahren dynamisch sichtbar – eine kleine Region im hinteren Teil des Neokortex, in dem die Lage des Menschen im Raum berechnet wird, ihre Aktivität ein. Dadurch verschwimmen die Grenzen zwischen Innen und Außen, zwischen Selbst und Umwelt: mystische Erfahrung wird zur Gewißheit (Newberg et al. 2001, 4; D'Aquili et al. 1999, 79). Solms folgert aus dem modernen neurowissenschaftlichen Bild vom träumenden Gehirn, Freuds Modell von der träumenden Psyche auch weiterhin als Orientierungsrahmen für die Erforschung weiterer zentraler Komponenten zu benutzen (Solms 2000). Er meinte die Traumarbeit. Hier ist die *Prozeßidentifizierungs-Arbeit* in der analytischen Situation gemeint. Daraus leiten sich aber keine neurobiologisch begründeten therapeutischen Behandlungsschritte ab, wie es Schmidt (2003) nahelegt. Denn einerseits ist die analytische Arbeit an Vorstellungen usw. ausreichend. Stephan hat nachgewiesen, daß bereits eine Bewegungs*vorstellung* zur Aktivierung der involvierten kortikalen Netze führt, die zahlreiche Gemeinsamkeiten mit der Bewegungsvorbereitung und -durchführung hat (Dettmers et al. 1998); auch die Verarbeitung bestimmter semantisch eingegrenzter Sachverhalte ist durchaus zureichend, um bestimmte Hirnbereiche zu aktivieren (Spitzer et al. 1995). Andererseits sind die therapeutischen Verfassungen durchaus als psychologische und vor allem auch als genuin psychoanalytische Funktionsorganisationen beschreibbar, nämlich z.b. mit dem Konzept von Winnicott: Der Patient benutzt den Analytiker in solchen »now moments« der Performance nicht als objektives Objekt, sondern als subjektives Objekt (Winnicott 1969). Ferro spricht radikalisierend von einem »bi-personalen intersubjektiven Feld« oder von einem, angeblich mit Bions Ansicht in eins setzbaren »privaten Mythos des [therapeutischen] Paares«, in dem – mit Ogden formuliert – »irrelevant ist, wem der Traum gehört« (zitiert nach Moser 2003, 743), hier also: irrelevant ist, wem die Performance gehört.

Die Diskussion über diese Positionen hat Moser auf dem Gebiet der »Traumtheorien und Traumkultur in der psychoanalytischen Praxis« für noch nicht entscheidungsreif gehalten (Moser 2003, 746 f.). Nähme man die hier vorliegende Episode als Beispiel für Ferros »bi-personales intersubjektives Feld« oder de Masis »emotionales Unbewußtes«, das als »unterhalb des bislang in der Psychoanalyse beschriebenen dynamischen Unbewußten« (Schmidt 2003, 889) liegend angenommen werde, dann erkennt man den Grund der Entscheidungsschwierigkeiten. Es ist einfach nicht konsequent und ausreichend untersucht, ob es sich bei derartigen therapiesteuernden Konzepten um eine dezisionistische Rationalisierung des unter der Zerstörung abgebrochenen oder unterbrochenen Stroms analytischen Verständnisses der vom Patienten aus drängenden Gewißheiten handelt. Oder ob es sich bei den Konstrukten um therapiesteuernde Konzepte und Modellbildungen handelt, die sich wirklich aus den Ergebnissen eines idealiter gleichschwebenden Verstehens des Übertragungs-Gegenübertragungsgeschehens ableiten. Daß ein gleichschwebendes Verstehen hilfreich ist, bevor konzeptuelle und therapeutische Folgerungen gezogen werden, legen Bollas' klinische Untersuchungen nahe. Er arbeitete heraus, daß bei der Manifestation der projektiven Identifizierung (Klein 1932 [1926]) in der analytischen Situation nicht nur der Analysand ›projektiv identifiziert‹, sondern daß auch der Therapeut ›extraktiv introjiziert‹. Damit bezeichnete er das notwendige Gegenstück zur projektiven Identifizierung im Therapeuten. Zur Wirksamkeit der projektiven Identifizierung, ja, daß dieser Prozeß des Patienten überhaupt auswandern und beim Therapeuten einwandern kann, dazu muß die saugende Empfänglichkeit des Therapeuten hinzugenommen und in der Selbsterfahrung erkannt und handhabbar gestaltet werden. Aus diesem Stand der Entscheidungsunreife metapsychologische Konstrukte und analytisch-technische Konsequenzen abzuleiten, etwa in der Form des »dosierten Mithandelns [...], um den Kontakt herzustellen« (Schmidt 2003,

890), hieße gleichschwebende Übertragungs- und Gegenübertragungsanalyse suspendieren und übersehen, daß z.B. die bei dieser Patientin übertragenen kumulativ traumatischen Prozesse nicht für sich allein herrschten. Sie hatten längst Anschluß gefunden an die Indienststellung für Konflikte um die narzißtische oder neurotische Regulation. Deshalb konnte ›Behandlung‹ vor dem Übertragungs-Gegenübertragungs*hintergrund* der traumatischen Erfahrung und vor dem Übertragungs-Gegenübertragungs*vordergrund* des neurotischen Wunschsystems als eine Veränderung im Sinne einer Zerstörung des Heilungsversuchs erlebt werden. Einen Restitutionsversuch ›wegzumachen‹ kam für die Patientin einer Re-Traumatisierung und einer Traumatisierung gleich. Warum Re-Traumatisierung? Sie erlebte nun an ihrem eigenen Restitutionsversuch die Prozeß-Phantasie von Sichaufrichten, Laufenbeginnen, Verglichenwerden, Gepacktwerden und grundlos Immobilisiertwerden. In der übertragungs-modifizierten Fassung lautete die Sequenz dann, »meinen Restitutionsversuch aufrichten«, »meinen Restitutionsversuch beginnen«, »mit anderen Restitutionsversuchen verglichen werden«, »mein Restitutionsversuch wird gepackt«, »mein Restitutionsversuch wird immobilisiert«. Diese Vorder- und Hintergründe machen Veränderungen katastrophisch und diese Patientin verdichtete die therapeutischen Katastrophen kurzerhand in dem (Übertragungs-)Vorwurf, jetzt sage der Therapeut mit seiner Deutung (ihre Reaktionen hätten vielleicht den Sinn, Formen des Neins darzustellen, um wie die Mutter zu handeln, aber diesmal aktiv, um sich nicht wieder passiv wie ein Kind ergriffen und niedergehalten zu erleben): »Nein.«

Und warum Traumatisierung? Die Gewißheit, die *Befindlichkeit des im Fürwahr- oder Fürguthalten vorbehaltlos festgelegten, vom Zweifel befreiten Bewußtseins*, das *anhand des aktuellen Geschehens subjektive unerschütterliche Überzeugtsein*, wird in Zweifel gezogen, der Restitutionsversuch wird als Zerstörung ›beschuldigt‹ und die Patientin erlebt sich als malefiziert, in der Regel als ›schon böse auf die Welt gekommen‹.

Traumatisierung sorgt wegen ihres unabweisbaren Realitätscharakters für eine ähnliche Bedeutungsintensität des Gewiß-Seins wie das Befriedigungserlebnis, das am Anfang der Wunschbildung bzw. der psychologischen Triebbildung steht. Realerlebnisse beliefern beide Bildungen der menschlichen Psyche mit dem notwendigen Körnchen Wahrheit. Wenn die neurotische Wunschbildung die Wiederholung des Befriedigungserlebnisses zum Inhalt hat, dann richtet sich die Wiederholung in der Traumaverarbeitung nicht vorrangig auf eine Befriedigungsleistung, sondern auf eine Befriedungs- und Integrationsleistung, auf »pacification« und »unification« nach dem Schema des hierarchischen Modells von Behandlungsmodalitäten von Gedo und Goldberg (1973, 157; vgl. hierzu die Gabbard-Fonagy-Kontroverse in Gabbard et al. 2003). Am Behandlungsverlauf dieser Patientin war ersichtlich, daß sie die minimalen, deutend erreichten Befriedungs- und Integrationsergebnisse nutzte, um zur Veränderung ihrer Lebensumstände zu kommen. Deshalb beendete sie die Behandlung. Wenn es denn so ist, daß wir das Wirken einer *Gewißheit als zentrales affektives Motiv und Regulativ* annehmen können, mit der die Patientin abschätzte, »was dran ist«, dann darf ich in Betracht ziehen, daß diese Gewißheit auch für die Dimension der affektiven Urteilskraft gilt, »was jetzt nicht dran ist«, ja, was überhaupt zu erreichen ist: in einem bestimmten psychologischen Alter, in der psychodynamischen Gesamtsituation, in dem je bestimmten epigenetischen und sozialen Kontext der Patientin, mit welchem Aufwand, mit welchem Therapeuten, mit welchem seiner gerade leitenden Theoriebündel, zu welchem Zeitpunkt, mit welchem Organisationsniveau seiner Persönlichkeit und mit welcher gerade herrschenden analytischen Kompetenz, die ihrerseits persönlichkeitsspezifisch und altersabhängig dynamisch ist. Kurzum, man muß der Gewißheit als zentralem affektiven Motiv und Regulativ auch ein intuitives Verwirklichungswissen – das Herrschen eines *Realisierungsprinzips* an die Seite stellen.

## 5.4  Die Prozeßidentifizierung

Über den gegenwärtigen Stand der Forschungen und ihrer Ergebnisse zum Phänomen der Prozeßidentifizierung wurde zuletzt 1999 eine Übersicht gegeben (Danckwardt 1999, 409-412). Die Legion der Autoren, die an der Fragestellung gearbeitet haben, kann an dieser Stelle nicht erneut gewürdigt werden. Neue Begriffsbildungen haben sich mit der Differenzierung der neurobiologischen Forschungsperspektive ergeben, wenn beispielsweise vom »prozeduralen Unbewußten« (Kandel 1999) gesprochen wird.

Die zusammengefaßten Ergebnisse lassen im wesentlichen zwei Positionen erkennen. Beiden gemeinsam ist, daß das Subjekt Identifizierungen mit inneren / äußeren Abläufen vornimmt: Also nicht nur mit ›statischen‹ Objekten, Attributen, Motiven, Eigenschaften, Zielen, Normvorstellungen oder Informationen, sondern Identifizierungen mit inneren / äußeren Episoden, Handlungsabfolgen und Interaktionseinheiten. Beginnend mit der primären Identifizierung internalisiert das Subjekt im Laufe der psychosexuellen Entwicklung zahllose Prozesse, Episoden, Handlungsabfolgen oder Interaktionseinheiten und setzt diese in der epigenetischen Entwicklung bis ins hohe Alter fort (Gattig 1982, 1988). Die ›Internalisate‹ – Introjekte – sind als Interaktionsrepräsentanzen im episodischen Gedächtnis vorhanden, jedoch nicht ständig aktiviert. Sie liegen in einer Verfassung der Potentialität bereit.

Die eine der beiden Positionen hebt hervor, daß die eigentliche Identifizierung mit Interaktionsrepräsentanzen *als Antwort auf* ein äußeres pathisches Geschehen erfolgt. Und zwar dann, wenn die affektive Aufmerksamkeit eine prozessual identische äußere Interaktionsepisode wahrnimmt. Wenn also ein sensuell-konkretistisch erlebtes äußeres Ereignis mit der prozessualen Struktur innerer Interaktionsrepräsentanzen identisch wird. Man kann auch sagen, wenn eine prozessuale Wahrnehmungsidentität festgestellt wird. Dann wird die Identifizierung mit einem Prozeß »instantiiert« (Moser / Zeppelin 1996, 26). Dann wird Übertragungsbereitschaft *realisiert*, d.h. in manifeste Übertragung überführt. Klinisch haben wir es dann mit acting in / acting out zu tun.

Die zweite Position lenkt die Aufmerksamkeit weniger auf das Reiz-Reaktions-Geschehen als auf das genuine Übertragungsgeschehen. Das vorliegende klinische Beispiel mag diese Position beleuchten. Es legt die Annahme einer vielleicht häufig durchlittenen, aber noch nicht zureichend untersuchten Schicht des Übertragungs-Gegenübertragungsgeschehens nahe, in dem die Patientin nicht auf eine äußere, sondern auf eine *innere* (allenfalls via Projektion sekundär äußere) Situation *reagiert*. Dabei werden Aspekte des *zentralen affektiven Motivs und Regulativs der Gewißheit über das »Was dran ist«* wirksam, die keine anderweitige Potentialität oder gar eine Reiz-Reaktions-Position zulassen und bei denen die Prozeßidentifizierung sozusagen chronisch instantiiert ist. So hatte die Patientin die sie über-raschende (Tempo) und erschreckende (psychophysiologische Erstarrung) Prozeßsequenz von Sichaufrichten, Laufenbeginnen, Verglichen-, Gepackt- und grundlos Immobilisiertwerden autotherapeutisch aus der Passivität in die Aktivität gewendet (damit ihr das *Erschrecken nie* wieder geschehe) und die meisten ihrer Beziehungen von vornherein darunter strukturiert (damit das *Entsetzliche* nicht ihr, sondern *anderen geschehen möge*) und hatte dem Wiederholungszwang nachgegeben (um das *Risiko* immer wieder zu *bestehen* und wegen des Identitätsverlangens womöglich *nicht* zu einer anderen Verarbeitung der Traumatisierung, Befriedung und Integration, zu kommen) und darauf einen Lebensstil, eine intime rituelle Tagtraumkultur und eine öffentlich rituelle Kultur des Alltagslebens, quasi als Affekt-Haut um sich herum gestaltet, in der sie intuitiv eine gleichsinnige Realität (die erregte Gesellschaft i.S. v. Türcke 2002, Aktion, Erlebnisgesellschaft) aufsuchte oder organisierte und darin eine Identität lebte, die sie vielleicht als Tagesbedürfnis im Narrativ von ›Lola rennt‹ verkörpert sah. Sam Mendes und Allan Ball haben diese *mediale Identität* (Danckwardt 2003) in dem Film »*American Beauty*« (1999) thematisiert. Mit Feldman (1999) könnte man vielleicht von einer medialen Form des Identitäts-verlangens sprechen.

Die Annahme liegt nahe, daß es die Prozeßidentifizierungen sind, die Erkran-kungen so mitprägen, daß sie bedeutungsvolle Beziehungen in statu nascendi un-terminieren. Gegenüber der Dynamik der Abwehrmechanismen (Freud 1936; Cremerius 1968), denen im klinisch verkürzten Gebrauchsdenken immer der Hauch des Ontischen anhaftet, hat das Konzept von der Prozeßidentifizierung die Bedeutung, daß sowohl ihr Widerstandscharakter als auch ihr Ich-Entwicklungs-charakter, ihr Transformationscharakter (Bion; Bollas 1987, 13-29) und ihr Bewältigung-(Coping-)Charakter in dem Sinn historisch-genetisch sind, als Pro-zeßidentifizierungen die leidenschaftlichen Geschichten von Objektbeziehung widerspiegeln. Man ist eine Prozeßidentifizierung um Willen einer Objektbezie-hung und / oder man ist eine Prozeßidentifizierung an Stelle einer Objektbezie-hung eingegangen. Die »Identifizierung mit dem Angreifer« (Anna Freud 1936, 36) war vielleicht die erste beschriebene Prozeßidentifizierung. Würde es unsere Haltung gegenüber Patienten und unsere Behandlungsmodalitäten nicht berei-chern, wenn wir alle ›Abwehrmechanismen‹ als Prozeßidentifizierungen und damit als um willen bzw. an Stelle einer Objektbeziehung eingegangen und auf-rechterhalten in Betracht ziehen? Das Phänomen der ›Identifizierung mit Prozes-sen‹ umfaßt aber nicht nur psychologische Prozesse. Sondern es werden damit auch Identifizierungen mit neurobiologischen Prozessen (und damit auf neuro-biologischer Perspektive gründende Behandlungsmodalitäten), Identifizierungen mit traumapsychologischen, psychosenpsychologischen, neurosenpsychologi-schen sowie fiktiv normalgesunden (normotischen), medialen und künstlerischen Prozessen erfaßt. Das Konzept markiert eine psychologische Wegekreuzung, auf der diese Prozesse aufeinander treffen und interagieren.

# Zusammenfassung

Wie läßt sich die Paradoxie verstehen, daß Abwehr- und Schutzmechanismen, die katastrophische Angst vor Veränderung und vor Selbst- und Objektverlust vermeiden sollen, diese aber immer wieder schüren und dadurch den Einriß in der Beziehung des Ichs zur Realität erneuern? Wie werden Erkrankungen und vielleicht auch das Alltagsleben durch Mechanismen mitgeprägt, die bedeutungsvolle Beziehungen in statu nascendi unterminieren? Der vorliegende Beitrag versucht, nach einer Falldarstellung Antworten auf vier Ebenen zu erkunden. (1) Auf der Ebene der *untrüglichen, aber bislang ungedachten Gewißheit* eines Patienten über seinen »dringlichen Punkt«. Das ist die Ebene der *Gewißheit als zentrales affektives Motiv und Regulativ* und als *Referenzgefühl für therapeutische Realisierung*. Gefühle werden – einer Formulierung von Nussbaum (2001) folgend – als eine *Dimension der Urteilskraft* angesehen. (2) Auf der Ebene der Medialisierung dieser Gewißheit: die *Performance*. Sie geht über Enactment und Inszenierung bei neurotischen Patienten hinaus. (3) Auf der Ebene der Traumabewältigung, der Wunschbildung und therapeutischen Verwirklichung: das *Realisierungsprinzip*. (4) Auf der Ebene der *Prozeßidentifizierung*, die als eigentliche Triebkraft, als »organisierende Aktivität« (Loch 1968), aufgefaßt wird. Um der Entstehung willen werden Beziehungen zerstört.

# Summary

How can one understand the paradox, that defensive and protective mechanisms, which ought to avoid catastrophic fear of change and loss of the self and the object, again and again stir up that fear, by which the rift in the ego's relationship to the reality is renewed? How do the mechanisms – which undermine meaningful relationships in statu nascendi – contribute to shaping illnesses and perhaps also to shaping daily life? After a case illustration, this article tries to explore answers on four levels. (1) On the level of the *infallible but so far unthought certainty* of a patient concerning his »urgent point«. That is the level of *certainty as a central affective motif and regulative* and as *a feeling of reference for therapeutic realization*. Feelings are seen – following a formulation of Nussbaum (2001) – as a *dimension of judgement*. (2) On the level of medializing that certainty: the *performance*. It goes beyond enactment and productions of neurotic

patients. (3) On the level of coping with trauma, formation of wishes and therapeutic fulfilment: the *realization principle*. (4) On the level of *process identification,* which is seen as the actual driving force, as »organizing activity« (Loch
1968). For the sake of coming into being, relationships are destroyed.

## Literatur

Argelander, H. (1967): Das Erst-Interview in der Psychotherapie. In: *Psyche-Z Psy-
choanal* 21, 341-368; 429-467; 472-512.
Argelander, H. (1970): Die szenischen Funktion des Ichs und ihr Anteil an der Sym-
ptom- und Charakterbildung. In: *Psyche-Z Psychoanal* 24, 325-345.
Bensing, J.M./Langewitz, W. (2003): Die ärztliche Konsultation. In: *Psychosomati-
sche Medizin.* 6. neu bearbeitete und erweiterte Auflage. Hg. von R.H. Adler/
J.M. Herrmann/K. Köhle./W. Langewitz/O.W. Schonecke/Th. v. Uexküll/W.
Wesiack. München/Jena: Urban & Fischer, 415-424.
Berner, P./Naske, R. (1973): Wahn. In: *Lexikon der Psychiatrie*. Hg. von C. Müller.
Berlin/Heidelberg/New York: Springer, 565-582.
Bion, W. (1967): Notes on memory and desire. In: *Psychoanal. Forum* 2, 271-280.
— (1957): Zur Unterscheidung von psychotischen und nicht-psychotischen Persön-
lichkeiten. In: *Melanie Klein heute*, Bd I. Hg. von E. Bott-Spillius. Stuttgart:
Klett-Cotta 2002, 75-99.
Boehme-Bloem, C. (2002): Das Ergriffene im Begriff. Gedanken zum Symbolisie-
rungsprozeß. In: *Z. Psychoanal. Theorie Praxis* 17, 371-345.
Bollas, Ch. (1987): *Der Schatten des Objekts. Das ungedachte Bekannte: Zur Psycho-
analyse der frühen Entwicklung.* Stuttgart: Klett-Cotta 1997.
Brody, H. und D. (2002): *Der Placebo-Effekt. Die Selbstheilungskräfte unseres Kör-
pers.* München: dtv.
Burgmer, M./Driesch, G./Heuft, G. (2003): Das »Sisi-Syndrom« – eine neue De-
pression? In: *Nervenarzt* 74, 440-444.
Crary, J. (1990): *Techniken des Betrachtens. Sehen und Moderne im 19. Jahrhundert.*
Amsterdam: Verlag der Kunst 1996.
Crary, J. (1999): *Aufmerksamkeit. Wahrnehmung und moderne Kultur.* Frankfurt am
Main: Suhrkamp 2002.
Cremerius, J. (1968): Abriß der Psychoanalytischen Abwehrtheorie (unter besonderer
Berücksichtigung der Klinik). In: *Z. Psychother. med. Psychol.* 18, 1-14.
Cole, J.O. (1960): Behavioral toxicity. In: *Drugs and behavior*. Hg. von L. Uhr/J.G.
Miller. New York: Wiley.
Danckwardt, J.F. (1968): *Francisco Sanchez' Stellung in der Medizin seiner Zeit.*
Kiel.

— (1978): Zur Interaktion von Psychotherapie und Psychopharmakotherapie. In: *Psyche-Z Psychoanal* 32, 111-154.

— (1989): Eine frühe, im Spannungsfeld zwischen Traum und Übertragung unbewußt gebliebene Phantasie Freuds über die psychoanalytische Situation (1989). Ein Beitrag zur psychoanalytischen Kreativität. In: *Psyche-Z Psychoanal* 42, 849-883.

— (1996): *Ixion – Phänomene in der Beziehung zwischen Psychoanalyse und Universität. Vortrag am 26.1.1996 für das Symposion Geschichte der Psychoanalyse in Tübingen.*

— (1997): Beobachtungen und Überlegungen zur Entwicklung der Psychoanalyse in Tübingen. In: *Mehrdimensionale Psychiatrie.* Hg. von G. Wiedemann/G. Buchkremer. Stuttgart/Jena/Lübeck/Ulm: Fischer, 35-47.

— (1999): Die seelischen Räume des schiefen Mannes. In: *Vom Entstehen analytischer Räume.* Hg. vom Verein für psychoanalytische Sozialarbeit. Tübingen: edition diskord, 55-76.

— (2000): Indikation. In: *Handbuch der psychoanalytischen Grundbegriffe.* Hg. von W. Mertens/B. Waldvogel. Stuttgart: Kohlhammer 2000, 333-339.

— (2003): Vom Krimi zum Kultfilm: Das Mediale als Matrix der Identität oder: »Ich würde mich auch nicht an mich erinnern«. In: *Psychoanalyse im Widerspruch* 15, 81-87.

Danckwardt, J. F./Gattig, E. (1996): *Die Indikation zur hochfrequenten analytischen Psychotherapie in der vertragsärztlichen Versorgung: ein Manual.* Unter Mitarbeit von G. Bruns, C. Frank, U. v. Goldacker, G. Junkers, E. Kaiser, C. Nedelmann, P. Schraivogel. Stuttgart-Bad Cannstatt: frommann-holzboog.

Danckwardt, J. F./Gaus, E. (2003): Therapeut-Patient-Beziehung und Verordnung von Medikamenten. In: *Psychosomatische Medizin.* 6. neu bearbeitete und erweiterte Auflage. Hg. von R. H. Adler/J. M. Herrmann/K. Köhle/W. Langewitz/O. W. Schonecke/Th. v. Uexküll/W. Wesiack. München/Jena: Urban & Fischer, 527-536.

Dantlgraber, J. (1982): Bemerkungen zur subjektiven Indikation für Psychoanalyse. In: *Psyche-Z Psychoanal* 36, 191-225.

Dantlgraber, J./Herold, C. (1995): Einige Überlegungen zu unterschiedlichen Sichtweisen des psychoanalytischen und psychotherapeutischen Prozesses. In: *Deutungs-Optionen. Für Wolfgang Loch.* Hg. von J.-P. Haas/G. Jappe. Tübingen: edition diskord, 19-150.

D'Aquili, E./Newberg, A. B. (1999): *The Mystical Mind. Probing Biology of Religious Experience.* Minneapolis: Fortress Press.

Dettmers, C./Rijintjes, M./Weiller, C. (1998): *Funktionelle Bildgebung und Physiotherapie.* Bad Honnef: Hippocampus.

Ezekiel, J. E./Miller, F. G. (2001): The ethics of placebo-controlled trials – a middle ground. In: *N. Engl. J. Med.* Vol. 345, Nr. 12, 915-919.

Federn, E. (2001): Mündliche Ergänzung zu: »Einige Bemerkungen zur Geschichte der Ausbildung von Psychoanalytikern«. In: *Jahrb. Psychoanal.* 44, 357-361.

Feldman, M. (1999): Projektive Identifizierung: Einbeziehung des Analytikers. In: *Psyche-Z Psychoanal* 9/10, 991-1014.

Filipp, S.-H./Aymanns P. (2003): Bewältigungsstrategien (Coping). In: *Psychosomatische Medizin.* 6. neu bearbeitete und erweiterte Auflage. Hg. von R. H. Adler/ J. M. Herrmann/K. Köhle/W. Langewitz/O. W. Schonecke/Th. v. Uexküll/W. Wesiack. München/Jena: Urban & Fischer, 297-310.

Freud, A. (1936): *Das Ich und die Abwehrmechanismen.* München: Kindler 1964.

Freud, S. (1911c): Psychoanalytische Bemerkungen über einen autobiographisch beschriebenen Fall von Paranoia. Jb. f. Psychoanal. und Psychotherap. Forschung, Bd. 3. Leipzig/Wien: Deuticke 1911. In: *GW* VIII.

— (1922b): Über einige neurotische Mechanismen bei der Eifersucht, Paranoia und Homosexualität. In: *GW* XIII, 195-207.

— (1924c): Neurose und Psychose. In: *GW* XIII, 371-383.

— (1924e): Der Realitätsverlust bei Neurose und Psychose. In: *GW* XIII, 363-368.

— (1926d): Hemmung, Symptom und Angst. In: *GW* XIV, 111-205.

— (1937d): Konstruktionen in der Analyse. In: *GW* XVI, 43-56.

— (1986): *Briefe an Wilhelm Fließ 1887-1904.* Frankfurt: Fischer.

Gabbard, G.O./Westen, D. (2003): Rethinking therapeutic action. In: *Int. J. Psychoanal.* 84, 823-841.

Gattig E. (1982): *Identifizierung und primäre Sozialisation.* München: Minerva.

— (1988): Primäre Identifizierung – die Internalisierung einer Interaktion. In: *Selbstverständigung.* Hg. von E. Gattig./S. Zepf. Berlin/Heidelberg/New York/London/Paris/Tokyo: Springer, 1-14.

Gedo, J.E./Goldberg, A. (1973): *Models of Mind. A Psychoanalytic Theory.* Chicago/ London: The University of Chicago Press.

Gitelson, M. (1962): The first phase of psychoanalysis. In: *Int. J. Psychoanal.* 43, 194-205 und 234.

Green, A. (2002): Die zentrale phobische Position – mit einem Modell der freien Assoziation. In: *Psyche-Z Psychoanal* 56, 409-441.

Griesinger, W. (1845): *Pathologie und Therapie der psychischen Krankheiten.* Stuttgart.

Halbfaß, W. (1974): Gewißheit. I. In: *Historisches Wörterbuch der Philosophie.* Bd. 3. Hg. von J. Ritter. Darmstadt: Wissenschaftliche Buchgesellschaft, 592-594.

Heising, G./Beckmann, D (1971): Gegenübertragungsreaktionen bei Diagnose- und Indikationsstellungen. In: *Z. Psychotherap. Med. Psychol.* 21, 2-8.

Hinz. H. (2003): Anaesthesia or psychotherapy: Eradicating thoughts or working them through. In: *Int. J. Psychoanal.* 84, 203-220.

— (2002): Wer nicht verwickelt wird, spielt keine Rolle. Zu Money-Kyrle: »Normale Gegenübertragung und mögliche Abweilungen«. In: *Jahrb. Psychoanal.* 44, 197-223.

Horwitz, L. (1974): *Clinical Prediction in Psychotherapy.* New York: Aronson.

Jacobs, T. (2001): Unbewußte Kommunikation und verdeckte Enactments im analytischen Setting. In: *Erinnern, Agieren und Inszenieren.* Hg. von U. Streeck. Göttingen: Vandenhoeck & Ruprecht, 97-126.

Kandel, E. (1999): Biology and the future of psychoanalysis: new intellectual framework for psychiatry revisted. In: *Amer. J. Psychiat.* 156, 505-524.

Kächele, H. / Kordy, H. (2003): Indikation als Entscheidungsprozeß. In: *Psychosomatische Medizin.* 6. neu bearbeitete und erweiterte Auflage. Hg. von R. H. Adler / J. M. Herrmann / K. Köhle / W. Langewitz / O. W. Schonecke / Th. v. Uexküll / W. Wesiack. München / Jena: Urban & Fischer 2003, 425-436.

Klein, M: (1932 [1926]): Die psychologischen Grundlagen der Kinderanalyse. In: *Die Psychoanalyse des Kindes.* GSK II, 16-31.

König, H. (2000): *Gleichschwebende Aufmerksamkeit und Modellbildung. Eine qualitativ-systematische Einzelfallstudie zum Erkenntnisprozeß des Psychoanalytikers.* Ulm: Ulmer Textbank.

Koukkou, M. M. / Leuzinger-Bohleber, M. / Mertens, W. (1998): *Erinnerung von Wirklichkeiten. Psychoanalyse und Neurowissenschaften im Dialog. Bd. 1: Bestandsaufnahme.* Stuttgart: Verlag Internationale Psychoanalyse.

Landis, E. A. (2001): *Logik der Krankheitsbilder.* Gießen: Psychosozial Verlag.

Landis, E. A. (2002): Die ICD-10 und die Frage nach den natürlichen Krankheitseinheiten bei psychischen Erkrankungen. In: *Psyche-Z Psychoanal* 56, 630-656.

Loch, W. (1968): Identifikation – Introjektion. In: *Psyche-Z Psychoanal* 22, 271-286.

May, Ph. R. A. (1971): Psychotherapy and ataraxic drugs. In: *Handbook of psychotherapy and behavior change.* Hg. von A. E. Bergin / S. L. Garfield. New York: Wiley.

Meltzer, D. (1984): *Traumleben.* München / Wien: Int. Psychoanal. 1988.

Meissner, W. W. (1978): *The Paranoid Process.* London / New York: Aronson.

Moeller, M. L.(1969): Psychotherapeutische Behandlung von Studenten im Urteil der Psychotherapeuten. In: *Psyche-Z Psychoanal* 23, 724-747.

Money-Kyrle, R. (1991): Normale Gegenübertragung und mögliche Abweichungen. In: *Melanie Klein heute*, Bd 2. Hg. von E. Bott-Spillius. Stuttgart: Klett-Cotta 2002, 29-44.

Moser, U. / von Zeppelin, I. (1996): *Der geträumte Traum.* Stuttgart / Berlin / Köln: Kohlhammer.

Moser, U. (2003): Traumtheorien und Traumkultur in der psychoanalytischen Praxis (Teil II). In: *Psyche-Z Psychoanal* 57, 729-750.

Newberg, A. / D'Aquili, E. / Rause, V. (2001): *Why God Won't Go Away.* New York: Ballantine Books.

Nussbaum, M. C. (2001): *Upheavals of Thought. The Intelligence of Emotions.* Cambridge: University Press.

Plassmann, R. (1993): Organwelten: Grundriß einer analytischen Körperpsychologie. In: *Psyche-Z Psychoanal* 47, 261-282.

Rose, G. (1987): *Trauma and Mastery in Life and Art. Expanded with an Original Docudrama.* Boston: International University Press 1996.

Rudolph, G. (1974): Gewißheit. II. In: *Historisches Wörterbuch der Philosophie.* Bd. 3. Hg. von J. Ritter. Darmstadt: Wissenschaftliche Buchgesellschaft, 594-598.

Sargent, H. D. / Horwitz, L. / Wallerstein, R. S. / Appelbaum, A. (1968): *Prediction in Psychotherapy Research.* New York: IUP.

Schmidt-Hellerau, C. (2003): Plädoyer für einen postödipalen Diskurs in der Metapsychologiedebatte. In: *Psyche-Z Psychoanal* 57, 667-672.

Schmidt, M. S. (2003): Inszenieren, Erinnern, Erzählen – Zur Abfolge therapeutischer Veränderung. In: *Psyche-Z Psychoanal* 57, 889-903.

Solms, M. (2000): ›Traumdeutung‹ und Neurowissenschaften. In: *Hundert Jahre »Traumdeutung« von Sigmund Freud. Drei Essays.* Hg. von J. Starobinski / I. Grubrich-Simitis / M. Solms. Frankfurt: Fischer, 101-120.

Spitzer, M. / Kong, K. K. / Kennedy, W. / Rosen, B. R / Belliveau, J. W. (1995): Category-specific activation in fMRI during picture naming. In: *Neuroreport* 6, 2109-2112.

Spitzer, M. (2003): Kristall-Homöopathie und Pyramidenresonanzenergie. In: *Nervenheilkunde* 22, 281-282.

Stern, D. N. (1994): *Die Lebenserfahrung des Säuglings.* Stuttgart: Klett-Cotta.

Stern et al (2002): Nicht-deutende Mechanismen in der psychoanalytischen Therapie. Das »Etwas Mehr« als Deutung. In: *Psyche-Z Psychoanal* 56, 974-1006.

Thomae, H. / Landis, A. E. (2003): Kontroverse. In: *Psyche-Z Psychoanal* 57, 174-182.

Türcke, Ch. (2002): *Erregte Gesellschaft. Philosophie der Sensation.* München: Beck.

Varendonck, J. (1921): *Über das vorbewußte phantasierende Denken.* Int. Psa. Bibliothek Bd. XII. Wien: Internationaler Psychoanalytischer Verlag.

Von Uexküll, Th. / Langewitz, W. (2003): Das Placebophänomen. In: *Psychosomatische Medizin.* 6. neu bearbeitete und erweiterte Auflage. Hg. von R. H. Adler / J. M. Herrmann / K. Köhle / W. Langewitz / O. W. Schonecke / Th. v. Uexküll / W. Wesiack. München / Jena: Urban & Fischer 2003, 311-319.

Walach, H. / Sadaghiani, C. (2002): Placebo und Placeboeffekte – Eine Bestandsaufnahme. In: *Psychother. Psych. Med.* 52, 332-342.

Weidlich, S. (2003): Der unbewußte Zustand des Analytikers, nachdem der Patient die Tür nach der letzten Stunde geschlossen hat. In: *Der Analytiker im psychoanalytischen Prozeß: Gegenübertragung und Beendigung der Behandlung.* Hg. von H. Gutwinski-Jeggle / P. Schraivogel / C. Walker. Tübingen: Congress-Organisation, 111-130.

WHO (Hg.) (1991): *Internationale Klassifikation psychischer Störungen.* ICD10 Kapitel V (F). Klinisch-diagnostische Leitlinien. Bern: Huber 1999.

Winnicott, D. W (1969): The use of an object. In: *Int. J. Psychoanal.* 50, 711-716.

Winnicott, D. W. (1969): Objektverwendung und Identifizierung. In: Ders.: *Vom Spiel zur Kreativität.* Stuttgart: Klett-Cotta 1979, 101-110.

Wittchen, H.-U. / Schuster, P. / Pfister, H. / Gander, F. / Müller, N. (1999): Warum werden Depressionen häufig nicht erkannt und nicht behandelt? Patientenverhalten und Erklärungswert von »Sisi-Merkmalen«. In: *Nervenheilkunde* 18, 210-217.

*Dr. med. Joachim F. Danckwardt, Im Buckenloh 2, D-72070 Tübingen, JFDanckwardt@t-online.de, www.danckwardt.de*

Geschichte der Psychoanalyse

# Zwei Ohnmachten Freuds in der Begegnung mit Jung

## Eine Reminiszenz an seine Herzneurose und den Ambivalenzkonflikt in Männerfreundschaften[1]

*Georg Bruns*[*]

Die jüngst erschienenen Reisebriefe Freuds (Freud 2002) enthalten auch seine Karten, Briefe und Notizen zur Amerikareise im Jahre 1909, die ihm, wie er in einer Rückschau schreibt, mit seinen Vorlesungen an der Clark University, Massachusetts, »wie die Verwirklichung eines unglaubwürdigen Tagtraumes« (Freud 1925, 78) erschien. Die Einladung in die Neue Welt empfand er als große Anerkennung, als Durchbruch für die Psychoanalyse.

Am Beginn dieser Reise aber stand ein Ereignis, das einen eigenartigen Kontrast zu der hochgespannten Erwartung und der in der Einladung an die Clark University zum Ausdruck kommenden Anerkennung für Freud bildet. Dieses Ereignis spielte in Bremen, wo Freud am Beginn der Reise mit Jung und Ferenczi

1  Überarbeitung eines Vortrags auf der Tagung »Sigmund Freud auf Reisen«, Bremen, 31. August 2002.

*  Georg J. Bruns, Prof. Dr.med., Dipl.-Soz., apl. Professor für Soziologie an der Universität Bremen, Psychoanalytiker (DPV) und Lehranalytiker in eigener Praxis, Nervenarzt; Vorsitzender der Deutschen Psychoanalytischen Vereinigung (DPV); zahlreiche Veröffentlichungen zu psychoanalytischen, psychiatrischen und medizinsoziologischen Themen, insbesondere zu Zwangsmaßnahmen in der Psychiatrie, psychoanalytischer Psychosentherapie sowie einer Soziologie der Psychoanalyse und der Psychiatrie.

Jahrb. Psychoanal. 48, S. 105–133 © 2004 frommann-holzboog

zusammentraf, um sie mit ihnen zusammen fortzusetzen. Während des Mittagessens am ersten Tag des Zusammentreffens erlitt Freud im Verlauf einer spannungsvollen Diskussion mit Jung einen Ohnmachtsanfall; drei Jahre später wiederholte sich eine solche Ohnmacht, wiederum während eines Essens und Disputs mit Jung. Freud selbst betrachtete diese Ohnmachten als psychogen, was mir die Berechtigung gibt, sie unter einer solchen Perspektive genauer zu untersuchen. Dabei zeigt sich, daß in der Beziehung zu Jung ein großer Teil der den wichtigen Männern seines Lebens geltenden Ambivalenz aktualisiert worden ist und ihren Beitrag zu den Ohnmachten geleistet hat.

## Freuds Ohnmachtsanfälle in Bremen und München

Die Ohnmacht Freuds in Bremen ist an verschiedenen Stellen in der Literatur um ihn dargestellt. Ich gebe mehrere Darstellungen wieder. Die erste lieferte Freud selbst in seinem Reisejournal zur Amerikareise, das er begonnen, aber leider nach wenigen Tagen abgebrochen hat. Dort hat er unter dem Datum »21. August, früh«, den Ablauf des ersten Tages in Bremen, des 20. August eingetragen, der neben verschiedenen Erledigungen für die Reise einen Rundgang durch die Stadt enthielt. Freud beschreibt u.a., durchaus nicht schmeichelhaft, den auf dem Markt stehenden Roland mit einem »Gesicht von unergründlichem Stumpfsinn« (Freud 2002, 284) sowie den Bleikeller unter dem Dom mit seiner Ausstellung mumifizierter Leichen und resümiert: »Das Ganze bleibt aber doch ein Plaidoyer für die gründliche Vernichtung der überflüssig gewordenen Menschen durch das Feuer« (285).

Er fährt fort:

Der Hunger rührt sich bei uns dreien u wir treten in den Rathauskeller, dort giebt es aber nur große Fässer Wein u kaltes Essen. Man schickt uns in das sog. Essighaus, ein wirklich entzückendes Gebäude aus dem 16. Jahrhundert. Ich beschließe mir das Vergnügen der ersten Bewirtung zu gönnen. Ein Rheinwein, Weserlachs, garniertes Filet wird bestellt. Jung theilt zu unserer großen Befriedigung mit, daß er sich entschlossen habe, die Abstinenz aufgeben u bittet um etwas Zurede. Wir stoßen mit dem köstlichen Wein an. Ob ich nun zu rasch getrunken oder durch die schlaflose Nacht erschüttert war, beim Lachs bekomme ich einen argen Schwitz- und Schwächezustand und muß die weiteren Gänge überschlagen. Ich getraue mich dann auch nicht weiter zu trinken. Jung wird das Trinken für mich besorgen. Natürlich ist der ganze Anfall bald vorüber. Jung bemerkt: Natürlich haben wir jetzt den Herrn Papa für uns zalen lassen u sie vertheilen die weiteren Ausgaben des Tages unter sich. (285 ff.)

Nach den weiteren Unternehmungen des Tages ist Freud am Abend wieder wohl-auf und beschließt die Tagesbeschreibung so: »Dann nachtmalen wir im Hotel Jungs als seine Gäste. Ich versichere, es war sehr gut u ich habe wieder ordentlich mitgehalten, vor ¼ 12 h giengen wir nicht auseinander« (287). Es ist bemerkens-wert, daß Freud zwar von einer Schwäche, aber nicht von einer Ohnmacht schreibt. Jung stellt den Vorfall so dar:

> In Bremen ereignete sich der viel diskutierte Zwischenfall, nämlich Freuds Ohnmacht. Sie wurde – indirekt – durch mein Interesse an den »Moorleichen« provoziert. Ich wußte, daß in gewissen Gegenden Norddeutschlands sogenannte Moorleichen gefun-den werden […]. Diese Moorleichen, über die ich gelesen hatte, fielen mir ein, als wir in Bremen waren, aber ich war etwas ›durcheinander‹ und hatte sie mit den Mumien in den Bremer Bleikellern verwechselt! Mein Interesse ging Freud auf die Nerven. »Was haben Sie denn mit diesen Leichen?« fragte er mich mehrere Male. Er ärgerte sich in auffallender Weise und erlitt während eines Gespräches darüber bei Tisch eine Ohnmacht. Nachher sagte er mir, daß er überzeugt sei, dieses Geschwätz von Leichen bedeute, daß ich ihm den Tod wünsche. Von dieser Ansicht war ich mehr als über-rascht. Ich war erschrocken und zwar über die Intensität seiner Phantasien, die ihm of-fenbar eine Ohnmacht verursachen konnten. (Jung 1961, 160 f.)

Die Begegnung zwischen Freud und Jung sowie Freuds Ohnmacht in Bremen beschreiben, vermutlich unter erstmaliger öffentlicher Zitierung aus Freuds Rei-sejournal, auch Schulz und Seeberger (1965). Sie bleiben in ihrem Erklärungs-versuch für die Ohnmacht auf einer allgemeineren Ebene und suchen sie unter Berufung auf Gebser als Vater-Sohn-Konflikt zu verstehen, ihn einordnend in einen allgemeinen Vorgang der »psychischen Befreiungsversuche von der Va-tervorherrschaft« (148). Die »spannungsgeladene Ambivalenz ihrer Beziehun-gen« könnte sich demnach entladen haben in der Ohnmacht als »Ausdruck einer aus der Schwermut sich entwickelnden Verzichtleistung«, die in der Zerstörung der Vater-Sohn-Beziehung dem Älteren meistens vom Jüngeren aufgezwungen werde (149).

In der Tat sind nach den Äußerungen Jungs für ihn Aspekte eines Vater-Sohn-Verhältnisses in der Beziehung zu Freud bedeutungsvoll geworden. Sie stellten jedoch, wie im Weiteren zu zeigen sein wird, nur einen Aspekt der vielschichti-gen Beziehung zu Freud dar, wie auch auf Seiten Freuds die Verbindung mit Jung, insbesondere hinsichtlich des Bedingungsgefüges für seine Ohnmachten, offenbar vielfältig, kompliziert und spannungsvoll zusammengesetzt war.

Jung berichtet weiter, daß Freud einige Jahre später, 1912, nochmals in einer kontroversen Diskussion mit ihm einen Ohnmachtsanfall erlitten habe. Es sei in der Diskussion um den ägyptischen Pharao Amenophis IV. und dessen Einstellung zu seinem Vater gegangen. Amenophis IV. wird auch Amenhotep IV. genannt, bekannter unter dem Namen, den er später sich selbst gegeben hat: Echnaton. Echnaton ist der Schöpfer einer monotheistischen Religion, die, ausgehend von Ägypten, das Judentum und die späteren monotheistischen Religionen, also die christliche und die islamische ermöglicht hat. Jung geriet in der damaligen Runde in München in eine Auseinandersetzung um das Motiv der Schaffung der monotheistischen Religion durch Amenhotep IV. Die eine Meinung war, Amenhotep IV. oder Echnaton habe damit einen ödipalen Beseitigungskonflikt mit seinem Vater ausgetragen, mit Amenhotep III., in dessen Name der Name des damaligen ägyptischen Hauptgottes Amon enthalten sei. Diese Meinung ist in dem folgenden Zitat zusammengefaßt:

> Er richtete sein Streben darauf, die Spuren des Gottes, nach dem sein Vater und er selbst benannt waren, überall auszutilgen. Der verhaßte Name sollte nicht mehr laut werden. Und so ließ er in gleicher Weise den Namen Amon und den Namen seines Vaters Amenhotep aus allen Inschriften und Denkmälern beseitigen. In dieser seltsamen Reinigungsaktion kommt die alte, lange zurückgehaltene oder sublimierte Feindschaft des Sohnes in aggressiver Weise zum Durchbruch. (Abraham 1912, 362)

Jung argumentierte dagegen:

> [...] ich versuchte auseinanderzusetzen, daß Amenophis ein schöpferischer und tiefreligiöser Mensch gewesen sei, dessen Taten nicht aus persönlichen Widerständen gegen den Vater erklärt werden könnten. Er habe im Gegenteil das Andenken seines Vaters in Ehren gehalten, und sein Zerstörungseifer richtete sich nur gegen den Namen des Gottes Amon, den er überall tilgen ließ und darum wohl auch in den Cartouchen seines Vaters Amon-hotep. Überdies hätten auch andere Pharaonen die Namen ihrer wirklichen oder göttlichen Vorfahren auf Denkmälern und Statuen durch ihren eigenen ersetzt, wozu sie sich als Inkarnationen des gleichen Gottes berechtigt fühlten. Aber sie hätten weder einen neuen Stil noch eine neue Religion inauguriert. In diesem Augenblick ist Freud ohnmächtig vom Stuhl gesunken. (Jung 1961, 161)

Jung beschreibt weiter, wie er Freud in ein Nebenzimmer getragen und auf ein Sofa gelegt habe, noch im Tragen sei Freud wieder zu sich gekommen und habe ihm einen nie zu vergessenden Blick zugeworfen: »Aus seiner Hilflosigkeit heraus hat er mich so angeschaut, wie wenn ich sein Vater wäre. Was immer sonst noch zu dieser Ohnmacht beigetragen haben mag – die Atmosphäre war sehr gespannt – beiden Fällen ist die Phantasie vom Vatermord gemeinsam« (ebd.).

Dieser Text Jungs bedarf eines Kommentars. Zuerst: Freuds Deutung von Jungs Reden über die Moorleichen als Ausdruck eines Todeswunsches ihm gegenüber erscheint heutigen Psychoanalytikern zweifellos ungewöhnlich; es war keine psychoanalytische Situation, in der sich die zwei befanden, sondern eine normale soziale Situation zu dritt, nämlich ein gemeinsames Essen. Kein Psychoanalytiker würde heute in solchen Situationen wegen ihres grenzüberschreitenden Charakters und ihrer vermutlichen Unschärfe Deutungen geben. Neben anderem wurde die Bedeutung der psychoanalytischen Situation für die Deutung noch nicht so klar gesehen, v.a. auch, weil Deutungen aus dem Wissen des Psychoanalytikers heraus gegeben wurden, nicht wie heute aus dem interpersonellen Prozeß in Übertragung und Gegenübertragung mit der gemeinsamen Entwicklung einer Bedeutung. Hinzu kommt, daß damals Psychoanalytiker, wenn sie aufeinander trafen, etwa bei Kongressen, sich mit Deutungen nahezu überhäuften. Auch Freud, Jung und Ferenczi erzählten sich auf dieser Reise in den folgenden sechs Wochen ihre Träume und analysierten sich gegenseitig. In diesem Kontext ist also die Deutung Freuds so ungewöhnlich doch nicht. Diese Deutung lautete, Jung drücke ihm gegenüber mit seinem Reden von den Moorleichen einen unbewußten Todeswunsch aus.

Jung ist in seiner Reaktion darauf widersprüchlich. Zuerst weist er sie zurück, sagt: »Von dieser Ansicht war ich mehr als überrascht.« Dann erweitert er sie und sagt: »beiden Fällen ist die Phantasie vom Vatermord gemeinsam.« Sowohl den Vater als auch den Vatermord führt er, Jung, in die Überlegungen ein, wie schon in Bremen in die Szenerie mit der Bemerkung: »Natürlich haben wir jetzt den Herrn Papa für uns zalen lassen« (s.o.). Die zwei Szenen, die für Jung die Phantasie vom Vatermord enthalten, verbindet er mit der Erzählung von einem möglichen symbolischen historischen Vatermord, der Auslöschung Amenhoteps III. durch Echnaton, verneint aber, daß das Vatermordmotiv bei Echnaton eine Rolle gespielt habe. Dann verkehrt er das Vater-Sohn-Verhältnis zwischen sich und Freud und sagt, der aus der Ohnmacht erwachende Freud habe ihn angeschaut, »wie wenn ich sein Vater wäre«. Hier nun wird seine Vaterbeseitigung ganz offensichtlich, denn er setzt sich an die Stelle des Vaters, als den er Freud empfunden hat – die Interpretation von Freuds Blick kommt von Jung, es gibt keine Bemerkung Freuds dazu. Gleichzeitig erledigt Jung auch noch einen Bruder und Rivalen, nämlich Karl Abraham[2]. Abraham hatte im Juli 1912 seine Studie über Amenhotep IV. bzw. Echnaton in der Zeitschrift»Imago« veröffentlicht und all die historischen Details aufgeführt, die in der von Jung berichteten Diskussion auftauchten. Aus dieser Arbeit stammt das obige Zitat. Die Diskussion fand ca. ein halbes Jahr später im November 1912 bei einem Treffen in München statt. Jung beseitigt Abraham in seiner Schilderung des Vorfalls in zweifacher Weise, indem er 1. dessen Entwurf der Figur Echnaton für falsch erklärt, 2. Abraham als Quelle der Informationen und des Disputs mit keiner Silbe erwähnt, sondern den Eindruck erweckt, als handle es sich um sein eigenes Wissen.

Da es hier nicht um ein vertieftes psychoanalytisches Verständnis der Person Jungs geht, sondern um Freud, unterlasse ich hier weitere Annäherungen an Jung, hoffe aber deutlich gemacht zu haben, daß sich bei ihm in den erwähnten Situationen unübersehbare Rivalitätsimpulse fanden, die in seinen eigenen Worten bis zu Vatermordphantasien reichten, ich möchte hinzufügen, daß sie auch Brudermordphantasien mit umfaßten.

Kerr (1994, 279) erwähnt die Ohnmacht Freuds in Bremen, entwickelt aber kein Verständnis für sie, sie»bleibt ein Rätsel« für ihn. Er legt aber dar (248 ff.), daß Freud und Jung in den Wochen vor ihrem Bremer Zusammentreffen von Sabina Spielrein in einen delikaten Austausch miteinander verwickelt worden waren. Jung hatte seine Affäre mit ihr vor Freud verheimlicht, hegte aber große Befürchtungen, sie könne ans Licht der Öffentlichkeit gelangen und damit ihn selbst und die Psychoanalyse, mittelbar also auch Freud, bloßstellen. Ende Mai 1909 hatte Sabina Spielrein, verletzt und enttäuscht von Jungs Beendigung der Beziehung, an Freud geschrieben (262 ff.). Der hatte so von der Affäre erfahren.

---

2 Eine Rivalität zwischen Jung und Abraham war bereits in der Zürcher Zeit Abrahams entstanden, als er bei verschiedenen dortigen Kollegen, u.a. auch Jung, eine Tendenz zu unwissenschaftlichem Mystizismus zu sehen glaubte. Auf dem Salzburger Kongreß im Jahre 1908 führte die Rivalität zwischen den beiden zu einem Konflikt um die Auffassung der Dementia praecox, die Abraham in einem Vortrag, auf Äußerungen Freuds von einem frühen autoerotischen Fixierungspunkt der Libido bei der Dementia praecox zurückgreifend, psychogen als eine massive Blockierung der Gefühlsprozesse erklärte, während Jung in einem Vortrag von einem organisch bedingten Zustand des Gehirns sprach, den er auf ein hypothetisches Psychotoxin zurückführte. S. dazu Jones 1962, 65 f.

Zwar gab es anschließend eine Korrespondenz dazu zwischen ihm und Jung, aber es war deutlich geworden, daß Jung versucht hatte ihm etwas Wichtiges zu verheimlichen. Vielleicht eine Quelle der lange verborgenen Ambivalenz zwischen ihnen.

An den beiden Ohnmachtsanfällen Freuds gibt es im übrigen keinen Zweifel. Jones beschreibt beide Ohnmachten. Die in Bremen so: »Am Mittagessen in Bremen war er der Gastgeber, und nach einigem Hin und Her überredeten er und Ferenczi Jung, seine Abstinenz aufzugeben und mit ihnen Wein zu trinken. Gerade darauf aber fiel Freud in Ohnmacht; es war das erste von zwei Malen, daß er in Jungs Gegenwart ohnmächtig wurde« (Jones 1962, 75). Die zweite Ohnmacht trat während eines Treffens mit Jung, Jones, Abraham, Ophuijsen, Riklin und Seif in München am 24. November 1912 auf, das Freud erbeten hatte, um Rat zum Umgang mit Stekel einzuholen, der das »Zentralblatt« herausgab und dabei war, sich wie zuvor Adler von Freud loszusagen (Jones 1962, 178).

Nach der schnellen Erledigung dieses geschäftlichen Teils des Treffens in München machte Freud mit Jung einen Spaziergang, auf dem v.a. über die sog. »Geste von Kreuzlingen« gesprochen wurde. Jung hatte einen Besuch von Freud bei Binswanger in Kreuzlingen im Mai 1912 zu Pfingsten so genannt, weil er sich nicht zu diesem Treffen in Kreuzlingen, nicht weit entfernt von Zürich, eingeladen glaubte. Er hatte im folgenden halben Jahr Freud wiederholt brieflich sarkastische Vorhaltungen wegen dieser »Geste von Kreuzlingen« gemacht. Freud konnte ihm nun darlegen, daß er seine kurzfristige Besuchsankündigung zeitgleich an Binswanger und ihn, Jung, geschickt hatte, zusammen mit der Einladung, ihn in Kreuzlingen zu treffen. Jung war aber in diesen Tagen nicht in Zürich gewesen, hatte Freuds Ankündigung und Einladung erst erhalten, als er am Abreisetag Freuds nach Zürich zurückgekehrt war und hatte sich natürlich nicht mehr auf den Weg nach Kreuzlingen gemacht. Seine Abwesenheit von Zürich hatte er in den nachfolgenden Vorwürfen an Freud nicht mehr in Rechnung gestellt, selber offenbar vergessen gehabt. Er hatte sich übergangen und ausgeschaltet gefühlt. Erst die genaue Rekonstruktion der Daten unter Mithilfe seiner Frau hatte Jung gezeigt, daß Freuds Brief ihn wegen seiner Abwesenheit nicht rechtzeitig hatte erreichen können. Im Gespräch mit Freud mußte er diese Tatsache und seine eigene Fehlleistung, seine Abwesenheit vergessen zu haben, eingestehen.

Nach diesem Gespräch und Spaziergang waren Freud und Jung zu den anderen ins Hotel zurückgekehrt. Die zweite Ohnmacht schildert Jones so:

[...] beim Mittagessen im Park-Hotel begann er den beiden Schweizern, Jung und Riklin, Vorwürfe zu machen, weil sie in Schweizer Zeitschriften Artikel über Psychoanalyse veröffentlichten, ohne seinen Namen zu erwähnen. Jung erwiderte, sie hätten es für unnötig gehalten, da dieser so bekannt sei; aber Freud sah darin die ersten Vorboten der Entzweiung, die ein Jahr später folgen sollte. Er beharrte auf seinem Standpunkt und nahm die Sache persönlich. Plötzlich stürzte er zum Schrecken seiner Freunde ohnmächtig zu Boden. Der kräftige Jung trug ihn schnell zu einer Couch in der Halle, wo er bald wieder zu sich kam. Als er das Bewußtsein wieder erlangte, waren seine ersten Worte: »Es muß süß sein zu sterben« – ein weiterer Beweis, daß der Gedanke an den Tod für ihn eine esoterische Bedeutung hatte. (Jones 1960, 370)

Die beiden Ohnmachten gehören im Erleben Freuds eng zusammen, wie sein Brief an Ferenczi vom 26. November 1912, zwei Tage nach der Münchener Ohnmacht, belegt: »Leider hatte ich keinen guten Tag. Von der Woche und einer schlaflosen Nacht im Waggon müde bekam ich bei Tisch einen ähnlichen Angstanfall wie damals im Essighaus in Bremen, wollte aufstehen und wurde für einen Moment ohnmächtig.« (Schur 1972, 319)

In einem Brief an Jones vom 8. Dezember 1912 verbindet Freud die Ohnmacht mit seiner Beziehung zu Fließ:

Ich kann es nicht vergessen, daß ich vor sechs und vier Jahren von sehr ähnlichen, obzwar nicht so intensiven, Symptomen in demselben Zimmer im Parkhotel litt. Ich sah München zuerst, als ich Fließ während seiner Krankheit besuchte, und die Stadt scheint eine starke Verbindung mit meiner Beziehung zu diesem Mann gewonnen zu haben. Im Grunde steckt ein Stück eines unbeherrschten homosexuellen Gefühls dahinter. (Jones 1960, 370)

Einen Tag später, am 9. Dezember, schreibt Freud einen weiteren Brief an Ferenczi: »Ich bin wieder arbeitsfähig, habe den Schwindelanfall in München gut analytisch erledigt [...] Alle diese Vorfälle weisen auf die Bedeutung frühzeitig erlebter Todesfälle hin. (Bei mir ein Bruder sehr jung gestorben, als ich wenig über ein Jahr war.)« (Schur 1972, 320). Am 1. Januar 1913 schreibt Freud über diese Ohnmacht an Binswanger:

Mein Schwindelanfall in München ist sicherlich psychogen provoziert gewesen und somatisch sehr gut unterstützt [...] Ich hatte schon mehrere solcher Zustände, jedes Mal ähnlich gestützt, oft durch eine Spur Alkohol, gegen den ich ganz intolerant bin. Zum Psychischen gehört, daß ich in demselben Lokal in München bereits zweimal, vor sechs und vier Jahren, ganz ähnlich reagiert habe. Eine ernstere Bedeutung, etwa auf Herzschwäche, scheint in der strengsten Kritik nicht haltbar. Zurückgehaltene Gefühle, diesmal gegen Jung wie früher gegen einen Vorgänger von ihm, spielen natürlich die Hauptrolle.

Das in München hergestellte Einvernehmen wird kaum von langer Dauer sein. Jungs Benehmen schließt es aus. (Freud/Binswanger 1992, 123 f.)

## Die Deutung der Ohnmachten Freuds

Die in dem Brief an Binswanger, wie übrigens auch praktisch gleichlautend im Brief an Jones vom 8. Dezember 1912, erwähnten Zustände, die er »in demselben Lokal in München bereits zweimal, vor sechs und vier Jahren, ganz ähnlich« gehabt habe, lassen sich nicht aufklären. Schur nennt die Stelle rätselhaft. Freud habe, als er Fließ im Jahre 1894 in München besucht habe, einen ohnmachtsähnlichen Anfall gehabt, 16 Jahre vor dieser Episode (Schur 1972, 321 f.). Interessanterweise verrechnet sich in dieser Unübersichtlichkeit auch Schur, es waren 18 Jahre. Er sagt, es gebe keine Hinweise darauf, daß Freud 1904 oder 1906 in München gewesen sei, und geht bei dieser Jahreszahlenberechnung, vier und sechs Jahre zurückgerechnet, offenbar vom Jahr 1910 als dem Ereignisjahr aus. Es war aber 1912. Ich lasse diese eigenartige Fehlleistung jetzt beiseite und kehre zu den Deutungsansätzen zurück. Zuvor möchte ich aber noch auf die wechselnden Bezeichnungen für die Ohnmachten hinweisen. Die Bremer Ohnmacht nennt Freud einen »argen Schwitz- und Schwächezustand«, die Münchener Ohnmacht zwei Tage nach ihrem Eintreten in einem Brief an Ferenczi einen Angstanfall, zwei Wochen später schreibt er an Ferenczi von seinem »Schwindelanfall« und benutzt diese Formulierung auch fünf Wochen später im Brief an Binswanger. Vielleicht wäre die Bezeichnung »Angstanfall«, die Freud selbst nach der zweiten Ohnmacht zuerst gewählt hatte, die treffendste, auch weil sie eine Verbindung zur herzneurotischen Episode Freuds herstellt, wie sich zeigen läßt.

### a) Deutung durch Freud selbst

Freud nennt in seinen verschiedenen Briefen eine Kombination von somatischen und psychogenen Faktoren als Ursache der Ohnmachten. Beide Ohnmachten ereigneten sich an Tagen, vor denen er nächtliche Reisen unternommen und wenig geschlafen hatte, er also erschöpft war; zusätzlich nennt er in beiden Fällen die Wirkung von Alkohol, gegen den er empfindlich sei. Ferenczi erwähnt in einem Brief (28. November 1912) an Freud die Bedeutung, die nach der Bremer Ohnmacht die drei Reisenden ihr gegeben hatten:»Damals deuteten wir es als Reaktion auf Jung's Apostasie vom Antialkoholismus« (Schur 1972, 319). Freud bringt in seiner Antwort die beiden und weitere Ohnmachten in Verbindung mit frühzeitig erlebten Todesfällen und erwähnt dabei seinen Bruder, der verstarb, als er selbst ca. eineinhalb Jahre alt war (Schur 1972, 320). Jones gegenüber (Brief vom 8. Dezember 1912, s.o.) beschreibt er seine Münchener Ohnmacht als Wiederholung ähnlicher Ereignisse Jahre zuvor bei Begegnungen mit Fließ in München, an die er erinnert worden sei, durch die Stadt und das nämliche Hotel. Es stecke ein unbewältigtes homosexuelles Gefühl dahinter.

Freud gibt also verschiedenen Personen gegenüber Hinweise auf unerledigte intrapsychische Konflikte, die er in der Selbstanalyse der Münchener Ohnmacht in eine assoziative Verbindung mit ihr gebracht hat, aber er liefert keine zusammenhängende Deutung.

## b) Deutung durch Jones

Jones versucht die erwähnten Einzelstücke in eine zusammenhängende Deutung zu bringen. Freuds Bremer Ohnmacht sei ein kleiner Sieg über Jung vorausgegangen, indem er diesen von seinem Antialkoholismus, den sein Züricher Chef Bleuler so strikt vertrat, abgebracht und zum Weintrinken verführt habe. In München habe er wieder einen Sieg über Jung erfochten, indem er ihn davon überzeugt habe, daß die Verstimmung im Gefolge der »Geste von Kreuzlingen« auf einer Fehlleistung von ihm, Jung, beruht habe. Den Hinweis Freuds auf den Tod seines Bruders, als er ein Jahr und sieben Monate alt gewesen sei, bezieht Jones ebenfalls mit ein und kommt zu der Interpretation:»Demnach könnte es scheinen, Freud sei ein leichter Fall jenes Typus gewesen, den er selbst als ›Die am Erfolge scheitern‹ beschrieben hat; in diesem Fall an dem Erfolg, einen Gegner zu besiegen – wobei der erfolgreiche Todeswunsch gegen seinen kleinen Bruder Julius als das früheste Beispiel anzusehen wäre« (Jones 1962, 179 f.). In einer Erweiterung dieses Verständnisses spricht Jones dann auch davon, daß Freud den verbotenen Wunsch realisiert habe, den Vater zu überflügeln (ebd.) und deutet damit diese Urrivalität als hinter der Geschwisterrivalität liegend an, die aber im Erfolgsfalle bei Freud ihre Buße verlangt.

## c) Deutung durch Schur

Schur (1972, 322 ff.) zählt die gemeinsamen Nenner der zwei Situationen, in denen die Ohnmachten eintraten, auf: Anwesenheit Jungs, vorher Wein getrunken, Diskussion von Themen um Tod und Todeswünsche, jeweils kleine Siege Freuds über Jung. Mit diesen Themen waren nach Schur Freuds tiefste Konflikte aufgerührt. In solch einem Augenblick entführe eine Ohnmacht einen Menschen einfach aus all dem inneren Aufruhr.

Die »tiefsten Konflikte« Freuds, die Schur anspricht, bedürfen einer genaueren Betrachtung. Sie stehen in Zusammenhang mit dem Tod seines Bruders Julius und dem verbotenen Wunsch, den Vater zu übertreffen.

Zum Bruder Julius: Der wurde elf Monate nach Sigmund geboren; er starb im Alter von acht Monaten, als Sigmund 19 Monate alt war. Er wurde von Sigmund als ein früher Rivale betrachtet. Zu diesem Bruder schreibt Freud in der Darstellung seiner Selbstanalyse in einem Brief an Fließ 1897: »daß ich meinen ein Jahr jüngeren Bruder (der mit wenigen Monaten gestorben) mit bösen Wünschen und echter Kindereifersucht begrüßt hatte und daß von seinem Tod der Keim zu Vorwürfen in mir geblieben ist« (Freud 1985, 288 f.). Viel später, in seiner Vorlesung über die Weiblichkeit im Rahmen der »Neuen Folge der Vorlesungen«, sagt er über die frühe kindliche Rivalität und Konkurrenz um die mütterliche Milch:

> […] merkwürdigerweise ist das Kind auch bei einer Altersdifferenz von nur 11 Monaten nicht zu jung, um den Sachverhalt zur Kenntnis zu nehmen. Aber nicht allein die Milchnahrung mißgönnt das Kind dem unerwünschten Eindringling und Rivalen, sondern ebenso alle anderen Zeichen der mütterlichen Fürsorge. Es fühlt sich entthront, beraubt, in seinen Rechten geschädigt, wirft einen eifersüchtigen Haß auf das Geschwisterchen und entwickelt einen Groll auf die ungetreue Mutter. (Freud 1932, 131)

Jedoch nicht nur Julius trug Spannung und Rivalität in Freuds frühkindliche Welt hinein, sondern die gesamten familiären Verhältnisse seiner ersten Lebensjahre waren für ihn voll von Spannung und Unübersichtlichkeit. Jones sieht in dieser Unübersichtlichkeit und Freuds Bemühen, sie zu überwinden, die Quelle für seine nie zu befriedigende Neugier, die Suche nach der Wahrheit in Jones' Formulierung, die ihn zu einem überragenden Forscher gemacht hat (Jones 1962, 505 ff.).

Die erste große Frage, die Freud zu klären hatte, war: wer war sein Vater? Das war für ihn als Kleinkind nicht ohne weiteres ersichtlich, wie die Betrachtung seiner frühen Lebensverhältnisse zeigt. In den *Bemerkungen über einen Fall von Zwangsneurose* spricht er von solchen Themen, »wo die Unsicherheit eine allgemein menschliche ist, unser Wissen […] dem Zweifel ausgesetzt bleiben mußte« (Freud 1909, 449), und erwähnt die Abstammung vom Vater. Er zitiert dazu Lichtenberg: »Ob der Mond bewohnt ist, weiß der Astronom ungefähr mit der Zuverlässigkeit, mit der er weiß, wer sein Vater war, aber nicht mit der, woher er weiß, wer seine Mutter gewesen ist« (ebd., 450). Sein Vater Jakob Freud war dreimal verheiratet. Die erste Ehe schloß er sechzehnjährig im Jahre 1831. Aus dieser Ehe mit Sally Kanner, die 1852 verstarb, hatte er zwei Söhne, den 1832 geborenen Emanuel und den 1836 geborenen Philipp. Zwischen dem Tod der ersten Ehefrau im Jahre 1852 und der Heirat mit der dritten Frau Amalie Nathansohn im Jahre 1855 war er verheiratet mit einer Frau namens Rebekka, für die im jüdischen Personenstandsregister von Freiberg/Mähren im Jahre 1852 das Alter von 32 Jahren eingetragen ist. Aber wann genau und wie lange er mit ihr verheiratet war, ist unbekannt. Es soll nicht länger als ein Jahr gewesen sein, denn niemand in der Familie Freud konnte sich später an sie erinnern (Appignanesi und Forrester 1992, 28). Jones scheint nichts von dieser Frau gewußt zu haben; denn er bezeichnet die Ehe mit Amalia als die zweite Ehe von Jakob Freud (Jones 1960, 18) und erwähnt Rebekka nicht. Amalie, die Mutter von Sigmund, war bei der Heirat im Jahre 1855 20 Jahre alt.

Im Hause der Familie Freud in Freiberg lebten nicht nur Jakob und Amalie mit ihren Kindern, sondern auch die Söhne Jakobs aus seiner ersten Ehe, also Halbbrüder Sigmunds. Der älteste, Emanuel, war selbst schon verheiratet und hatte zwei Kinder, von denen eines zwei Jahre älter war als Sigmund, eines etwa in seinem Alter – Neffe und Nichte Sigmunds. Jones dazu: »Der kleine Sigmund wurde daher als Onkel geboren – eines der vielen Paradoxa, mit denen sein junger Verstand sich auseinandersetzen mußte« (Jones 1960, 19). Der zweite Halbbruder Philipp war knapp ein Jahr jünger als Amalie, seine Stiefmutter. D.h. die Mutter Sigmunds und seine Halbbrüder gehörten derselben Generation an, sein Vater war ihm zwei Generationen voraus. Diese Verhältnisse machten ihm die

Zuordnung der Personen und Generationen zueinander schwer. Das wird aus der Analyse einer Kindheitserinnerung Freuds deutlich, die er in der *Psychopathologie des Alltagslebens* wiedergibt und die sich um das Verschwinden einer Kinderfrau, den großen Bruder, einen Schrank oder Kasten, dessen Inhalt der große Bruder ihm zeigen muß, und die Schlankheit der Mutter rankt. Freud schreibt dazu:

> Wer sich für das Seelenleben dieser Kinderjahre interessiert, wird leicht die tiefere Bedingtheit der an den großen Bruder gestellten Anforderungen erraten. Das noch nicht dreijährige Kind hat verstanden, daß das letzthin angekommene Schwesterchen im Leib der Mutter gewachsen ist. [Es handelt sich um die Schwester Anna, zweieinhalb Jahre jünger als Sigmund, G.B.] Es ist gar nicht einverstanden mit diesem Zuwachs und mißtrauisch besorgt, daß der Mutterleib noch weitere Kinder bergen könnte. Der Schrank oder Kasten ist ihm ein Symbol des Mutterleibes. Es verlangt also in diesen Kasten zu schauen und wendet sich hiefür an den großen Bruder, der [...] an Stelle des Vaters zum Rivalen des Kleinen geworden ist. Gegen diesen Bruder richtet sich [...] (der Verdacht), daß er irgendwie das kürzlich geborene Kind in den Mutterleib hineinpraktiziert hat. (Freud 1901b, 60)

Dieser Bruder erscheint Freud als ein möglicher Rivale, der Zugang zum Bauch der Mutter hat und sie in Besitz nimmt, dafür sorgt, daß sie immer weitere Rivalen auf die Welt bringt, nicht nur den verstorbenen Bruder Julius. Die Rivalität verbindet sich also mit einer schwer lösbaren Vaterfrage.

Wenn ich Schurs Formulierung von den »tiefsten Konflikten« Freuds im Zusammenhang seiner Ohnmachten wiederaufnehme, sind diese Konflikte um Rivalität, Ungewißheit der Vaterfrage, Beseitigungswünsche gegenüber den Rivalen und Schuldgefühle wegen dieser Wünsche gemeint. Schur betont an den Schuldgefühlen das Schuldgefühl des Überlebenden, das Freud erstmals nach dem Tod des Vaters erwähnt, das aber nach Schur mit dem viel älteren und wohl elementareren Schuldgefühl gegenüber dem Bruder Julius zusammenfließt. Von hier zieht er eine Verbindung zu Freuds Beziehung zu Fließ – Fließ wurde in dem Jahr geboren, in welchem Julius starb, eine Art Reinkarnation; v.a. jedoch wiederholte sich eine Beziehung, die von rivalisierender Spannung erfüllt war, die aber über viele Jahre hinter einer enthusiastischen Freundschaft mit Elementen einer latenten Homosexualität verborgen blieb. Desto drastischer und vollständiger war der Bruch zwischen den beiden Männern. Die Beziehung zu Fließ war eine der zerbrochenen Männerfreundschaften Freuds mit Männern, die in den Worten von Schur an seinem »Wegrand liegenblieben« (Schur 1972, 324). Die anderen waren danach Breuer, Fleischl und Jung – es waren Beziehungen, die von begeisterten Freundschaften zu totalen Entzweiungen, gar Feindschaften mutierten und die wohl von Beginn an den Keim dazu in Form einer tiefgehenden, aber verborgenen Ambivalenz in sich trugen.

### d) Deutung auf dem Hintergrund der Dynamik von Freuds Männerfreundschaften

Freud hat 1895 seinen Aufsatz über die Angstneurose unter dem Titel *Über die Berechtigung, von der Neurasthenie einen bestimmten Symptomkomplex als ›Angst-Neurose‹ abzutrennen* veröffentlicht. Über die klinischen Beobachtungen und die Entwicklung seiner Gedanken zur Angstneurose berichtete er in den Jahren 1893 bis 1895 in seinen Briefen an Wilhelm Fließ. Dem Leser dieser Briefe springt eine Parallele ins Auge, nämlich daß Freud in den persönlichen Teilen seiner Briefe insbesondere im Jahre 1894 an sich eben die Symptome beschrieb, die er bei seinen angstneurotischen Patienten fand.

Ich habe vor einigen Jahren (Bruns 1996) diese Parallelität als die Einführung des identifikatorischen Prinzips in die Psychoanalyse beschrieben und die Beschäftigung Freuds mit der Angstneurose etwas ironisch als den ersten Fall von projektiver Identifizierung in der Psychoanalyse bezeichnet (48). In meinem damaligen Aufsatz habe ich dargelegt, daß die herzneurotische Episode Freuds in den Jahren 1894 und 1895 mit dem Höhepunkt im Frühjahr und Sommer 1894 psychodynamisch zwei Hauptquellen hatte. Die eine habe ich in seinem anscheinend wenig befriedigenden sexuellen Leben gesehen, das von einer Spannung zwischen Versuchung und Versagung bestimmt war, die er auch als aktualneurotische Bedingung seiner Angstpatienten gefunden hatte. Darin war die gesamte Geschichte seiner Beziehung zu Frauen enthalten, einschließlich der zur Mutter, die ihn als ihren Erstgeborenen in besonderem Maße liebte, mit ihrem Stolz ausstattete und förderte, aber ihm mit einer Reihe von Geschwistern nichtsdestoweniger immer neue Rivalen um ihre Liebe bescherte und ihm immer wieder zeigte, daß es einen anderen Rivalen gab, der einen privilegierten Zugang zu ihr und ihrem immer neue Kinder hervorbringenden Bauch besaß: den Vater. Die zweite Quelle lag offensichtlich in seinen komplizierten ambivalenten Beziehungen zu seinen männlichen Freunden, unter denen im Jahre 1894 wichtige Veränderungen und Verschiebungen stattfanden, nämlich die Ersetzung Breuers durch Fließ. Die Ambivalenz seiner Beziehungen zu Vater und Brüdern ist in seine Männerfreundschaften miteingegangen, fand sich also auch diesen beiden gegenüber.

Freud selbst übrigens ging bei seinen Symptomen von einer organischen Herzaffektion aus, wie auch Fließ, den er um Untersuchung und Behandlung der Beschwerden gebeten hatte. Auch Schur nimmt eine organische Ursache an, er ventiliert eine Myocarditis, eine leichte postmyocarditische Herzinsuffizienz oder, so seine favorisierte Annahme, eine Koronarthrombose, also einen Herzinfarkt (Schur 1972, 82). Gegen diese Annahme einer Organogenese sprechen allerdings verschiedene Zeichen; die zwei wichtigsten sind: unter und nach Belastung besserten sich die Symptome und die subjektiven Beschwerden. Das wäre bei den angeführten organischen Diagnosen ganz unwahrscheinlich, bei ihnen wäre unter Belastung eine Zunahme der Beschwerden zu erwarten gewesen. Ebenso besserten sich die Symptome, wenn Freud entgegen dem Verbot seines Freundes und, in diesem Falle, auch Arztes Fließ Zigarren rauchte. Auch das Rauchen ließe bei einer organischen Herzkrankheit eine Verschlechterung erwarten. Der scheinbar paradoxe Effekt des Rauchens wird verständlich, wenn eine Psychogenese der Herzsymptome angenommen und ihnen eine Bedeutung in einem von ausgeprägter Ambivalenz gekennzeichneten Ablösungsprozeß zuerkannt wird. Dazu einige Gedanken.

Aktuell war Freud 1894 dabei, sich von Breuer abzulösen, der für ihn in den zurückliegenden Jahren ein väterlicher Mentor, Freund und Förderer gewesen war, ihm Patienten zugewiesen und ihn auch finanziell unterstützt hatte. Die Ersetzung von Breuer durch Fließ zeigte sich im Äußeren besonders prägnant darin, daß er Fließ auch zu seinem Arzt für seine Herzbeschwerden machte, als der bis dahin Breuer fungiert hatte, über dessen mangelnde Bemühungen allerdings er sich gegenüber Fließ bitter beklagte. Die Unzufriedenheit über die Behandlung erleichterte ihm also die Lösung aus seiner Verpflichtung zur Dankbarkeit gegenüber Breuer. Diese oberflächliche Ambivalenz spiegelte jedoch nur unvollständig und verharmlost die viel wichtigere, aus einer Rivalität um wissenschaftlichen Ruhm entspringende Ambivalenz und die noch tiefer reichende Ambivalenz aus väterlich-brüderlichen Übertragungsgefühlen wider. Die Herzängste drückten auch die Angst vor der Ablösung und die mit ihr verknüpften Schuldgefühle aus, führten ihn als Patienten gerade wieder zurück zu der Person, von der er Abstand wollte. Nehmen wir nun an, als letzte männliche Figur einer Reihe, auf die die Ambivalenz zurückgeführt werden kann, stehe hinter allen anderen der Vater bzw. das Bild, das sich Freud in seiner Kindheit vom Vater gemacht hatte. In der Beziehung zum Vater stellte das Rauchen für Freud ein wichtiges Element der Identifikation dar. Er sagte vom Rauchen: »[…] daß ich der Cigarre eine große Steigerung meiner Arbeitsfähigkeit und eine Erleichterung meiner Selbstbeherrschung zu danken habe. Vorbild war mir mein Vater, der ein starker Raucher war und bis in sein 81stes Lebensjahr blieb« (zit. bei Schur 1972, 82). In diesen wenigen Worten finden sich die zwei nach Freud wichtigsten Identifikationen des Sohnes mit dem Vater: 1. so sein zu wollen wie er bzw. an seiner Stelle stehen zu wollen, 2. sich ihm zu unterwerfen, also seine Verbote und Einschränkungen sich zueigen zu machen in der Selbstbeherrschung. Wegen dieser doppelten Bedeutung konnte das Rauchen in der Herzneurosenepisode Freuds auch je nach der kontextuell aktivierten unbewußten Phantasie von ihm eher als beunruhigend / symptomfördernd / gefährlich oder als beruhigend / symptomlindernd / schützend empfunden werden. Die Zigarre wurde zu einem mit einer kontroversen Doppelbedeutung ausgestatteten Symbol: zum Zeichen der Übernahme der väterlichen Gebote und Verbote, also der Unterwerfung, und zugleich zum Symbol der Rebellion, der Rivalität und sexuellen Selbstbehauptung ihm gegenüber, zum Zeichen, an seine Stelle treten zu wollen. Mit diesen kontroversen Bedeutungen wurde sie auch zu einem Element in der Übertragungsbeziehung zu Fließ. In der diminutiven Unterwerfung unter das von Fließ ausgesprochene Rauchverbot behandelte Freud diesen wie den gestrengen, verbietenden, übermächtigen Vater, der ihn für seine rivalisierenden sexuellen Wünsche bestrafte, und erlebte im Entzug des Lustspenders Zigarre Abwendung und Bestrafung durch den Vater. In der Übertretung des Rauchverbotes dagegen wagte er die Insurrektion gegen das väterliche Verbot und erreichte zugleich die beglückende Wiedervereinigung mit dem verlorenen lustspendenden Objekt. Insofern wird bei einer psychologischen Deutung der Zigarrenwirkung ihr sanierender Effekt auf Freuds Herzaffektion verständlich.

In dieser Übergangszeit von Breuer zu Fließ wurde die latente Ambivalenz der Beziehungen zu diesen beiden Männern in einer Spaltung sichtbar. Den Ablösungskonflikt von Breuer löste er mit Hilfe einer Übertragungsheilung: er erwarb sich das Übertragungsobjekt Fließ, dem jetzt seine Bewunderung zufloß, und konnte sich dadurch von Breuer befreien. Die Bearbeitung einer latenten Ambivalenz konnte er vorerst umgehen, indem er seine freundlichen Affekte für

Fließ und seine unfreundlichen für Breuer reservierte. Eine latente Angst vor der Bestrafung durch das durchaus mit väterlicher Autorität ausgestattete Übertragungsobjekt Fließ, empfunden z.b. im Rauchverbot, verschwand nach dem Treffen in München Mitte August 1894, bei dem er sich davon überzeugen konnte, daß diese Autorität ihm wohlgesonnen sei. Im Brief vom 18.8.1894 nimmt er auf dieses Treffen Bezug und spricht von der »Kette von Liebesbeweisen […], aus denen unser Zusammenleben in München bestand« (Freud 1985, 83). Und im nächsten Brief vom 23.8.1894 berichtet er von dem vierstündigen strammen nächtlichen Fußmarsch im Regen von Weißenbach nach Ischl, der ihm so gut bekommen sei (86) – eine starkes Argument übrigens gegen eine organische Herzaffektion. D.h. die Freundlichkeit des Objektes entlastete ihn von seinen Schuldgefühlen und erübrigte die Selbstbestrafung in der Herzsymptomatik.

Die Ambivalenz in seinen intensivsten Männerfreundschaften, zuletzt in der herzneurotischen Episode des Jahres 1894 klinisch manifest geworden, fand sich in der Beziehung zu Jung wieder, so meine Hypothese. Bevor ihre spezifische Manifestation in dieser Beziehung betrachtet wird, ist Freuds lebensbegleitende Ambivalenzneigung Männern gegenüber einiger Überlegungen wert. Die bisher gegebene Erklärung einer Übertragung der eigentlich dem Vater geltenden, aus der Rivalität um die Mutter entstandenen Ambivalenz auf andere Männer als väterliche Ersatzfiguren in Freuds Unbewußtem scheint nicht ausreichend zu sein. Denn diese Ambivalenz hatte er in seiner Selbstanalyse in der zweiten Hälfte der 90er Jahre des 19. Jahrhunderts entdeckt und bearbeitet; die ödipale Konstellation in der Beziehung des Jungen zum Vater hatte sich ihm als ubiquitärer Konflikt daraus erschlossen. Er hatte, wie dargestellt, diese Ambivalenz in jenen Jahren auch in aktuellen Beziehungen, insbesondere gegenüber Fließ, erleben und untersuchen können, den Feind also gemäß seinen später niedergelegten behandlungstechnischen Vorstellungen nicht nur »in effigie« erschlagen können (Freud 1912b, 374). Trotzdem wiederholte sich eine solche ambivalente Beziehung mit Jung. Offensichtlich existierte ein großer unerkannter und unbearbeiteter Ambivalenzrest fort, der mit der Bearbeitung der ödipalen Rivalität nicht erledigt war. Betrachten wir, um das zu verstehen, nochmals die Kette ambivalent besetzter rivalisierender männlicher Objekte aus Freuds Kindheit: der frühe prädipale Vater Jakob – Bruder Julius – Halbbruder Emanuel – Halbbruder Philipp – der ödipale Vater Jakob. Die Schwestern kamen als weitere rivalisierende Objekte hinzu. Jedoch waren es qualitativ unterschiedliche Rivalitäten, die er erlebte. Vater und Halbbrüder waren in seinem Erleben vorrangig Rivalen um den Zugang zur Mutter als ödipales Liebesobjekt. Der Bruder Julius, 11 Monate jünger als er, raubte ihm die Mutter als Milch- und Brustspenderin, d.h. als Ernährerin und symbiotisches Objekt. Nicht nur dem Bruder Julius galt in dieser Situation seine Ambivalenz, sondern auch der Mutter, von der er sich verlassen sah. Vermutlich erlebte er die Hinwendung der Mutter zu Julius sogar als besonders versagend, weil er als ihr Erstgeborener ihr ganzer Stolz gewesen war und das bis zu diesem Zeitpunkt ungeschmälert hatte genießen können. Enttäuschung und Wut über die als treulos empfundene Mutter bedrohten die Beziehung zu ihr, von der er doch weiterhin abhängig war. Es liegt nahe anzunehmen, daß er die daraus entstehenden negativen Gefühle und Wünsche auf den Bruder Julius verschob, um so die Beziehung zur Mutter zu retten. Falls diese Konstruktion zutrifft, enthielte die Ambivalenz gegenüber Männern unter bestimmten Umständen, solchen nämlich, in denen seine Versorgungs- und/oder Symbiosewünsche angesprochen wurden, auch eine verborgen gebliebene Ambivalenz gegenüber der ungetreuen und enttäuschenden Mutter.

Gehen wir noch einen Schritt weiter: Eine Bedeutung als symbiotisches Objekt besaß aber möglicherweise auch der Bruder Julius, der Sigmund von der mütterlichen Brust verdrängt hatte. Zwei Gründe könnten bei Sigmund diese Verschmelzungswünsche geweckt haben: der Wunsch, an Stelle des Bruders an der mütterlichen Brust zu liegen, und das Bedürfnis, nach dem Tod des Bruders ihn ins Leben zurückzubringen, um so die Schuldgefühle wegen der gegen ihn gerichteten Beseitigungswünsche zu besänftigen. Die Verschmelzung mit dem Bruder hätte ihn in Sigmund selbst lebendig erhalten. Diese narzißtische Konstellation scheint in seinen tiefsten Männerfreundschaften eine Rolle gespielt zu haben. Hier dürfte auch eine wesentliche Quelle für die von Freud selbst benannten und in seinen wichtigen Männerfreundschaften erkennbaren homosexuellen Gefühle liegen.

Vor dem Hintergrund dieser Betrachtungen wird leichter verständlich, daß sich der unbewußte Ambivalenzkonflikt Freuds jetzt, in der Beziehung mit Jung, nicht in der früheren herzneurotischen Symptomatik, sondern in den zwei Ohnmachten in Bremen und München, also in vegetativen Reaktionen äußerte. Wie ist der Symptomwechsel zu verstehen? Die Symptomwahl bei neurotischen Reaktionen und Erkrankungen ist weitgehend ungeklärt. Zwar kann erhellt werden, welche unbewußten Konflikte ein Symptom ausdrückt, warum es aber gerade dieses Symptom sein muß, ist selten definitiv zu sagen. Mein Erklärungsversuch zum Symptomwechsel bei Freud ist deswegen ziemlich spekulativ. Er lautet so: Freud hatte eine Tendenz zu organneurotischen Symptombildungen, die sich zuerst in abdominellen Symptomen zeigten; die herzneurotische Episode setzt diese Neigung zur vegetativen Symptombildung fort, in ihr ist aber ein starkes identifikatorisches Element enthalten, die Identifikation nämlich mit einem wichtigen Forschungsgegenstand jener Jahre, und weil es sich auch bei ihm um unerfüllte Sexualität mit ihrer Nähe zur Liebe handelte, auch um die Überbesetzung des Herzens als dem der Liebe zugeordneten Organ; diese Bedingung entfiel in der Beziehung mit Jung, hier kam die Ambivalenz seiner Beziehungen zu Männern viel stärker zum Tragen, in der es um Rivalität mit Beseitigungswünschen, Beseitigungsängsten und dazugehörigen Schuldgefühlen ging. Ich vermute, daß Freud früh, vielleicht unbewußt bleibend, die Ambivalenz Jungs ihm gegenüber gespürt hat und daß er vor dem Hintergrund seiner eigenen tödlich ernsten Rivalitätsgefühle seinem Bruder Julius gegenüber ähnliches jetzt umgekehrt von Jung erwartete. Auf dieser Ebene können die zwei Ohnmachten wie kleine Tode Freuds aufgefaßt werden.

Schließlich gibt es noch eine eigenartige Entsprechung zwischen Jung und den beiden Ohnmachten Freuds in seiner Gegenwart. Jung litt nämlich im Alter von zwölf Jahren an einer Neurose, die sich in Ohnmachtsanfällen ausdrückte (Jaffé 1977, 14; s.u.). Genaueres ist darüber leider nicht berichtet. Aber man kann fragen: gab es unter bestimmten Umständen eine unbewußte Identifikation Freuds mit dem vor- oder frühpubertären Jung? Immerhin enthielt die Beziehung zu Jung, wie auch schon die zu Fließ, einige unverkennbar schwärmerische und erotische Elemente, die dem von Freud selbst (s.o.) angesprochenen unbewältigten homosexuellen Gefühl zuzuordnen sind. Dieser Konflikt, auf den auch Eissler (1982, 85) hinweist, hat wohl auch zur partiellen Verkennung Jungs durch Freud geführt, der manches Kritische an Jung trotz der Hinweise anderer lange nicht wahrhaben wollte. Jung nun brachte spezifische Voraussetzungen in die Beziehung zu Freud mit. Gegen »die Schnelligkeit der intimen Annäherung« (Eissler 1982, 18) zwischen ihnen erhob sich in ihm ein Widerstand, der, wie Jung selbst an Freud geschrieben hatte, daraus entstand, daß »ich als Knabe einem homosexuellen Attentat eines von mir früher verehrten Menschen unterlegen bin« (zit. bei Eissler 1982, 18). Es erscheint berechtigt, die Ohnmachtsanfälle Jungs im Knabenalter mit diesem Attentat in Verbindung zu bringen.

Gleichzeitig gesteht Jung Freud, »daß meine Verehrung für Sie einen ›religiös‹-schwärmerischen Charakter hat, der […] mir wegen seines unverkennbar eroti-schen Untertones ekelhaft und lächerlich ist« (ebd.). Immerhin wird damit deut-lich, daß Jung einen homoerotischen Konflikt von Schwärmen und Widerstand dagegen erlebte.

Ob die homosexuelle Verehrung Jungs oder der »ästhetische Faktor« einer reizvoll-einnehmenden Persönlichkeit, wie Eissler es vermutet (Eissler 1982, 106), Freuds Liebe zu Jung geweckt hat, mag dahingestellt bleiben. Die Tatsache eines solchen homoerotischen Gefühls dürfte aber unbestreitbar sein. Wenn die oben geäußerte Vermutung, daß die homosexuellen Gefühle Freuds einer narziß-tisch-symbiotischen Partnerwahl als Abwehr der Schuldgefühle aus dem Tode des Bruders Julius entsprachen, zutrifft, dann ist als weiteres anzunehmen, daß in einer Männerfreundschaft, die die Tiefe dieser homoerotischen Anregung er-reichte, auch der Reparationsversuch und der gesamte Ambivalenz-, Rivalitäts- und Schuldgefühlskonflikt gegenüber dem verstorbenen jüngeren Bruder belebt wurde. Es war also nicht nur ein Konflikt in der Rivalität um den Platz an der mütterlichen Brust, sondern auch ein narzißtisch-symbiotischer Konflikt mit weitreichenden identifikatorischen Elementen. Möglicherweise lieferte diese Konstellation die Voraussetzungen für einen Vorgang der projektiven Identifizie-rung, die ja immer als einen Teilprozeß die partielle Aufhebung der Selbst-/Ob-jektdifferenzierung voraussetzt, zwischen Jung und Freud: daß Jung sich von Freud als homosexuellem Verführer oder Vergewaltiger wie als Knabe bedroht sah, Freud sich mit der Angst und dem Ohnmachtsgefühl des Knaben identifi-zierte in Situationen, in denen er in der Tat jeweils zwei kleine Siege über Jung davongetragen hatte, also der Stärkere geblieben war: in Bremen, indem er ihn zur Aufgabe seiner Alkoholabstinenz bewegte, und in München, indem er ihn von seiner Sichtweise der »Geste von Kreuzlingen« überzeugte. Dann wären die zwei Ohnmachten Freuds als Hinweis auf unerträgliche Ohnmachtsgefühle Jungs, eine erhöhte interpersonelle Durchlässigkeit in der gemeinsamen Regres-sion bis in narzißtische Regionen, eine projektive Abtretung der Ohnmächtigkeit an Freud, ein identifikatorisches Nacherleben dieser Gefühle durch Freud und ein acting out im Ohnmachtsanfall zu verstehen.

Ich bin mir der Tatsache bewußt, daß die Deutungen der Ohnmachten Freuds in Bremen und München nicht alle Fragen beantworten. Noch weiter zu gehen, ist aber bei dem zugänglichen Material nur mittels Spekulation möglich. Wir stoßen hier an Grenzen der psychoanalytischen Erschließung von Texten. Sie enträt zweier Schritte der Verifikation psychoanalytischer Hypothesen aus der klinischen Arbeit: der Induktion einer unmittelbaren Gegenübertragung und der Überprüfung in einer Deutung. Diese prozessuale Verifizierung oder Falsifizierung einer Hypothese ist nicht möglich, weil der Text »stehen bleibt«. Es muß daher ein Rest an Unsicherheit und Unerklärtheit in Kauf genommen werden.

## Die Bedeutung Jungs für Freud

Einige Bemerkungen über die Bedeutung Jungs für Freud in der damals sich entwickelnden psychoanalytischen Organisation vervollständigen das Bild von einer berufs- und wissenschaftspolitischen Seite her. Wie bereits zu Beginn im Zitat aus Freuds Selbstdarstellung angeklungen ist, erfüllte ihn in den Jahren zwischen 1905 und 1910 eine Stimmung des Stolzes und der Zufriedenheit, weil er empfand, nach Jahren der Mißachtung und des Widerstands gegen ihn und die Psychoanalyse einen Durchbruch erreicht zu haben. Die Reise in die USA unternahm er aufgrund einer Einladung, die ihm G. Stanley Hall, der Präsident der Clark University in Worcester, Massachusetts, geschickt hatte. Hall hatte ihn im Dezember 1908 eingeladen, einige Vorträge anläßlich des 20jährigen Bestehens der Universität im Juli 1909 zu halten. Diese erste Einladung hatte Freud zurückgewiesen, weil er im Juli immer noch seine Praxis betrieb und er sich nicht als wohlhabend genug ansah, Einnahmeausfälle hinzunehmen; die Feierlichkeiten wurden verschoben auf den September, Freud wurden Reisekosten zugesagt, und er nahm die erneuerte Einladung an (Jones 1962, 73 f.).

Eine wichtige Quelle für Freuds Eindruck eines Durchbruchs in jenen Jahren war die Aufnahme seines Werkes in Zürich etwa von 1905 an (s.a. Jones 1962, 43 ff.). Es stellte sich ein Kontakt mit Eugen Bleuler her, der sich für die Konzepte der Psychoanalyse interessierte und sie in der klinischen Psychiatrie anzuwenden begann. 1908 nahm Bleuler an einem psychoanalytischen Kongreß in Salzburg teil. Da Bleuler zusammen mit Kraepelin als führender Psychiater seiner Zeit galt, sah Freud mit der Anerkennung durch Bleuler einen Schritt zur akademischen Anerkennung der Psychoanalyse getan.

Wichtiger als Bleuler war aber für ihn C.G. Jung, der als Oberarzt bei Bleuler im Burghölzli arbeitete. Freud lernte Jung 1907 persönlich kennen, als Jung ihn im Februar in Wien besuchte. Bereits im Jahre 1900 hatte Jung, wie er in *Erin-*

*nerungen, Träume, Gedanken* schreibt (Jung 1961, 151 ff.), Freuds *Traumdeutung* gelesen, in den folgenden Jahren weitere Schriften Freuds. Insbesondere die *Traumdeutung* hatte es ihm aber angetan, weil er mit dem dort beschriebenen Verdrängungsmechanismus Störungen der Probanden in seinen Wortassoziationsexperimenten verstehen und erklären konnte. Im April des Jahres 1906 schickte Jung an Freud ein Exemplar des von ihm herausgegebenen ersten Bandes *Diagnostische Assoziationsstudien. Beiträge zur experimentellen Psychopathologie* mit sechs Arbeiten von ihm und weiteren Arbeiten anderer Ärzte des Burghölzli. Freud bedankte sich und bezog sich in seiner eher knappen, aber freundlichen Antwort v.a. auf einen Beitrag von Jung mit dem Titel *Psychoanalyse und Assoziationsexperiment* (Freud und Jung 1974, 3). Im Oktober desselben Jahres schickte er an Jung eine Sammlung verschiedener Schriften (ebd., 3 f.). Damit wurde ein intensiver Briefwechsel und eine weitere wichtige, zuerst enthusiastisch begrüßte, dann kompliziert werdende und endlich zerbrechende Männerfreundschaft Freuds eingeleitet, ein Ablauf ähnlich dem der Freundschaften mit Breuer in den achtziger und mit Fließ in den neunziger Jahren des 19. Jahrhunderts.

Ich möchte hier einige Bemerkungen über C.G. Jung einflechten, die mir für das Verständnis des Verhältnisses zwischen ihm und Freud hilfreich erscheinen. Jung ist das ältere von zwei Kindern eines Pfarrers. Sein Großvater väterlicherseits war Arzt, später Professor der Medizin in Basel, Dekan der Fakultät, ein hochangesehener Mann, der für Jung früh zum Vorbild wurde. Der Großvater mütterlicherseits war Theologe, anfangs der Wissenschaft, später der praktischen Theologie ergeben. Er soll ein etwas eigenartiger Mensch gewesen sein, sich ständig von Geistern umgeben geglaubt haben. Jung berichtet, daß er in seinem Studierzimmer einen Stuhl dem Geist seiner verstorbenen ersten Frau Magdalene reserviert hatte. »Jede Woche pflegte er […] zu bestimmter Stunde mit dem Geiste Magdalenens vertraute Zwiesprache zu halten« (Jaffè 1977, 12). Die Mutter Jungs, Emilie Jung, geborene Preiswerk, soll das sog. zweite Gesicht gehabt haben. Sie interessierte sich für seltsame und okkulte Vorgänge, unterstützte Jung selbst während seines Studiums in seinen spiritistischen Versuchen (ebd., 16). Jungs Neigung zu Okkultismus und Mystizismus steht also in einer familiären Tradition. Jung war in seiner Kindheit einsam und einzelgängerisch, er beschreibt selbst eine »Passion des Alleinseins, die Entzückung der Einsamkeit« (ebd., 17). Ein Jugendfreund von Jung, Albert Oeri, bestätigt die Abgegrenztheit und Schwererreichbarkeit Jungs in seiner Kindheit; er schreibt später in einem Rückblick, daß ihm »ein solch asoziales Monstrum überhaupt noch nicht vorgekommen war« (Jaffè 1977, 14).

Winnicott (1964) beurteilte dieses »asoziale Monstrum« als schizophren. Im Alter von vier Jahren sei Jung psychotisch geworden. Grundlage dafür sei eine verzerrte integrative psychische Funktionweise gewesen, die er im Zusammenhang mit einer Depression seiner Mutter in der frühen Kindheit entwickelt habe, und die im Alter von vier Jahren, als seine Eltern in großen Spannungen und innerlich getrennt lebten, zu einer Persönlichkeitsspaltung geführt habe. Er habe sie, unvollständig, im Wege der Selbstheilung überwunden. Eissler (1982, 112 ff.) verweist in ähnlicher Weise auf eine ernste Persönlichkeitsstörung Jungs und macht auf die von Jung selbst beschriebenen zwei Persönlichkeiten in ihm aufmerksam. Persönlichkeit »No. 1 war der Außenwelt zugekehrt, No. 2 war tiefes Geheimnis« (127). Eissler glaubt, daß diese Zweiteilung der Psyche mit einem Leben in zwei Welten Jung »die offene Psychose im Mannesalter« ersparte (ebd.).

Im Alter von 12 Jahren litt Jung an einer Neurose, die sich in Ohnmachtsanfällen ausdrückte und die ihn daran hinderte, in die Schule zu gehen. Neben dem Schulbesuch vom sechsten Lebensjahr an hatte der Vater ihm zuhause Lateinunterricht erteilt. Jung überwand die Neurose aus eigener Kraft, schreibt seine Biographin, ohne daß sie es aber darstellt wie (ebd.). Die erwähnten spiritistischen Experimente Jungs während seiner Studienzeit bestanden v.a. in Sitzungen mit einer Cousine mütterlicherseits, Helene Preiswerk, die in diesen Sitzungen regelmäßig in Trance fiel und Phantasiegestalten aus sich sprechen ließ. Jung zeichnete diese Sitzungen auf und benutzte sie als Grundlage für seine Dissertation an der medizinischen Fakultät der Universität Zürich im Jahre 1902. Die Dissertation trug den Titel *Zur Psychologie und Pathologie sogenannter occulter Phänomene* (Jaffè 1977, 28 ff.).

Welche pathographische Einordnung Jungs auch gewählt wird, es dürfte unbestreitbar sein, daß er an einer ernsten narzißtischen Persönlichkeitsstörung litt, die in der Kindheit zu Symptomen wie Selbstmorddrang, Zwangsgedanken (Eissler 1982, 126), Rückzug in sich selbst und Persönlichkeitsspaltung führte, sich im Erwachsenenalter in einer Charakterstörung (s.a. Eissler, 41, Fußnote) mit Grenzüberschreitungen, Neigung zu Heimlichkeiten und unberechtigter Verwendung von Verdiensten anderer für sich selbst bei fortbestehender doppelter

Persönlichkeit manifestierte. Sein Hang zum Okkultismus dürfte mit dieser verheimlichten zweiten Persönlichkeit zusammenhängen.

Für das Verhältnis zwischen Freud und Jung dürfte wichtig sein, daß solche ernsten narzißtischen Störungen den oben angenommenen Mechanismus der projektiven Identifizierung enorm erleichtern, weil sie auch im Gegenüber eine Regression erzwingen. Es gibt aber noch eine zusätzliche biographische Gemeinsamkeit zwischen Freud und Jung: beide haben einen früh verstorbenen Bruder. Für Freud habe ich mehrfach auf den Bruder Julius hingewiesen, Jung hatte einen Bruder, der 23 Monate vor ihm geboren worden war und nach wenigen Tagen verstorben war. Eissler (125 f.) nimmt an, daß Jungs kindliche Depressivität mit Selbstmorddrang aus Konflikten in Zusammenhang mit diesem toten Bruder stammen. Mir erscheint es berechtigt, die Depression von Jungs Mutter im ersten Lebensjahr Jungs auf dieses früh verstorbene erste Kind zurückzuführen, dessen Verlust durch das zweite zwar ausgeglichen, aber auch erneut und verstärkt in Erinnerung gerufen wurde. Jung dürfte damit früh die Bürde der Aufheiterung einer depressiven Mutter und eines Ersatzes des verlorenen Kindes aufgeladen worden sein, eine Aufgabe, an der er als Kind scheiterte. Eine gewisse tragische und mit Schuldgefühlen verbundene früh- und kleinkindliche Aufgabe der Verlustbewältigung ist Freud und Jung gemeinsam und mag zu einer unbewußten wechselseitigen Identifizierung und ihrer Begeisterung füreinander bei ihrer ersten Begegnung, entstanden aus einer präverbalen Anmutung von seelischer Verwandtschaft, beigetragen haben.

Jung war für Freud auf der bewußten Ebene interessant, weil er aus einer akademischen Familie mit gutem Namen und guten Verbindungen stammte, sich selbstverständlich in einem akademischen Milieu bewegen konnte, an einer der angesehensten psychiatrischen Kliniken der damaligen Zeit arbeitete, offensichtlich ein kluger Kopf war, bereits in jungen Jahren für seine wissenschaftliche Arbeit und seine Publikationen Anerkennung erfuhr und kein Jude war. Dieser letzte Punkt unterschied ihn und fast die ganze Züricher psychoanalytische Gruppe, die sich ab 1906 bildete, von der Wiener Gruppe, die ganz überwiegend aus Juden bestand, was in den Augen Freuds die Erfolgsaussichten der Psychoanalyse minderte. In einem Brief an Abraham vom 3. Mai 1908, in dem er Abraham zu Toleranz und Nachgiebigkeit gegenüber Jung drängte, schrieb er: »Ich hätte beinahe gesagt, daß erst sein Auftreten die Psychoanalyse der Gefahr entzogen hat, eine jüdisch nationale Angelegenheit zu werden« (Jones 1962, 67). Er hatte selbst in seiner wissenschaftlichen Karriere die aus seinem Judentum entspringenden Benachteiligungen erfahren. Jung seinerseits interessierte sich für Freud, weil der ein faszinierender Denker und beeindruckender Wissenschaftler war, der Jung den Zugang zu Regionen eröffnete, in die er hineingedacht, aber nicht so weit eingedrungen war wie Freud. Offensichtlich war er auch von der Persönlichkeit Freuds beeindruckt. Er formulierte später im Zusammenhang mit der Darstellung der ersten Begegnung zwischen ihnen:»Freud war der erste wirklich bedeutende Mann, dem ich begegnete. Kein anderer Mensch in meiner damaligen Erfahrung konnte sich mit ihm messen. In seiner Einstellung gab es nichts Triviales. Ich fand ihn außerordentlich intelligent, scharfsinnig und in jeder Hinsicht bemerkenswert« (Jung 1961, 153 f.).

Trotz der Anerkennung und Bewunderung für Freud gab es bei Jung fast von Beginn an Reserven aus verschiedenen Quellen. Sie entsprangen, soweit ich es verstehe, 1. aus seinem akademischen Ehrgeiz, der sich manchmal darin ausdrückte, daß er Entdeckungen Freuds oder anderer Psychoanalytiker als seine eigenen darzustellen suchte, 2. aus einem geheimen Überlegenheitsgefühl, das er als Christ und Sprößling einer angesehenen Akademikerfamilie gegenüber dem aus beschränkten Verhältnissen stammenden Juden Freud empfand, 3. auf einer Blockade der Einlassung oder Hingabe an einen anderen Menschen, die zu einigen ziemlich ausgeprägten narzißtischen Persönlichkeitszügen Jungs gehörte, 4. auf einem Gegensatz zwischen dem streng rationalen, den Naturwissenschaften verpflichteten Denken Freuds und dem in großen Teilen religiös-mystischen Denken Jungs. In *Erinnerungen, Träume, Gedanken* gibt Jung seine Reserve gegen Freuds Betonung der Sexualität in der Genese der Neurosen wider (151 ff.), beschreibt den Dissens in der Bewertung des Okkultismus und schreibt über eine Szene auf der gemeinsamen Schiffsreise nach Amerika, »die der Beziehung einen schweren Stoß versetzte« (162). In der wechselseitigen Analyse der Träume hatte er zu einem Traum von Freud bestimmte Details aus seinem Privatleben erbeten. Freud hatte sie verweigert mit dem Satz:»Ich kann doch meine Autorität nicht riskieren!« Jung weiter:»In diesem Augenblick hatte er sie verloren. Dieser Satz hat sich mir ins Gedächtnis gegraben. In ihm lag für mich das Ende unserer Beziehung beschlossen. Freud stellte persönliche Autorität über Wahrheit« (162). Ich will diese Sätze Jungs nicht weiter untersuchen, ihnen nur entnehmen, daß in ihnen die Ambivalenz gegenüber Freud sehr deutlich wird, die allerdings von Jung nicht ausgesprochen wurde. Die auf der Amerikareise aktuelle Ambivalenz Jungs dürfte auch aus der Aufdeckung der Spielreinaffäre wenige Wochen zuvor gespeist worden sein, die mit Ängsten vor einer Bestrafung durch Freud verbunden war (Kerr 1994, 264). In den folgenden Jahren ließ Jung sich dennoch, wesentlich getragen von der Unterstützung Freuds, zweimal, 1910 und 1913, zum Präsidenten der 1910 gegründeten Internationalen Psychoanalytischen Vereinigung wählen, von deren Leitung er 1914 zurücktrat, als seine Distanz zu Freud und anderen Psychoanalytikern in wissenschaftlichen und persönlichen Fragen unüberbrückbar geworden war.

Jones, einer der frühen Wegbegleiter und Vertrauten Freuds, schreibt über die ersten Jahre zwischen Jung und Freud:»In den Jahren von 1906 bis 1910 machte Jung den Eindruck nicht nur eines überzeugten, sondern auch eines höchst begeisterten Anhängers von Freuds Werk und Theorien. Nur ein sehr scharfes Auge hätte in jenen Jahren irgendwelche Anzeichen für den zukünftigen Bruch bemerken können, und Freud selbst hatte die stärksten Beweggründe, für sie blind zu sein« (Jones 1962, 169 f.). Andere Mitglieder der damaligen, noch kleinen Gruppe der Psychoanalytiker sahen wohl einiges Kritische bei Jung. Wiederum Jones:»Während unseres Besuches in Worcester erschrak ich, als Jung mir sagte, er fände es unnötig, unsaubere Dinge mit seinen Patienten ausführlich durchzusprechen; es sei unangenehm, wenn man sie dann später in Gesellschaft beim Essen träfe. Es genüge, diese Dinge nur anzudeuten; der Patient würde sie verstehen, ohne daß man alles direkt auszusprechen habe. Das entsprach in keiner Weise der Kompromißlosigkeit, mit der wir diese ernsten Fragen behandelt hatten« (Jones 1962, 171). Auch Abraham, der einige Jahre im Burghölzli mit Jung als Oberarzt gearbeitet hatte, bevor er 1908 eine psychoanalytische Praxis in Berlin eröffnete, hatte Freud gewarnt, indem er ihn auf Jungs Neigung zum Okkultismus, zur Astrologie und zum Mystizismus hingewiesen hatte. Aber Freud hatte diese Warnungen zurückgewiesen, indem er sie auf eine nicht überwundene Konkurrenz zurückgeführt hatte (Jones 1962, 170). Insbesondere in der Wiener Gruppe gab es Reserven gegenüber Jung. In einem Vortrag über die Dementia praecox auf dem Salzburger Kongreß im Jahre 1908 hatte Jung einige Gedanken Freuds zu dieser Krankheit völlig unerwähnt gelassen und die Hypothese eines»Psychotoxins« aufgestellt. Der Vortrag hatte unter den anwesenden Psychoanalytikern Enttäuschung hervorgerufen (Jones 1962, 170).

Freud jedoch hatte alle frühen Hinweise auf die verborgene Reserve Jungs zurückgewiesen. Es erscheint aber plausibel anzunehmen, daß er sie unbewußt bereits früh wahrnahm und in zugespitzten kontroversen Situationen auf sie mit den Ohnmachten reagierte. Er nahm sie nicht bewußt wahr, weil er von seiner eigenen Ambivalenz in Männerfreundschaften okkupiert wahr. Diese Ambivalenz machte ihn aber für die feindlichen Regungen Jungs gegen ihn so empfindlich, daß er eine heftige vegetative Reaktion zeigte – als sei es eine reale körperliche Bedrohung.

Die beiden Ohnmachten Freuds in der Begegnung mit Jung sind ein Hinweis darauf, daß Freud trotz seiner genialen psychologischen Entdeckungen in der Einschätzung seiner Männerfreundschaften wiederholt biographisch bedingten Verkennungen unterlag. Allerdings konnte er in der Selbstanalyse, partiell in seinen Briefen mitgeteilt, seine Beteiligung an den Ereignissen untersuchen. Die Fähigkeit, seine Schwäche einzugestehen, ließ ihn in späteren Jahren sich immer mehr auf den Rat vertrauter Freunde stützen, ein sinnvoller Ausgleich dieser Schwäche.

## Zusammenfassung

Freud erlitt zweimal in der Gegenwart Jungs eine Ohnmacht, im Jahre 1909 in Bremen und im Jahre 1912 in München. Beiden Ohnmachten gingen Kontroversen zwischen den beiden mit kleinen Siegen Freuds voraus. Freud selbst hat einige Hinweise, aber keine zusammenfassende Konstruktion zu einem psychoanalytischen Verständnis dieser Ohnmachten geliefert. Jones faßt sie als Symptom eines leichteren Falles von Scheitern am Erfolg auf, Schur sieht die Ohnmachten als kurze Fluchten aus emotional erregenden Situationen, die an frühe infantile Konflikte mit Todeswünschen und Schuldgefühlen wegen des frühen Todes eines Bruders Freuds anknüpfen. Ich interpretiere die Ohnmachten vor dem Hintergrund der ausgeprägten Ambivalenz, die wichtige Männerfreundschaften Freuds bestimmt hat. Sie hatte bereits, am Wechsel von Breuer zu Fließ, seine herzneurotische Episode in den Jahren 1894 und 1895 mitbedingt und wiederholte sich gegenüber Jung, der seinerseits bereits früh Freud sehr ambivalent gegenübertrat. Darüber hinaus scheint sich zwischen Jung und Freud bei einer spezifischen biographischen Ähnlichkeit – auch Jungs Eltern haben einen Sohn bald nach der Geburt verloren – und durch Persönlichkeitselemente eine unbewußte »narzißtische Objektwahl« abgespielt zu haben, die einen Vorgang der projektiven Identifizierung mit Symptomabtretung aus Jungs Pubertätsalter (Ohnmachtsanfälle) an Freud ermöglichte.

# Summary

Freud twice lost conscience in the presence of Jung: in the year 1909 in Bremen and in 1912 in Munich. In both cases controversies with Jung and little victories of Freud preceded the faints. Freud himself declared the faints to be psychologically induced, but he only partially explained the causes. Jones considered them to be symptoms of a case of fear of success, Schur regarded them to be an escape from emotionally exciting situations, referring to early infantile conflicts around death wishes and feelings of guilt towards an early-deceased brother. Personally, I interpret the faints as a result of the strong ambivalence Freud felt towards important male friends of his. This ambivalence had already determined the episode of his cardiac neurosis in 1894 and 1895, when he changed from Breuer to Fließ, and reevolved in the relation to Jung, who for his part felt a high degree of ambivalence rather early in the relation to Freud. Over and above that, Freud and Jung showed a specific biographical similarity: Jung's parents lost a son soon after birth too. This and some personality traits apparently have induced a »narcissistic object-choice«, which facilitated a projective identification with the transfer of a symptom of Jung's puberty (fainting) to Freud.

## Literatur

Abraham, K. (1912): Amenhotep IV. (Echnaton). Psychoanalytische Beiträge zum Verständnis seiner Persönlichkeit und des monotheistischen Aton-Kultes. In: Abraham, K.: *Gesammelte Schriften,* Bd. II. Hg. von Cremerius, J., Frankfurt am Main: Fischer 1982, 349-379.

Appignanesi, L. / J. Forrester (1994[1992]): *Die Frauen Sigmund Freuds.* München-Leipzig: List.

Bruns, G. (1996): Freuds Herzneurose und das identifikatorische Prinzip in der Psychoanalyse. Klinische und theoretische Überlegungen. In:. *Jahrb. Psychoanal.* 37, 47-84.

Eissler, K.R. (1982): Psychologische Aspekte des Briefwechsels zwischen Freud und Jung. In: *Jahrb. Psychoanal.*, Beiheft 7. Stuttgart: frommann-holzboog.

Freud, S. (1901b): Zur Psychopathologie des Alltagslebens. In: *GW IV.*

— (1909d): Bemerkungen über einen Fall von Zwangsneurose. In: *GW VII,* 379-463.

— (1912b): Zur Dynamik der Übertragung. In: *GW VIII,* 364-374.

— (1925d): Selbstdarstellung. In: *GW XIV,* 31-96.

— (1932): Die Weiblichkeit. In: *GW XV,* 119-145.

— (1985c): *Briefe an Wilhelm Fließ*. Hg von J.M. Masson, deutsche Fassung von M. Schröter. Frankfurt am Main: Fischer 1986.

— (2002): *Unser Herz zeigt nach dem Süden. Reisebriefe 1895-1923*. Hg. von C. Tögel unter Mitarb. von M. Molnar. Berlin: Aufbau-Verlag.

— / L. Binswanger (1992): *Briefwechsel 1908-1938*. Hg. von Gerhard Fichtner. Frankfurt am Main: Fischer.

— / C.G. Jung (1974): *Briefwechsel*. Frankfurt am Main: Fischer.

Jaffè, A. (1977): *C.G. Jung. Bild und Wort. Eine Biographie*. Olten-Freiburg/Br.: Walter.

Jones, E. (1960, 1962): *Das Leben und Werk von Sigmund Freud*. Bd. 1 (1960) und 2 (1962). Bern: Huber.

Jung, C.G. (1961): *Erinnerungen, Träume, Gedanken von C.G. Jung*. Hg. von A. Jaffè. Olten-Freiburg/Br.: Walter. ²1971.

Kerr, J. (1994): *Eine höchst gefährliche Methode. Freud, Jung und Sabina Spielrein*. München: Kindler.

Schulz, G. / H. J. Seeberger (1965): Freud und Jung in Bremen. In: *Transparente Welt: Festschrift zum 60. Geburtstag von Jean Gebser*. Hg. von G. Schulz. Huber: Bern, 147-158.

Schur, M. (1972): *Sigmund Freud. Leben und Sterben*. Frankfurt am Main: Suhrkamp.

Winnicott, D.W. (1964): Memories, dreams, reflections. By C.G. Jung. Bookreview. In*: Int. J. Psycho-Anal*. 45, 450-455.

*Prof. Dr. med. Georg Bruns, Schubertstr. 54, D-28209 Bremen,*
*GJ.Bruns@t-online.de*

# Karl Landauers Exil in Amsterdam im Spiegel seines Briefwechsels mit Max Horkheimer[1]

*Hans-Joachim Rothe**

Am 16. Februar 1929 wurde das Frankfurter Psychoanalytische Institut hoffnungsvoll im Rahmen einer akademischen Feier unter starker Beachtung der Öffentlichkeit als Gastinstitut am Institut für Sozialforschung eröffnet. Damals ahnte noch keiner der Beteiligten, daß es schon nach vier Jahren fruchtbarer Tätigkeit ein gewaltsames Ende finden würde. In seinen Erinnerungen schreibt Heinrich Meng, ein Psychoanalytiker, der sich besonders mit Psychohygiene und Psychosomatik befaßte und zusammen mit Karl Landauer Direktor des Instituts war:

> Das Jahr 1933 brachte die Entscheidung für Deutschlands Zukunft. Der Ungeist Hitlers siegte. Die beiden Institute (für Sozialforschung und für Psychoanalyse) wurden offiziell geschlossen. Das geschah der Psychoanalyse, der Soziologie, des Marxismus, der »Verjudung«, des Antihitlerismus wegen. Die Räume mit den Bibliotheken wur-

1   Erweiterte Fassung eines Beitrags zum 9. Internationalen Treffen der Association Internationale d'Histoire de la Psychanalyse: Psychanalystes en exil, éléments d'une histoire, Barcelona, 24.-27. Juli 2002, der in französischer Sprache in Topique, 2002, 80, 125-134, veröffentlicht wurde.

*   Hans-Joachim Rothe, Dr. med., Facharzt für Psychotherapeutische Medizin und für Psychiatrie und Neurologie, niedergelassener Psychoanalytiker, Veröffentlichungen und Vorträge über Geschichte der Psychoanalyse, Fokaltherapie, Teilnahme an einem psychotherapeutischen Weiterbildungsprogramm in der Ukraine. Herausgeber der Aufsätze Karl Landauers (Landauer 1991), Mitherausgeber von *Psychoanalyse in Frankfurt am Main. Zerstörte Anfänge, Wiederannäherung, Entwicklungen* (Plänkers u.a. (Hg.) 1996).

den demoliert, Bücher öffentlich verbrannt. Wir fünf Psychoanalytiker beschlossen, Deutschland zu verlassen. Landauer, die beiden Fromm[2] und Foulkes[3] taten dies sofort. Sie waren als Juden mehr als ich bedroht. […] Unser Schicksal, das Verlassen Deutschlands, teilten auch die Dozenten des Instituts für Sozialforschung. Das Institut und die Bibliotheken ließen nach dem Besuch der Hitler-Leute erkennen, daß Barbaren gehaust hatten […]. (Meng 1971, 83)

Was war der Hintergrund dieser engen Verbindung der beiden Institute, die in solcher Form einmalig geblieben ist? Karl Landauer war die treibende Kraft bei der Gründung des ersten Frankfurter Psychoanalytischen Instituts gewesen. Er stammte aus einer Münchner Bankiersfamilie, hatte sich für das Medizinstudium und die Psychiatrie entschieden und vor dem ersten Weltkrieg in Wien bei Freud seine psychoanalytische Ausbildung gemacht. Seit 1913 war er Mitglied der Wiener Psychoanalytischen Vereinigung. Auf seine Arbeit *Spontanheilung einer Katatonie* aus dem Jahre 1914 beruft sich Freud in *Trauer und Melancholie*, wenn er von der »Identifizierung mit dem verlorenen Objekt« spricht (Freud 1917e, 435f.; Landauer 1914).

Nach dem ersten Weltkrieg hatte Landauer sich in Frankfurt als Psychoanalytiker niedergelassen und Arbeiten zur Klinik und Behandlungstechnik narzißtischer und psychosomatischer Störungen veröffentlicht. Mit den andern vorhin genannten Psychoanalytikern hatte er 1926 die Südwestdeutsche Psychoanalytische Arbeitsgemeinschaft gegründet. Ihn suchte der 30jährige Sozialphilosoph Max Horkheimer auf, designierter Leiter des Instituts für Sozialforschung, der an einer interdisziplinären ideologiekritischen Arbeit bei der Erklärung gesellschaftlicher Phänomene besonders auch mit Hilfe der neuen Disziplin Psychoanalyse interessiert war. Er wollte diese Methode aber nicht nur durch die Theorie, sondern durch die Erfahrung einer eigenen Analyse kennenlernen.

Seine Analyse bei Landauer fand um 1927/28 statt, dauerte etwa ein Jahr und galt als Lehranalyse (Landauer an Eitingon am 28. Aug. 1928). Über sie hat Horkheimer ein Jahr vor seinem Tode einen hochinteressanten Bericht in einem Radiointerview gegeben. Danach sah Landauer ein Leidenssymptom als entscheidende Voraussetzung für eine Analyse und einen aktualneurotischen Triebstau als notwendig für deren weiteres Gelingen an (Horkheimer 1985, 453f.).

---

2   Frieda Fromm-Reichmann und Erich Fromm.
3   S.H. Foulkes.

Frucht dieser Zusammenarbeit ist der wohl bekannteste Essay Landauers *Zur psychosexuellen Genese der Dummheit* (1929), der als eine Grundlage der späteren Vorurteilsforschung der Frankfurter Schule angesehen wird.

Nach schwerem inneren Kampf trat Landauer aus Abstinenzgründen nicht als Mitglied in das Institut für Sozialforschung ein, sondern empfahl den jungen Erich Fromm für diese Funktion (514 K.L. 28. Jan. 1940, HGS Bd. 16, 698). Landauer wurde von Horkheimer gebeten, das neu zu gründende psychoanalytische Institut als Gastinstitut am Institut für Sozialforschung einzurichten. Dadurch war auch eine indirekte Anbindung an die Universität gegeben. Offiziell war dieses Institut nicht der Ausbildung von Psychoanalytikern, sondern der Weiterbildung in Psychoanalyse für Angehörige akademischer Berufe wie Ärzte, Lehrer, Pädagogen und Juristen gewidmet.

Dank der Voraussicht und des Organisationstalentes Max Horkheimers und besonders seines Freundes Fritz Pollock konnte das Institut für Sozialforschung, einmalig in der Exilgeschichte, emigrieren und fand Aufnahme unter dem Dach der Columbia-Universität in New York. Die Publikation der Zeitschrift für Sozialforschung erfolgte dort weiter bis zum Krieg sogar in deutscher Sprache. Die berühmten *Studien über Autorität und Familie* erschienen 1936 in Paris.

Dagegen führte die Ankunft Landauers und anderer Emigranten in Amsterdam zum Ausbrechen eines lange schwelenden Konfliktes in der Niederländischen Psychoanalytischen Vereinigung, der sich gegen selbstherrliche Schritte des Vorsitzenden van Ophuijsen im Interesse der Immigranten richtete. Van Ophuijsen war an der internationalen Verbindung der Psychoanalyse gelegen, während für die Mitglieder die traditionelle holländische Selbstbestimmung höchster Wert war. Möglicherweise hat zum Konflikt auch das missionarisch wirkende Verhalten Landauers, dem eine Emigration des Frankfurter und Berliner Instituts und deren Vereinigung mit dem Amsterdamer vorschwebte, beigetragen. Es kam zur Spaltung der holländischen Vereinigung, was man Landauer unterschwellig möglicherweise nie verziehen hat. Trotzdem war diese Lösung zeitweilig die beste. Beide Vereinigungen blieben in der Internationalen Vereinigung, arbeiteten weiter, kamen sich näher und schlossen sich nach wenigen Jahren wieder zusammen. Erst der brutale Überfall und die Besetzung der Niederlande im Jahre 1940 durch Nazideutschland mit ihren Restriktionen führten zur Selbstauflösung der niederländischen Vereinigung und zur Arbeit im Untergrund, da man nicht bereit war, die jüdischen Mitglieder auszuschließen.

Landauer wurde der wichtigste Lehrer der holländischen Psychoanalytiker in den dreißiger Jahren, weil er die moderne an Ich und Abwehr orientierte Technik dorthin brachte, wo noch das erste Modell der Aufdeckung des Unbewußten vorherrschend war (Brinkgreve 1984, Spanjaard/Mekking 1976, 638 f.).

Durch die Sorgfalt Max Horkheimers hat sich fast der gesamte Briefwechsel erhalten, den er mit Karl Landauer in dieser Zeit führte, da er von seinen Briefen Kopien aufbewahrte. Der Briefwechsel umfaßt ca. 40 Briefe Landauers und 30 Briefe Horkheimers, die im Max-Horkheimer-Archiv der Stadt- und Universitätsbibliothek Frankfurt aufbewahrt werden und in den von Gunzelin Schmid Noerr herausgegebenen Briefbänden der Gesammelten Schriften Horkheimers (HGS) veröffentlicht sind (Horkheimer 1995 a und b, Bd. 15 und 16).[4] Sie geben ein lebendiges Bild der Diskussionen zwischen dem an gesellschaftlichen Prozessen interessierten Pschoanalytiker und dem die psychologische Bedingtheit der Gesellschaft anerkennenden Sozialphilosophen.

Schon in Frankfurt hatte nach der Analyse ein freundschaftlicher, geselliger Kontakt zwischen Landauer und Horkheimer begonnen. So schildert der erste Brief Horkheimers die Sehnsucht nach den alten Freunden, die verbunden ist mit psychosomatischen Trennungsreaktionen, die man nur oberflächlich den Bedingungen der in Europa noch nicht bekannten Air-condition anlasten kann (70 M.H. 2. Aug. 1934, HGS Bd. 15, 191). Dieses Motiv der Trennung und Sehnsucht taucht immer wieder von beiden Seiten im Briefwechsel auf. Die Freundschaft wird sich bei den Besuchen Horkheimers in Amsterdam vertiefen.

Nachdem erst der dritte Antwortbrief Landauers Horkheimer erreicht, kommt ein regelmäßiger brieflicher Kontakt zustande. Landauer teilt seine Erfahrungen sozialpsychologischer Besonderheiten seines Gastlandes, vermittelt durch seine Analysanden, mit: »Es ist außerordentlich interessant, nachdem man anderthalb Jahrzehnte in Deutschland analysiert hat, nun hier die Tätigkeit auszuüben. Man erkennt so recht, wie das Überich sich gewandelt hat zusammen mit dem Zerfall der Gesellschaft und namentlich ihrer Keimzelle, der Familie. Das, was wir in Deutschland nur noch als Relikte einer vergangenen Zeit, als Überich finden, hat hier noch absoluten Realitätswert, ist Ichforderung.« Nachdem er ein Beispiel

---

4 Die in den Briefen erwähnten Arbeiten Horkheimers sind in den von Alfred Schmidt herausgegebenen Bänden 3 und 4 der Werkausgabe erschienen (Horkheimer 1988a und b).

der strengen Sexualmoral geschildert hat, fährt er fort: »Aber diese moralische Gewalt ist hier noch weitgehend reale Macht« ( 124 K.L. 24. Feb. 1935, HGS 15, 324 f.). Er schildert dann noch »eine Nachpubertät mit regem außerehelichen Geschlechtsverkehr« in der Frühehe. Horkheimer bittet Landauer daraufhin, die Mitteilungen eines Briefes zu einem Beitrag für die schon erwähnten *Studien zu Autorität und Familie* auszuarbeiten (127 M.H. 18. März 1935, HGS, 335). Sie werden als »Gutachten K. Landauer« im Kapitel »Erhebung über Sexualmoral« in Band 2 der *Studien über Autorität und Familie* veröffentlicht (Landauer 1936, Horkheimer u.a. 1936).

Die wissenschaftlichen Vorhaben beider werden diskutiert und Horkheimer bittet um Beantwortung spezieller Fragen zur psychoanalytischen Theorie, während Landauer seine Einschätzung über den Stand der theoretischen Diskussion der dreißiger Jahre gibt. Z.B. beschäftigt sich Landauer ausführlich mit Horkheimers Satz: »Vor der Vernunft bedarf nicht das Glück, sondern das Elend eines Grundes« aus dessen Aufsatz *Bemerkungen zu einer philosophischen Anthropologie* auf dem Hintergrund der Bedeutung eines lebenslangen schmerzhaften Individuationsprozesses (Horkheimer 1935; 137 K.L. 10. Juni 1935, HGS 15, 365). Landauer freut sich über die zunehmende Entschiedenheit Horkheimers in seinen Schriften. Horkheimer vertraut ihm an: »Ich teile Ihnen bestimmt nichts neues mit, wenn ich sage, daß Sie mit zu den ganz wenigen Menschen gehören, an die ich mich im Geist wende, wenn ich arbeite [...]« (138 M.H. 2. Juli 1935, HGS 15, 366).

Landauer wird eingeladen, anläßlich Freuds 80. Geburtstag am 6. Mai 1936 zur Eröffnung der neuen Räume des Wiener Psychoanalytischen Instituts über Affekte zu sprechen und setzt das Thema mit einem Vortrag auf dem 14. Internationalen Psychoanalytischen Kongreß in Marienbad fort (Landauer 1936/38). Sein Vortrag »Die Affekte und ihre Entwicklung« in Wien folgt Joan Rivieres Beitrag »Zur Genese des psychischen Konflikts im frühen Lebensalter«, so daß eine Beziehung zu den soeben eingerichteten Austauschvorträgen zwischen dem Londoner und Wiener Institut zur Klärung der Differenzen angenommen werden kann. Landauer geht hier auf die frühe Affekttheorie Freuds zurück. Da zum Affekt immer ein Objekt gehört, entgeht er der Schwierigkeit, Psychoanalyse als Einpersonenpsychologie darzustellen, wie es der Freudschen Psychoanalyse aus London vorgeworfen wird. Im Zusammenhang mit der Exilsituation ist besonders die Beschreibung der realitätswidrigen Flucht auf den Verfolger interessant, die er auf den jedem Affekt innewohnenden Antagonismus zurückführt. Falls eine psychoanalytische Interpretation bei der Klärung der Frage sinnvoll ist, warum Landauer nicht rechtzeitig aus Holland weiter in ein sicheres Land emigrierte, müßte diese von ihm selbst beschriebene Dynamik ins Zentrum gestellt werden. Horkheimer ist besonders fasziniert von diesem Konzept und auch an einem weiteren in diesem Aufsatz geschilderten Zustand der Schreckstarre als einer phallischen Exhibition, der eine Stimmungslage der Zeit charakterisiert (272 M.H. 31. Dez. 1936, HGS 15, 810).

Landauer kann von einer für ihn unerwartet positiven Aufnahme seiner Vorträge berichten, bedauert aber nach dem Marienbader Kongreß,

> [...] daß die alte materialistische[5] Forschungsrichtung der Psychoanalyse mehr und mehr in den Hintergrund tritt. Eine erfreuliche Ausnahme ist allerdings das neue Buch von Anna Freud[6], was ich Dir sehr empfehle. Besonders charakteristisch für die Gesamteinstellung des Kongresses schien mir jenes Symposion, das der Theorie der Therapie geweiht war [...] es ist wohl kein Zufall, daß während der ganzen Sitzung nicht ein einziges Mal das Wort Realität und ihre Bedeutung für den therapeutischen Erfolg fiel. Daß selbst Fenichel darüber schwieg, fand ich erschreckend. (224 K.L. 3. Sept. 1936, HGS 15, 621)

Landauer berichtet anschließend von einem eigenen Vorhaben, einer leider verlorengegangenen Arbeit über die *Psychoanalyse kleiner Gemeinschaften*, in der Analyseergebnisse von Personen, die in enger Verbindung stehen, in Beziehung gebracht werden (ebd.; Landauer 1936b). Ein origineller Beitrag über das Verständnis von Kleingruppen und Familien, das meines Wissens in der Forschung keine Nachfolge gefunden hat. Nach langer Isolation kann Landauer auch über die Begegnung mit dem geistesverwandten R. LeCoultre berichten (248 K.L. 27. Okt. 1936, HGS 15, 705). Dieser war in einem Vortrag der besonders bei den Autoaggressionserkrankungen immer wieder gemachten Beobachtung nachgegangen, daß das Ich bereit ist, unlustvolle Situationen herbeizuführen als Mittel gegen den Persönlichkeitsverlust (LeCoultre 1941). Diese Interpretation er-

---

5  Auch Horkheimer hat bis in die Mitte der dreißiger Jahre sein Denken als »Materialistische Theorie« bezeichnet, bis der Begriff »Kritische Theorie« eingeführt wurde (Auskunft von G. Schmid Noerr).

6  *Das Ich und die Abwehrmechanismen.*

scheint Landauer auch als wichtiges »materialistisches« Gegenargument gegen das Todestriebkonzept.

Die Polarität von gegenwärtiger geschichtlicher Realität und allgemeinen seit Urzeiten den Menschen gegebenen Zwängen bestimmt die Diskussion der Freud-Kritik Horkheimers. Landauer bestätigt dessen Kritik des Todestriebkonzepts, das er strikt von der Autoaggression im Sinne von Trauer und Melancholie auf der einen und dem Nirwanaprinzip auf der anderen Seite trennt, das er bei traumatischen Erschöpfungszuständen von Soldaten im Ersten Weltkrieg beschrieben hatte (233 K.L. 4. Okt. 1936, HGS 15, 645 f.; Landauer 1919).

Die letzte wissenschaftliche Auskunft, die Horkheimer von Landauer erbittet, zielt auf die Leiden und Triebverzichte, die die Zivilisationsentwicklung ermöglichen. Horkheimer ist besonders daran interessiert, ob es einen Unterschied zwischen Verdrängung und Sublimierung, also eine direkte Umwandlung von Triebqualität in kreative Leistung gibt (507 M.H. 22. Dez. 1939, HGS 16, 684). Hier antwortet Landauer mit einer authentischen Erklärung Freuds, die dieser ihm in einem Gespräch gegeben habe:

> Sublimierung, meinte er, sei in bezug auf die gesellschaftliche Wertung von andren Objekt- und Zielwandlungen der Libido zu unterscheiden. Die Vorgänge selbst sind nicht andere. Es sind Verdrängungen, Isolierungen u.s.f. Das sagte mir Freud vor etwa 10 Jahren. Ich möchte allerdings doch dazu bemerken, daß gerade die Tatsache der allgemeinen sozialen Wertung doch einen Unterschied macht: Verkörperungen des Überichs in der Außenwelt verlangen eine Veränderung der Sexualbetätigung. Dem gehorsamt der Mensch. Damit handelt er nicht nur überichgerecht, sondern auch ichgerecht. Bei Phänomenen, die wir krankhaft nennen, handelt der Mensch auch überichgerecht, aber ichwidrig, indem er sich selbst bestraft. Wer sublimiert, ist anpassungsfähig. Wer sonstwie verdrängt, muß dies nicht sein, bei mißglückter Verdrängung ist er meist nicht. (Und Sublimierung ist in gewisser Beziehung mißglückte Verdrängung.) Doch wir schneiden hier Themen an, die nicht in einem Clipperbrief erledigt werden können. (514 K.L. 28. Jan. 1940, HGS 16, 698 f.)

Angesichts der Katastrophe, in die die Welt mit dem Nationalsozialismus gestürzt war, haben diese Gedanken über die Kulturentstehung besondere Aktualität.

Landauers Zögern, die Niederlande zu verlassen und in ein weiteres Exil zu gehen, wurde oben im Zusammenhang mit der »Flucht auf den Verfolger« bereits erwähnt. Martin Jay schreibt lakonisch in seinem Buch *Dialektische Phantasie*, einer Geschichte der Frankfurter Schule und der Kritischen Theorie: »Landauer ging nach Amsterdam und blieb trotz aller eindringlichen Bitten und Ratschläge seiner früheren Kollegen, Europa zu verlassen dort, bis es zu spät war« (Jay 1973, 115). Lange galt dies als letztes Wort, wobei Landauer entweder als starrsinnig oder ewiger Zauderer erschien, der an seinem Schicksal mitgewirkt hatte. Ich möchte nun die Briefe zwischen Landauer und Horkheimer nach Hinweisen untersuchen, in welcher Weise diese Aussage relativiert werden muß.

Zunächst müssen wir uns vor Augen halten, daß Landauer ein sehr aktiver Mann war und im Jahre 1933 zu den ersten Emigranten aus Deutschland überhaupt gehörte. Die Umstände seiner Aufnahme in die Niederlande selber waren trotz des geschilderten Eklats in der psychoanalytischen Vereinigung äußerst günstig. In Schweden, wohin er zunächst geflohen war, erreichte ihn die Anfrage des Vorsitzenden der niederländischen Vereinigung, sich an deren Aufbau zu beteiligen. In Holland herrschte große Verwirrung über die politische Situation und es gab überhaupt noch keine Richtlinien für die Aufnahme von Immigranten, die zu Recht Flüchtlinge genannt wurden. Künstler und Intellektuelle hatten keine Schwierigkeiten einzureisen, wenn Sie »eine Adresse« hatten. Erst als die Zahl der Flüchtlinge in den nächsten Jahren zunahm, kam es zu immer stärkeren Restriktionen bei der Aufnahme.

Im Briefwechsel finden wir eine intensive Diskussion um die Frage der weiteren Emigration. Schon in dem bereits erwähnten Brief Landauers an Horkheimer vom 26. Dez. 1934 lesen wir:

Ich kann Ihnen verraten, daß im Hause Landauer einer der größten Konfliktstoffe Amerika ist. Aber während früher meine Frau an der Hitlerphobie litt und ich kühler blieb, sehe ich jetzt Amerika in einem unterirdischen Bürgerkrieg und ein Grausen davor beherrscht mich, während meine Frau mich darüber verlacht. Wenn bei uns davon die Rede ist, ob wir einmal noch weiter wandern müssen, so denkt meine Frau an die Vereinigten Staaten, ich aber an Südafrika. Sie werden verstehen, daß ich sehr interessiert bin, recht viel darüber zu hören. (106 K.L., HGS 15, 285 f.)

Horkheimer geht in seinem Brief vom 30. Januar 1935 besonders auf das Amerikaproblem ein:

Die Wolken sind freilich überall. Es ist freilich schwer zu sagen, in welcher Gegend der Erde das Firmament sich zuerst überziehen wird. Ich kann daher zu dem von Ihnen erwähnten Konflikt im Hause Landauer keine Partei nehmen. Dem Umstand, daß hier der Reichtum des Landes unermeßliche Hilfskräfte zu bieten scheint, steht in der

Tat die fortwährende Verschärfung der Gegensätze und die Unübersichtlichkeit des riesigen Gebiets entgegen. In Europa scheint uns wenigstens im nächsten und übernächsten Jahr eine gewisse Beruhigung bevor zu stehen. Die zu einem Kriege treibenden Faktoren, die freilich in reichem Maße vorhanden sind und Überraschungen bringen können, werden von den Tendenzen, welche einen stabilen Zustand herbeizuführen streben, bei weitem übertroffen. Im Grunde läßt sich zwar die Richtung der geschichtlichen Entwicklung ziemlich klar bestimmen, aber für die Nuancen, die für unsereinen dabei wichtig werden, ist man auf Rätselraten angewiesen. – Jedenfalls bitte ich Sie, mir mitzuteilen, ob ich hier irgend etwas für sie besorgen kann. Es wird mit ganzer Solidarität und Sorgfalt ausgeführt. (116 M.H., HGS 15, 310)

In der Folgezeit faßt Landauer in Holland immer mehr Fuß, obwohl es wohl auch Rückschläge gibt. So schreibt er am 20. Oktober 1935:

Ich war in einem Moment des Gefühlstiefs der Verlassenheit, da ich zur Zeit wieder aufs äußerste bedroht bin. Dank der gütigen Mithilfe meiner Kollegen spitzte sich die Situation hier mehr und mehr zu, so daß schon fast ein Wunder geschehen muß, wenn diesmal das Gewitter wieder vorüberzieht. Und dabei, wo wird es besser sein? Ich habe solange nichts von mir hören lassen, weil es mir nicht sehr liegt Ihnen, der auch seinen Kopf voll hat noch etwas vor zu jammern. So habe ich denn zu meinen alten Hilfsmittel gegriffen, habe mich wahnsinnig in die Arbeit gestürzt, mehr als jemals zuvor. (154 K.L. HGS 15, 416)

So lebt Landauer immer zurückgezogener: »Ich führe den Tageslauf eines Klausners [...] Aber die wenigen, mit denen ich zusammenkomme, reizen mein Interesse nicht. Das, was fehlt, ist die wirkliche Gemeinschaft von Interessen« (168 K.L., 9. Feb. 1936, HGS 15, 453).

Er freut sich auf die Wohltat der Gemeinschaft mit Horkheimer, wenn dieser kommen wird. Aber nur kurze Zeit später kann er schreiben, daß er endlich in seinem Kreis einen Gleichgesinnten gefunden hat und sich nicht mehr so isoliert fühlt, wie die oben beschriebene Verbindung zu LeCoultre zeigt. Seine Lage stabilisiert sich weiter. Im Jahre 1937 kann er zum erstenmal seit vielen Jahren wieder Urlaub in den Schweizer Bergen machen.

In einem Brief vom 21. April des Jahres gibt er allerdings eine genaue Analyse der Verhältnisse in Europa und Holland, denkt über die Mausefalle nach, in die er geraten kann. Er weiß genau, daß nur jetzt noch die Möglichkeit besteht, vor einem Krieg in Amerika unterzukommen. Eine Einladung des Vorsitzenden der südafrikanischen Vereinigung hat er abgelehnt:

Ich habe eigentlich das Gefühl, daß man dort nicht außerhalb des Chaos sein wird [...]
So lange die Verhältnisse einigermaßen so bleiben wie jetzt, dürfte für mich meine
Stellung recht günstig sein. Ich verdiene anständig, wenn auch dank der Tatsache, daß
die wirtschaftliche Situation nicht gut ist, kaum anständige Preise gezahlt werden. Dazu kommt noch, daß ich stets eine ganze Reihe von Lehranalysen bei jungen Assistenten, sowie an Analysen in Familien der jungen Kollegen machen muß, die kaum bezahlt werden. Andererseits ist dies ja gerade der Ausweis meines Hierseins. Immerhin
aber ist das Produkt meiner Arbeit in geldlicher Beziehung so, daß es nicht gerade
leicht fällt, das einfach wegzugeben. Ich glaube es wird immerhin einige Jahre brau-
chen, bis ich in Amerika dasselbe in bezug auf Kaufkraft verdienen werde. Daß es mir
schließlich gelingt, mir auch noch ein drittes Mal eine anständige Existenz aufzubau-
en, daran zweifle ich nicht, wenn ich nur die nötige Anlaufszeit habe. Beweglich genug bin ich noch. Was geschehen wird, wenn ich senil oder krank bin, das wollen wir
uns lieber nicht ausmalen. Fritz Pollock ist der Ansicht, daß New York heute kein ge-
eigneter Platz für mich mehr ist. (300 K.L. 21. April 1937, HGS 16, 118 f.)

Landauer schreibt über die Möglichkeit, als Laienanalytiker in Kalifornien zu arbeiten, und macht sich ausführliche Gedanken darüber, in welcher Weise seine
Übersiedlung nach Amerika stattfinden könnte, z.B. daß er schon vorauszieht
und die Familie nachkommt, wenn die Lage einigermaßen geordnet ist, wie es
auch bei der Emigration aus Frankfurt geschehen war. Dann kommt aber das Gegenargument: »Ich habe mir hier einen recht schönen Kreis geschaffen, von dem
ich schon sagen kann, daß ich nicht nur *in* ihm, sondern *mit* ihm arbeite. Und dieses Arbeitsfeld verspricht immer größer zu werden. Es ist nicht leicht darauf verzichten zu müssen, um zum drittenmal in relativer Isolierung zu beginnen« (300
K.L. 21. April 1937, HGS 16, 120).

Horkheimer schreibt darauf: »Meine Ansicht über die Zukunft in Amerika ist
zwar auch nicht grade pessimistisch, aber nicht so eindeutig optimistisch wie die
Fritz Pollocks. Wie die Dinge bei der nächsten Depression sich entwickeln,
scheint mir fraglich. Ich habe jedenfalls von diesem Land noch keine so klare
Vorstellung, daß ich bestimmte Aussagen über die Zukunft mit Sicherheit machen
kann.« Er spricht dann detailliert über die Arbeitsbedingungen der Psychoanalytiker in den USA: Ihnen werde es wirtschaftlich noch einige Jahre gut gehen. Im
Staat New York sei es inzwischen aber für Analytiker nötig ein medizinische
Staatsexamen abzulegen (305 M.H. 5. Mai 1937, HGS 16, 140 f.).

Einige Monate später, am 1. August 1937 schreibt Landauer:

Und damit wären wir bei dem Thema Amerika. Als unter dem Eindruck von Pollocks Besuch meine Frau einem hiesigen sehr angesehenen Kollegen gegenüber eine Bemerkung machte, daß man doch nicht sicher wissen könne, ob wir hier bleiben, so sagte zunächst dieser Herr, daß er und andere angesehene Herren ihr möglichstes tun würden, damit wir hier immer bleiben könnten und auch Holländer würden.[7] Innerhalb der nächsten Wochen aber bekam ich von einer ganzen Anzahl hiesiger Kollegen erregte Anfragen, ob es wahr sei, daß ich an ein Weggehen dächte. Ja, ein Teil nahm es mir fast übel, daß ich sie, wie sie sagten, im Stiche lassen könne. Und ich muß selbst ganz ehrlich eingestehen, daß es mir doch recht schwer fallen würde, von hier weg zu gehen. Dabei heißt es für mich hier weniger Amsterdam oder Holland, als ein bestimmter Kreis sehr kluger und sehr lieber Menschen, mit denen es eine Freude ist, zusammen zu arbeiten. Denn merkwürdigerweise ist es mir hier in den 4 Jahren mehr gelungen, mir einen Kreis zu bilden, als in den 15 Jahren der Schmach[8]. Es scheint also, daß für den Freudschen Kulturbolschewismus im Deutschland der Weimarer Zeit weniger Boden war als in dem so bürgerlichen Holland. So habe ich denn auch hier in einem Jahr mehr Lehranalysen und Kontrollanalysen als in einem Jahrzehnt in Frankfurt. Andererseits ist es natürlich klar, daß die ruhige Vernunft es verbietet, die amerikanische Möglichkeit ganz beiseite zu schieben. Und so bemühe ich mich wenigstens, mir einigermaßen englische Kenntnisse zu erwerben. [...] (330 K.L. 1. Aug. 1937, HGS 16, 207 f.)

Die Sprachschwierigkeiten haben eine große Rolle beim Zögern Landauers gespielt, da er in Holland in deutscher Sprache analysieren konnte.

In dieser Zeit kam es auch zur endgültigen Wiedervereinigung der beiden psychoanalytischen Vereinigungen.

Die niederländische Regierung vertrat zu dieser Zeit außenpolitisch eine »Selbständigkeitspolitik«, die eine Art Neutralitätspolitik war. Die Expansion der deutschen Politik ging in Richtung Frankreich und den Osten. Die Haltung der niederländischen Regierung wird heute noch kontrovers diskutiert, da sie wohl Hitler glaubte, der in seiner Rede vom 30. Jan. 1937 gesagt hatte: »Die deutsche Regierung hat weiter Belgien und Holland versichert, daß sie bereit ist, diese Staaten jederzeit als unantastbare neutrale Gebiete anzuerkennen und zu garantieren« (Lademacher 1983, 401).

Wie schwer die Lage aber auch noch im Februar 1938 zu beurteilen, bzw. wie vorsichtig diplomatisch Horkheimer Landauer drängte, zeigt dessen Brief vom

7   Landauer war durch seine Emigration staatenlos geworden.
8   Er meint Frankfurt.

14. des Monats: »Du fehlst mir sehr häufig, wenn ich auch nach wie vor der Meinung bin, daß Du Deine Situation in Holland nicht ohne Not aufgeben solltest, so wäre es halt doch schön, wenn Du nicht so weit fort wärst« (384 M.H. 14. Feb. 1938, HGS 16, 390).

Landauer zeigte Selbstskepsis, wenn er nach der Besetzung Österreichs am 30. März 1938 schreibt:

> Die alte Frage ist akuter denn je geworden. Ich weiß nicht, ob es mein Wunsch ist, der meinen Blick trübt, aber ich glaube nicht an einen Krieg, der bald kommt. Warum auch? Die glorreichen Pläne der bürgerlichen Imperialisten, Naumann Mitropa[9], gehen Hitler ohne Schwertstreich in Erfüllung. [...]. Hoover hat Recht, daß Holland eine Oase im wüsten Sturme Europas ist. Mir persönlich geht es gut, ja sehr gut. Allerdings wie lange noch? (402 K.L. 30. März 1938, HGS 16, 418)

Auch Horkheimer glaubt in seinem Antwortbrief noch nicht an einen Krieg in Europa, sondern nur an kleinere kriegerische Unternehmungen (409 M.H. 21. April 1938, HGS 16, 440 f.).

In Holland verschärfen sich inzwischen die Asylbedingungen. Landauer bereitet sich endgültig auf eine Emigration vor. Einer seiner früheren Lehranalysanden, Albrecht Meyer, den er in Amsterdam kostenlos behandelt hatte, arbeitet in Chicago und überweist regelmäßig Geld auf ein Konto für ihn. Die Lage spitzt sich immer mehr für ihn zu. Am 2. September 1938 (unveröffentlicht) schreibt er, er sei von einem angesehenen Kollegen übel angerempelt worden. Allerdings sei ihm die Notwendigkeit seines Aufenthaltes im Juni bestätigt worden. Im folgenden Jahr bemüht sich Landauer sehr, findet aber heraus, daß er bei einem normalen Visum zwei Jahre mit der Einreise warten müßte. Nach Ausbruch des Krieges im September 1939 drängt Horkheimer, empfiehlt als Arbeitsort Topeka und verwendet sich bei Menninger für Landauer (unveröffentlichter Brief vom 30. Sept. 1939). Nun setzt ein Wettlauf mit der Zeit ein. Landauer versucht, ein Non-Quota-Visum über seine Zugehörigkeit zum Institut für Sozialforschung zu bekommen. Bei einem Non-Quota-Visum hätte aber die großjährige Tochter Eva nicht mitreisen dürfen. Da überdies die Angaben Max Horkheimers und Paul Tillichs von der Universität Frankfurt nicht bestätigt werden, wird der Visumantrag

---

9 Friedrich Naumanns Pläne einer deutsch-österreichischen Hegemonialstellung im Ersten Weltkrieg (vgl. Anm. 2 der Briefedition).

abgelehnt. Trotzdem erhält Landauer ein Angebot von der Menninger Klinik für eine Lehrtätigkeit für drei Jahre bei einem Mindestgehalt von 3000 Dollar pro Jahr. Landauer wird nun aber in seiner Situation unangemessen mißtrauisch. Nach Informationen eines früheren Kontrollanalysanden fürchtet er ausgenutzt zu werden (514 K.L. 28. Jan. 1940, HGS 16, 697). Er erwägt illusionistisch eine direkte Mitarbeit am Institut für Sozialforschung in der Nachfolge Erich Fromms.

Am 10. Mai 1940 überfiel Nazi-Deutschland die Niederlande und besetzte sie. Die verbleibenden Briefe dokumentieren nun noch viele Bemühungen Horkheimers. Aber es ist zu spät. Der letzte Brief im Ordner dokumentiert die Rückzahlung des von Horkheimer eingezahlten Reisebetrags bei einer jüdischen Hilfsorganisation.

Mehrere Faktoren haben dazu geführt, daß Landauer nicht rechtzeitig ein zweites Mal der Weg in die Freiheit gelang. Wahrscheinlich haben ihn aber gerade der Erfolg seiner Arbeit und der erneute Aufbau seiner beruflichen Existenz, dann aber seine Verpflichtung als Lehrer seinen Gastgebern gegenüber und als Versorger für die aus Deutschland zur Familie geflohene Mutter und Schwester gehemmt.

Sein Leben ist von zunehmenden Einschränkungen und Diskriminierungen durch die deutsche Besatzung bestimmt. Er wird mit seiner Frau und der ältesten Tochter verhaftet und über das Lager Westerbork in das Inferno des KZ Bergen-Belsen gebracht, wo er Ende Januar 1945 durch Verhungern stirbt.

Nach dem Krieg kehrt Max Horkheimer nach Frankfurt zurück und errichtet dort 1950 wieder das Institut für Sozialforschung. Auch mit seiner Unterstützung gründet Alexander Mitscherlich 1960 hier das Sigmund-Freud-Institut, das bis heute einen eigenen sozialpsychologischen Fachbereich besitzt.

## Zusammenfassung

Karl Landauer (1887-1945), ein persönlicher Schüler Sigmund Freuds, war der erste Psychoanalytiker in Frankfurt am Main. Die enge Verbindung mit Max Horkheimer (1895-1973) ermöglichte 1929 die Gründung des Frankfurter Psychoanalytischen Instituts als Gastinstitut am Institut für Sozialforschung. Nach der gewaltsamen Schließung der Institute im März 1933 gingen beide ins Exil. Der Briefwechsel zwischen Amsterdam und New York aus den Jahren 1934 bis

1941 gibt Einblick in die theoretische Diskussion der Jahre, die Lage der holländischen psychoanalytischen Vereinigung, vor allem aber die persönliche Situation und die Motive für das tragische Zögern Karl Landauers weiter zu emigrieren.

## Summary

Karl Landauer (1887-1945) was trained by Sigmund Freud and became the first psychoanalyst ever in Frankfurt am Main. His close connection to Max Horkheimer (1895-1973) led to the founding of the Frankfurt Psychoanalytical Institute in 1929 in affiliation with the Institute of Social Research. After the Institutes were forced to close in March 1933, both went into exile. Their correspondence between Amsterdam und New York from 1934 until 1941 provides insight into the contemporary theoretical discussion, the situation of the Dutch Psychoanalytical Society and above all the personal motives leading to Karl Landauers's tragic hesitation to seek exile once more.

## Literatur

Brinkgreve, Ch. (1984): *Psychoanalyse in Nederland*. Amsterdam: de Arbeiderpers.

Freud, S. (1917e): Trauer und Melancholie. In: *GW 10*, 428-446.

Horkheimer, M. (Hg.) (1936*): Studien über Autorität und Familie. Forschungsbericht aus dem Institut für Sozialforschung*. Paris: Félix Alcan.

— (1985): Das Schlimme erwarten und doch das Gute versuchen (Gespräch mit Gerhard Rein 1972/1976). In: *Gesammelte Schriften, Band 7*. Frankfurt am Main: Fischer.

— (1988a): *Schriften 1931-1936*. Gesammelte Schriften, Band 3. Frankfurt am Main: Fischer.

— (1988b): *Schriften 1938-1941*. Gesammelte Schriften, Band 4. Frankfurt am Main: Fischer.

— (1995a): *Briefwechsel 1913-1936*. Gesammelte Schriften, Band 15. Frankfurt am Main: Fischer.

— (1995b): *Briefwechsel 1937-1940*. Gesammelte Schriften, Band 16. Frankfurt am Main: Fischer.

Jay, M. (1973): *Dialektische Phantasie. Die Geschichte der Frankfurter Schule und des Instituts für Sozialforschung 1923-1950*. Frankfurt am Main: Fischer [2]1976.

Lademacher, H. (1983): *Geschichte der Niederlande*. Darmstadt: Wissenschaftl. Buchgesellschaft.

Landauer, K. (1914): Spontanheilung einer Katatonie. In: *Int. Z. PsA* 2, 441-459. In: Landauer 1991, 123-143.

— (1919): Die symptomatische Neurasthenie. In: *Zeitschrift für die gesamte Neurologie und Psychiatrie*, 316-328.

— (1929): Zur psychosexuellen Genese der Dummheit. In: *Zeitschrift für Sexualwissenschaft und Sexualpolitik* 16, 12-22, 87-96. Auch in: Almanach der Psychoanalyse 1930. Wien / Leipzig: Intern. Psychoanal. Verlag, 157-183. Auch in: Psyche 24, 1970, 463-484. Auch in: Landauer 1991, 86-108.

— (1936/38): Die Affekte und ihre Entwicklung. In: *Imago* 22, 275-291. Engl., in: (1938): *Int. J. PsA* 29, 388-415. In: Landauer 1991, 47-73.

— (1936a): Gutachten. In: Horkheimer 1936, 285-291. In: Landauer 1991, 277-283.

— (1936b): Die Psychoanalyse kleiner Gemeinschaften. Vortrag, gehalten wahrscheinlich bei der »Nederlandsche Vereeniging voor Psychoanalyse«.

— (1991): *Theorie der Affekte und andere Schriften zur Ich-Organisation*. Hg. von Hans-Joachim Rothe. Frankfurt am Main: Fischer.

LeCoultre, R. (1941): Het ziekte beeld van de chronische depersonalitie. In: *Psych. Neurol.* Bladen, 370-379.

Meng, H. (1971): *Leben als Begegnung*. Stuttgart: Hippokrates.

Plänkers, T. / Laier, M. / Otto, H.-H. / Rothe, H.-J. / Siefert, H. (1996): *Psychoanalyse in Frankfurt am Main. Zerstörte Anfänge, Wiederannäherung, Entwicklungen*. Tübingen: edition diskord.

Spanjaard, J. / R.U. Mekking (1976): Psychoanalyse in den Niederlanden. In: *Psychologie des XX. Jahrhunderts,* Bd. 2. München: Kindler ²1982, 638-649.

*Dr. med. Hans-Joachim Rothe, Holzhausenstr. 63, D-60322 Frankfurt am Main,*
*hj.rothe@gmx.de*

Erforschung des Holocaust

# Am Sprechen sterben? – Sarah Kofman, Primo Levi[1]

*Rachel Rosenblum**

> Schweigen ist verboten.
> Reden ist unmöglich.
> > Elie Wiesel

> Tambourin sonore qui emplit
> la raison de fils sanglants.
> > Serge Villechenoux[2]

> And till my ghastly tale is told
> This heart within me burns.
> > Samuel T. Coleridge[3]

1  Erstveröffentlichung: *Revue Française de Psychanalyse,* 2000, Nr. 1, 113-137. Mein besonderer Dank gilt Paul Denis, dem Herausgeber der Revue Française de Psychanalyse, für die Erlaubnis der hier vorliegenden Übersetzung, außerdem bedanke ich mich für die Unterstützung durch Michel de M'Uzan, Daniel Dayan und Henri Danon-Boileau.

*  Rahel Rosenblum, Dr. med., Fachärztin für Psychiatrie und Psychoanalytikerin, ist Mitglied der *Societé Psychanalytique de Paris.* In den letzten Jahren leitete sie ein Seminar über Geschichte und Trauma und schrieb eine Reihe von Aufsätzen, die sich u.a. den Gefahren der Zeugenschaft und dem strategischen Gebrauch des Gedächtnisses sowie dem Syndrom der falschen Erinnerung widmeten.

2  [Lautes Tambourin, das die Vernunft mit blutigen Fasern durchwirkt (Übersetzung P. V.)].

3  The Rime of the Ancient Mariner. [Und bis mein Grausen ist erzählt, / brennt in mir dieses Herz. (Übersetzung P. V.)].

# Zur Einleitung: Die stickige Luft des Schreibens

Die großen Katastrophen der Geschichte geben sich an dem lähmenden Schweigen zu erkennen, das sich in ihrem Gefolge ausbreitet, einem Schweigen, das sich häufig nur verflüchtigt, um den Verfälschungen des Gedächtnisses zu weichen. Zwischen Schweigen und Fälschung tut sich jedoch ein dritter Weg auf. Für diejenigen, die dazu in der Lage sind, heißt dieser Weg: Sagen, was geschehen ist, schreiben in der ersten Person. Diese dritte Möglichkeit ist von doppeltem Wert. Zunächst stellt sie ein öffentliches Zeugnis zur Verfügung. Sie ermöglicht den Auftritt einer nicht gesagten oder verbotenen Wahrheit auf der gesellschaftlichen Bühne. Es wird ihr darüber hinaus aber auch eine kathartische Funktion zugeschrieben. Der Autor des Zeugnisses, heißt es, entledigt sich auf diese Weise eines unerträglichen Schreckens. In Worte gefaßt kann sein Leiden geteilt werden. Um diese Teilhabe geht es hier und um ihre Macht, Frieden zu schaffen. Diese Macht kann mit gutem Recht in Zweifel gezogen werden.

Abgesehen davon, daß der Weg des Schreibens nur denjenigen offen steht, die sich darauf verstehen, erweist er sich auch noch als gefährlich. Man kann daran sterben, daß bestimmte Dinge nie gesagt werden. Aber man kann auch daran sterben, daß sie gesagt werden, ›schlecht‹ gesagt oder ›schlecht‹ gehört oder ›schlecht‹ aufgenommen werden. So gesehen gäbe es gute und schlechte Arten des Sagens, gäbe es schlechte Gesprächspartner, rettende und verhängnisvolle Arten des Schreibens. Manche Texte stürzen ihren Autor noch tiefer in sein schreckliches Schicksal statt dieses Schicksal zu ermäßigen. Mancher Text, aber nicht jeder. Solange die ›Sublimierungen‹ einen Abstand zum Trauma einhalten, scheinen sie eine vitale Funktion zu haben. Sie erlauben, »das Unerträgliche zu ertragen«, »zu denken, um nicht zu sterben«. Sie ermöglichen es dem Autor auszuhalten. Aber das Schreiben über sich selbst kann auch zu einer Annäherung an die Brandmale der Kindheit führen, zu einer öffentlichen Darstellung des Hasses auf andere Opfer, es kann Scham und Schuld wieder beleben. Wozu führt das?

Kann man am Aussprechen der Katastrophe sterben? Der Schritt an die Öffentlichkeit mit dem damit verbundenen Wiederauftauchen von Gefühlen – muß er als verhängnisvoller Wendepunkt angesehen werden? Diese Beziehung zwischen Tod und Schreiben[4] möchte ich am Beispiel einiger schreibender Überle-

---

4   Die Verbindung zwischen dem Schreiben und dem Tod ist ein immer wiederkehrendes

bender befragen und zwar in dem Moment, da die Gewalt der Berichte, die sie in sich tragen, sie mitzureißen, wegzufegen, zu vernichten scheint. Sarah Kofman tötet sich. Primo Levi springt ins Leere. Man wird mir entgegenhalten, daß es vielleicht gar keine direkte Beziehung gibt zwischen dem Prozeß, der eine Reihe unerträglicher Gefühle öffentlich macht, und dem Tod der Personen, die diese Gefühle empfunden und ausgedrückt haben. Immerhin war Primo Levi ein alternder Mann und Sarah Kofman schwer krank. Man könnte durchaus andere Wege aufzeigen, die zu ihrem Tod führten. Ein Schmerz kann einen anderen verdecken. Hinter der Maske des historischen Trauma, dessen Opfer sie wurden, könnte sich gut ein anderer, weniger grandioser Schmerz verbergen. Es bleiben Zweifel.

Man kann sich beispielsweise fragen, warum sich der Dichter Paul Celan getötet hat. Er war der einzige, sagt George Steiner, dem es nicht an Worten fehlte, um von Auschwitz zu sprechen. Paul Celan hat die richtigen Worte gefunden und er hat sie in der Sprache der Mörder gefunden. Nachdem er diese Worte gefunden hatte, suizidierte er sich 1970 in Paris, auf dem Höhepunkt seines Könnens. Er war Opfer einer »erdrückenden Trostlosigkeit [...]« (Steiner 1987)[5]. Worin besteht diese »erdrückende Trostlosigkeit« und was verbindet sie mit der Anstrengung, Zeugnis abzulegen?

Thema der psychoanalytischen Literatur: Der Vatermord in *Dostojewski und der Vatermord* (Freud, 1927), der Kindsmord in *Dostoïevski et Flaubert* (Marie-Thérèse Sutterman), der Muttermord in *L'écriture matricide de Joyce* (Jacques Trilling), die Phantasie, lebendig begraben zu sein, in *Les ensevelis vivants* (Murielle Gagnebin). Daß jede Schöpfung das Subjekt in Gefahr bringen kann, ist kein neuer Gedanke. Schon 1965 enthielt das erste Heft der *Révue française de psychanalyse* mehrere noch heute grundlegende Texte. Janine Chasseguet stellt ins Zentrum ihrer Überlegungen die Vorstellung der Reparation des Selbst und des Objekts im schöpferischen Akt (1963). Michel de M'Uzan betont im Gegensatz dazu den dramatischen Aspekt des Schreib-Aktes, seine destruktiven und aggressiven Quellen. »Das ist keine Idylle, sondern ein ungewisses und immer bedrohtes Unterfangen [...] Der schöpferische Prozeß ist ein Drama.« Wenn die Herrschaft des primären Narzißmus ein Ende hat, beginnt ein Subjekt des Begehrens angesichts einer traumatischen Situation mit dem Versuch, die Erfahrung durchzuarbeiten. Dieses Durcharbeiten ist immer mit Haß verbunden. »Dieser Haß, der – immer unbestimmt in seiner Richtung – bereit ist, sich nach außen zu richten oder sich gegen das Subjekt selbst zu wenden und der daher immer in die Nähe des Verbrechens führt, prägt stets das wahre Werk.«

5 Vgl. a. Rabain (1998).

Mehrere deportierte Schriftsteller versuchen diese Frage zu beantworten. Der eine (Jorge Semprun) war politischer Gefangener, der andere (Michel del Castillo) war als Neunjähriger in einem Arbeitslager interniert, nachdem er und seine Mutter als spanische Flüchtlinge von seinem eigenen Vater denunziert worden waren. Der dritte (Robert Antelme) war einer der ersten französischsprachigen Schriftsteller, die als Augenzeugen über die Welt der Lager schrieben.

Robert Antelme schreibt:»Daß ich die Worte fand, um *Das Menschengeschlecht* zu schreiben, hat mir bleibende Wunden hinterlassen.« (Antelme 1996). Und Michel del Castillo sagt:

> Im Gegensatz zu dem, was viele Leute denken, tröstet einen das Schreiben überhaupt nicht. Je mehr ich in den Wörtern bohre, umso hohler wird mein Unglück. Nach jedem Buch verschlimmert sich mein Zustand. Und schließlich stirbt man – nicht an dem, was man erlebt, sondern an dem, was man geschrieben hat. [...] (del Castillo 1998)

Auch Jorge Semprun spricht explizit das Problem eines Schreibens an, das tödlich sein könnte. Bestimmten Themen kann man sich nicht ungestraft nähern. Man muß also wählen – leben oder schreiben – bemerkt er in einem Buch, dem er bezeichnenderweise den Titel *Schreiben oder Leben* (1994) gab.[6] Man muß wählen zwischen

> dem rauschenden Schweigen des Lebens und der ›mörderischen‹ Arbeit des Schreibens. [...] Das Schreiben stürzte mich in den Tod, ertränkte mich. Ich erstickte in der modrigen Luft meiner Entwürfe. [...] Ich scheiterte bei meinem Versuch, den Tod zu schildern, um ihn zum Schweigen zu bringen; hätte ich weitergemacht, dann hätte mich wahrscheinlich der Tod verstummen lassen. (Semprun 1994, 296)

Semprun praktiziert daher eine »bewußte Amnesie«, eine Amnesie, die darauf beruht, daß man ein anderer wird, »um ich selbst bleiben zu können«, daß man für die restliche Lebenszeit das Thema wechselt. Vom Grauen zu sprechen, kostete ihn einen »übertrieben hohen Preis [...] [, den] Preis meines eigenen Überlebens gewissermaßen, da mich das Schreiben unaufhörlich in die Wüste einer tödlichen Erfahrung zurückschickte« (Semprun 1994, 267). Man kann das Problem nicht besser formulieren.

---

6    Vgl. Schapira, M.-C. (1996).

Dennoch gelang es Semprun zu schreiben und zu überleben. Kann man also vielleicht doch von der Katastrophe sprechen, ohne zu sterben? Aber wie? Und für wen? Anders ausgedrückt: Was sind die Eigenschaften eines ›guten Berichts‹, einer Erzählung, die einen überleben läßt? Solche Fragen werden die Richtung der folgenden Überlegungen bestimmen. Diese Fragen richten sich an uns alle, besonders aber an die Psychoanalytiker. Es ist Sache der Psychoanalytiker, das Gesprochene durch ihr Zuhören zu modulieren und die Möglichkeit einer Verarbeitung angesichts des Entsetzens zu gewährleisten. Ihre Sache ist es, bis zum Ende da zu bleiben und die Erzählung entgegenzunehmen. Wenden wir uns jetzt besonders zweien dieser Erzählungen zu: dem Bericht Primo Levis und dem Bericht Sarah Kofmans, und sehen wir, welchen Platz diese Berichte in der Biographie ihrer Autoren einnehmen.

## Primo Levi

### Überleben um zu schreiben?

Primo Levi stirbt am 11. April 1987, dem Jahrestag der Befreiung von Buchenwald, nachdem er sich in das Treppenhaus seiner Turiner Wohnung hinuntergestürzt hat. Dieser Suizid[7] steht am Ende eines Lebens, das paradoxerweise aktiv und glücklich wirkt und den Anschein gelassener Kreativität gibt. Diese Kreativität kommt einem wie ein Wunder vor, da man weiß, daß der 1919 geborene italienische Schriftsteller die ersten Jahre seines Erwachsenenlebens in Auschwitz verbracht hat, wohin er mit 24 Jahren deportiert wurde, und daß er der Vernichtung nur entrinnen konnte, weil er als Chemiker in der zum Lager gehörenden Fabrik der IG Farben arbeitete.

---

7   Die These, daß sich Primo Levi suizidiert hat, ist Gegenstand einer Kontroverse. Mehrere Autoren sprechen von einem Unfall, aber es ist dennoch unbestreitbar, daß Primo Levi am Ende seines Lebens schwer depressiv wurde. Ich bin im übrigen Gilbert Diatkine dankbar, der besonders auf dem subtilen und unentscheidbaren Charakter der Kausalverbindung insistiert hat, die den Bericht mit dem Suizid verknüpft. Man hätte so einen Text über die zwei äußersten Akte der Selbstbemeisterung, die Autobiographie und die Selbsttötung schreiben und das zeitliche Zusammenfallen des Schreibens über sich selbst und des Todes, den man sich selbst gibt, anders interpretieren können (Vgl. Béla Grunberger *Der Selbstmord des Melancholikers*, 1966).

Primo Levis Leben, das oft als Beispiel bemüht wird, erlaubt es uns, daran zu glauben, daß man sich des Entsetzens entledigen kann, indem man Zeugnis von ihm gibt[8]. Wie der Heilige Georg den Drachen niederstreckte, so bewies Primo Levi den Ungläubigen, daß mit dem Erzählen das Trauma überwunden werden kann. Er verkörpert eine Utopie, die jeder gern für wahr hielte: Das Schreiben heilt, es erlaubt zu überleben. Primo Levi selbst hat diese These verteidigt, hat sein Schreiben als Versuch der Normalisierung präsentiert, als Mittel, dem ›heiligen‹ Status zu entkommen, als Möglichkeit, sich von der tödlichen Faszination der Erfahrung des Grauens loszureißen. »Indem ich schrieb«, sagt er, »finde ich Bruchstücke des Friedens wieder, wurde ich wieder ein Mensch: Ein Mensch unter anderen, weder Märtyrer noch Schandtäter noch Heiliger. Einer dieser Menschen, die eine Familie gründen und genau so viel in die Zukunft wie in die Vergangenheit schauen.« Auf luzide Weise unterstreicht Primo Levi die therapeutische Dimension seines Schreibens. Er erzählt nicht immer im Namen der Verschwundenen. Im Gegenteil, er tut es, um sich von ihnen zu befreien.

> Ich kann nicht sagen, ob wir es aus einer Art moralischer Verpflichtung gegenüber den Verstummten getan haben beziehungsweise tun, oder nicht vielmehr aus dem Drang heraus, uns von der Erinnerung an sie zu befreien. Aber sicher tun wir es aus einem starken dauerhaften Impuls heraus. (Levi 1986, 84)

Der Impuls ist stark, aber seine Macht, Schutz zu geben, ist weniger beständig, als es scheint. Diese Schutzmacht scheint sich zu verbrauchen. Und es kommt tatsächlich ein Moment, wo das Schreiben Levi nicht mehr als Schutzschild dienen kann. Aber handelt es sich wirklich um dasselbe Schreiben? Benutzt der Turiner Schriftsteller nicht verschiedene Register, ja sogar gegensätzliche? Wenn Levi dank seiner Fähigkeit zu schreiben überleben konnte, hat er sich nicht als Opfer eben derselben Fähigkeit ins Leere gestürzt? Vielleicht kann man sein Werk lesen als eine Art Durchquerung der Schreibweisen, als eine Initiationsfahrt, die

---

8   Seine Kreativität zeigt sich in einer Reihe von Büchern, von denen einige den Status eines Klassikers erreichten: *Se questo e un uomo* (1947, deutsch: *Ist das ein Mensch?*, 1961), *La tregua* (1963, deutsch: *Atempause*, 1964)), *Il sistema periodico* (1975, deutsch: *Das periodische System*, 1979), *Se non ora, quando?* (1983, deutsch: *Wann, wenn nicht jetzt*, 1986), *Ad ora incerta* (1984, deutsch: *Zu ungewisser Stunde*, 1998), *I sommersi e I salvati* (1986, deutsch: *Die Untergegangenen und die Geretteten*, 1990).

in einer Rückkehr zur Erfahrung der Lager besteht, nachdem er einen Umweg gemacht und sich von ihr entfernt hatte. Der Umweg hat Levi dazu gebracht, sich für eine gewisse Zeit in einen Autor von Science-Fiction-Geschichten wie *Storie naturali* (1966 unter Pseudonym veröffentlicht; deutsch: *Die Verdoppelung einer schönen Dame und andere Überraschungen*) und *Vizio di forma* (1971) zu verwandeln. Das Sich-Entfernen zeigt sich sogar am Stil Primo Levis. Es ist charakteristisch für seine Art des Schreibens und wird von ihm offen gefordert.

## Eine rationalistische Ästhetik

Immer wieder bezieht Primo Levi Position gegen eine Art des Schreibens, die ihre Unverständlichkeit kultiviert. Er verwirft gleichermaßen eine Literatur, die vor allem expressiv wirkt. Levi zeigt pädagogische Ambitionen: Das Schreiben dient dazu, Mehrdeutigkeiten zu beseitigen. Die Geschichte, die er erzählt, mag schrecklich sein. Dennoch möchte er sie auf klare, analytische Weise erzählen, in einem gewissermaßen klinischen Stil. So ist das Bild, das er von den Lagern gibt, weit stärker, weil er jedes Pathos entfernt hat. Aber bleibt es wahrheitsgetreu ohne dieses Pathos?

Primo Levi scheint das zu bezweifeln, denn in einem bestimmten Moment verspürt er das Bedürfnis, das Bild zu vervollständigen, sich für eine unsicherere Schreibweise zu öffnen, einen kräftig expressiven Ton anzuschlagen. Der Essayist und Chronist verwandelt sich nun in den Dichter. Wir wissen, daß diese Entwicklung im Selbstmord endete. Diese Tragödie führt uns dazu, uns Fragen über die Ästhetik zu stellen, die Levi vertrat. War diese Ästhetik nur das Ergebnis einer intellektuellen Wahl, nur Zeichen der Treue gegenüber einem Ideal, das die Enzyklopädisten verkörperten?

War sie nicht auch Ergebnis einer Schutz-Strategie? War sie eine bewußte Nachahmung dieser Schreib-Weise, eine von der Angst diktierte Zensur, ein Sich-Distanzieren vom Entsetzen, eine – wie sein Tod nachträglich zeigte – berechtigte Scheu?

Halten wir auf jeden Fall die obsessive Präsenz bestimmter Texte im Herzen von Levis Schreiben fest, Texte, die – seien sie zitiert oder übersetzt – all das repräsentieren, was Levi aktiv zurückweist. Bestimmte Texte interpunktieren sein Werk wie Denkmale, ragen aus ihm hervor wie Wegzeichen. Wohin weisen diese Wegzeichen?

Ein heimgesuchtes Schreiben. Das Gespenst des alten Seemanns

Since then at an uncertain hour,
That agony returns
And till my ghastly tale is told
This heart within me burns [...][9]

Das ist ein Zitat von Coleridge. Es stammt aus *The Rime of the Ancient Mariner*, genauer gesagt aus einer Strophe, deren Thema die Erzählung einer schrecklichen Erfahrung ist. »At an uncertain hour«, »Ad ora incerta« … Mit diesen Worten beginnt das Gedicht »Der Überlebende« vom 4. Februar 1984. *Ad ora incerta* (deutsch: *Zu ungewisser Stunde*) wird auch der Titel sein, den Primo Levi einer Gedichtsammlung gibt, die 1984 bei Garzanti erscheint. Coleridges Verse tauchen wieder auf als Motto von *I sommersi e i salvati* (deutsch: *Die Untergegangenen und die Geretteten*), 1986 bei Einaudi erschienen. Man findet sie wieder in *Il sistema periodico* (deutsch: *Das periodische System*), und sie werden auch in den Interviews wieder aufgegriffen, die Primo Levi der *Nuova Italia* (1981), *La Stampa* (1986) und dem *Partisan Review* (1987) gibt. Diese Verse werden so zu einer Art Wahrzeichen, zu einer Visitenkarte. In dem Maß, wie sein Leben fortschreitet, schätzt Primo Levi seine Übereinstimmung mit dem alten Seemann von Coleridge ab. Verweist diese entschlossene Selbst-Darstellung also auf einen Wunsch zu bekennen? Oder handelt es sich eher um eine Art Identitäts-Panzer, um eine schützende Tarnung?

Sie scheint tatsächlich beides zu sein. Einerseits erlaubt sie es, einen unerträglichen Affekt auf Distanz zu halten. Andererseits kündigt sie das Wiedererwachen oder die Rückkehr der entsetzlichen Erfahrung an. Indem sie das Werk Primo Levis wie ein roter Faden durchzieht, verzögert sie das Bewußtwerden, das in seinen letzten Schriften zutage tritt, während sie es zugleich doch unvermeidbar macht.

Dieses Bewußtwerden ist ein mühsamer Prozeß. In *I sommersi e i salvati* beschreibt Levi seinen Zustand als Überlebender folgendermaßen:

---

9   »Seither, zu ungewisser Stund, / faßt mich der Todesschmerz, / und bis mein Grausen ist erzählt, / brennt in mir dieses Herz« (Übersetzung P.V.).

Wir, die das Los verschont hat, haben mit größerer oder geringerer Weisheit versucht, nicht nur von unserem Schicksal, sondern auch vom dem der anderen zu berichten, eben derer, die untergegangen sind. Aber es handelte sich dabei um ein Unternehmen ›für fremde Rechnung‹, um einen Bericht über Dinge, die aus der Nähe beobachtet, doch nicht am eigenen Leibe erfahren wurden.[…] Jetzt sprechen wir, als Bevollmächtige, an ihrer Stelle […]. (Levi 1986, 84)

Levi versucht hier, die Rede der Zeugen abzuwerten, zu denen er gehört, er versucht, so zu tun, als ob das einzig wahre Zeugnis nur von denen kommen könnte, die tatsächlich untergegangen sind. Diese Skrupel sind übertrieben: Kein Lebender kann letztlich vom Augenblick des Sterbens erzählen. Aber seine Erzählung ist die einzig mögliche. Im Grunde wäre Levi gern der Autor jenes oberflächlichen Berichts, den er denunziert, eines Berichts von der Außenseite des wirklichen Leidens, eines Berichts, wie ihn ein mitfühlender Passant geben könnte. Levi würde zu gern verkennen, auf welche Weise sich das Leiden und der Tod seiner Gefährten in ihm eingeschrieben haben. Trotzdem sagt sein Fetisch-Gedicht ganz laut, was er gern verschweigen würde. Sicher, der alte Seemann hat überlebt, aber er ist nur noch das Echo der Leiden seiner Gefährten.

Each turned his face with a ghastly pang
and cursed me with his eye. […]
I could not draw my eye from theirs […]
The pang, the curse with which they died
had never passed away … (Coleridge, The Rime of the Ancient Mariner) [10] [11]

Als zweiter wird Kafka Aufschlüsse über die bleibende Schuld angesichts des Fluchs im Blick der Sterbenden geben.

10 »Sie wandten sich um in Todesqual / verfluchten mich mit ihrem Blick. […] Mein Aug' von ihrem löst' ich nicht […] Die Qual, der Fluch bei ihrem Tod / sie waren nie verblaßt […]« (Übersetzung P.V.).
11 In einer bemerkenswerten angewandt-psychoanalytischen Arbeit hat Stephen Weissmann (1976) ausführlich die Bedeutung expliziert, die man einer derartigen Schuld im Werk Coleridges zuschreiben muß. Ein Vers aus dem zitierten Gedicht dient auch als Titel für das Buch von Robert Jay Lifton *Tod im Leben*.

Kafka: Lehrer der Schuld

Zu Beginn der achtziger Jahre entschloß sich der italienische Verleger Einaudi, neue Übersetzungen einer Reihe von Klassikern der Moderne zu veröffentlichen. Natalia Ginzburg übersetzte *Madame Bovary*, Italo Calvino *Lord Jim*. Primo Levi wurde gebeten, Franz Kafkas *Prozeß* zu übersetzen. Levi akzeptierte das Angebot; seine 1983 erschienene Übersetzung wurde übrigens ziemlich schlecht aufgenommen (Anissimov 1996).

Levi hatte sehr gute Gründe einzuwilligen. Man kann sich die Verführung vorstellen, die das analytische, knappe Deutsch des tschechischen Autors für ihn bedeuten konnte, aber er macht sich recht schnell klar, daß er eigentlich hätte ablehnen müssen. Die Strenge von Kafkas Sprache steht im Dienst eines mehrdeutigen Diskurses, eines Universums voller dunkler Appelle. Primo Levi begibt sich mit dem Übersetzen Kafkas in Gefahr. Folgendes sagte er in einem langen Interview mit *La Stampa*:

> In meinem Schreiben hatte ich, im Guten wie im Schlechten, bewußt oder unbewußt, immer die Neigung, vom Dunklen zum Klaren überzugehen, als könnte das [...] wie eine Filterpumpe wirken, die trübes Wasser ansaugt und geklärtes ausstößt; vielleicht etwas steril. Kafka schlägt den umgekehrten Weg ein. Er breitet ohne Ende in unglaublich tiefen Schichten geschöpfte Sinnestäuschungen aus, aber filtert sie nie. In ihnen entdeckt der Leser ein Gewimmel von Keimen und Sporen [...] *Der Prozeß*,

schließt Levi,

> ist ein krankes Buch. Angesichts Kafkas habe ich unbewußte Abwehrmechanismen in mir entdeckt [...], beim Übersetzen ist meine Abwehr zusammengebrochen. Ich habe mich von der Figur des Josef K. betroffen gefühlt. Ich habe mich selber angeklagt, so wie er. (Levi, zit. nach Anissimov 1996, 490)

Primo Levi setzt sich zur Wehr. Man sieht, wie er die Sprache des Chemikers zugunsten der einer Biologie aufgibt, wo es nicht mehr nur um Hygiene geht, sondern um Reinheit, und wo sich sogar nicht mehr nur die Frage der Reinheit stellt, sondern die Frage der Unschuld. Kommt man Kafkas Literatur zu nahe, läßt sie unbeteiligte Distanz nicht mehr zu. Diese Literatur ist ein Sprung in die Miasmen, eine verunreinigende Macht, und diese Macht ist besonders schmerzhaft für den Übersetzer, der sich das Schreiben Kafkas zur eigenen Sache machen muß und dabei spürt, wie es in ihn eindringt, seine Abwehr zerbricht. Der italienische

Autor fühlt sich entweiht, auf die Rolle verwiesen, der er glaubte entkommen zu sein, nämlich auf die gefürchtete Identität, welche die Römer mit dem Begriff des ›sacer‹ verbanden oder die Hebräer mit dem ›Kaddosh‹. Er wurde wieder zum Monster, ungeeignet für die Gesellschaft anderer Menschen.

Das präzise Schreiben Kafkas diente als Instrument einer Pädagogik der Schuld, einer Pädagogik, die sich umso stärker erwies, als sie sich an das Opfer wandte, und deren Wirksamkeit die vehementen Proteste des Gedichtes »Der Überlebende« bezeugen (4. Februar 1984):

Since then at an uncertain hour,

Seit damals, zu ungewisser Stunde,
Kommt dieser Schmerz immer wieder.
Und wenn er niemanden findet, der ihn hört,
Verbrennt in der Brust ihm das Herz.
Dann treten vor ihn erneut die Gesichter seiner Gefährten,
Fahl im Licht der Frühe […]
»Niemanden hab ich verdrängt,
Niemandes Brot hab ich an mich gerissen,
Niemand ist statt meiner gestorben. Niemand.
Kehrt wieder in eure Nebel zurück.
Meine Schuld ist es nicht, daß ich noch lebe und atme,
Und esse und trinke und schlafe und Kleider trage.« (Levi 1984, 71)[12] [13]

Schauen wir uns den Weg an, der von einem englischen Zitat zu seiner Wiederaufnahme auf Italienisch führt; von einer Erinnerung in der dritten Person (sieht er) zu einem Abstreiten in der ersten Person (Ich habe niemanden verdrängt); von einer Beschreibung (Zu ungewisser Stunde) zum Schrei (Niemand! Niemand!). Mit diesem Gedicht kommt eine vierzigjährige Wegstrecke an ihr Ende, die Primo Levi von der entschlossenen Distanz eines Enzyklopädisten des Entsetzens direkt ins Herz der entsetzlichen Erfahrung führt.

---

12  Das Dante-Zitat ist teilweise nicht korrekt. Doch gerade in dieser Abweichung erlaubt es, ein Thema aus dem 23. Gesang des *Inferno* und eine Überschreitung in den Todeslagern, die von namenloser Scham begleitet war, gleichzeitig zu benennen und zu maskieren: den Kannibalismus (mündliche Mitteilung von Claude Avram und Samuel Zysman).
13  Vgl. Mary Douglas (1966), Natalie Zaltzman (1999).

## Ein Weg und zwei Stationen

So zusammengefaßt läßt sich der Weg Primo Levis nacherzählen als eine Strecke, die von einem analytischen Schreiben – einem ›Deck-Schreiben‹[14] – zu einem Schreiben mit offenem Visier führt, das Risiken eingeht. Dieser Weg wurde durch zwei Haltestationen ermöglicht.[15]

Die erste dieser Stationen, das erste dieser Wegzeichen – oder die erste dieser Sirenen, die Levi in die Tiefe ziehen wollen – ist, wie wir gesehen haben, *The Rime of the Ancient Mariner*, wo Coleridge auf beunruhigende Weise zwei Themen miteinander verflicht. Da ist zuerst die Geschichte vom Passanten, den der Erzähler einer Katastrophe für sich gewinnt, eine Situation, ähnlich dem nunmehr paradigmatischen Aufeinandertreffen von Überlebenden, die flehentlich bitten, man möge ihnen zuhören, und einem Publikum, das kein Interesse an ihren Erzählungen hat. Es folgt die Erzählung des Überlebenden, der seine Schuld ausspricht gegenüber dem Albatros, den er getötet hat, und gegenüber denen, die in der Folge dieses Mordes untergegangen sind.

*The Rime of the Ancient Mariner* fungiert hier als eine noch distanzierte Erinnerung an die entsetzliche Erfahrung, eine Erfahrung, deren Schrecken in der romantischen Bilderwelt eines von Fliegenden Holländern und Medusenflößen besessenen 19. Jahrhunderts bezeichnet wird. Aber diese pittoresken Details können ein entscheidendes Element nicht verdecken: Die Erzählung beruht völlig auf der unerklärlichen Größe der Schuld, die mit dem Tod eines Vogels verknüpft ist.

Die zweite Haltestelle, von der hier die Rede war, Franz Kafkas Prozeß, radikalisiert dieses Thema einer Schuld ohne Ursprung. Die Schuld heftet sich nicht nur wie bei Coleridge an ein schwer zu erklärendes Motiv (der Tod des Albatros). Josef K. ist schuldig, aber man wird nie wissen, woran. Kafkas Schreiben geht bis ans Ende dessen, was Coleridge nur suggeriert hatte, in dem er zeigte, daß die Schuld umso größer sein kann, als sie auf keinem vernünftigen Grund

---

14 »écriture écran« ist parallel gebildet zu »souvenir-écran«, womit in der französischen Psychoanalyse Freuds »Deckerinnerung« übersetzt wird. (Anm.d.Ü.)

15 Zum Begriff der Wegstrecke (itinéraire), der Distanz, des Durchquerens von Schreibweisen (traversée des écritures) fand ich bei Steven Jaron in seiner Vorlesung über Sarah Kofman und Marcel Cohen (Colloque de Cerisy, August 1998) Überlegungen, die den in dieser Arbeit vorgelegten sehr nahe kommen.

beruht, oder daß sie die Vernunft herausfordert, indem sie bei denen auftritt, die eigentlich von ihr verschont bleiben sollten – bei den Opfern.

## Sarah Kofman

Sarah Kofman hatte einen Vater, den Rabbiner Berek Kofman. Er wurde am Donnerstag, 16. Juli 1942 während der Vel d'Hiv-Razzia[16] festgenommen. Sie hatte zwei Mütter. Im Februar 1943 zerstreute eine Razzia der Gestapo den Rest der Familie. Sarah wurde von der gerettet, die ihre Adoptivmutter wurde – »Omi« –, und verleugnete ihretwegen ihre erste Mutter. Ein ermordeter Vater. Eine Mutter zuviel. Sarah Kofman wird sich ein halbes Jahrhundert später töten, am Samstag, 15. Oktober 1994.

So wurde ihr Tod öffentlich bekanntgemacht:

Sarah Kofman, 1933 in Paris geboren, war Philosophieprofessorin an der Universität Paris I – Sorbonne. Sie hatte 27 Arbeiten publiziert, zum größten Teil bei Galilée, alle zu philosophischen Themen. [...] 1970 [...] veröffentlichte sie ihre erste Arbeit [...] *L'enfance de l'art* (Payot), eine Studie über Freuds Beziehung zur Kunst, die ihr Jacques Derridas Anerkennung einbrachte. [...] 1972 veröffentlichte sie [...] *Nietzsche et la métaphore*. Sarah Kofman richtete ihre philosophische Karriere nach zwei Seiten aus, nach einer freudianischen und einer nietzscheanischen.

Aber, schreibt Marc Rogan in der *Libération* weiter,

seit der Veröffentlichung von *Rue Ordener, rue Labat* im Jahr 1994, durchlitt Sarah Kofman eine schwere Depression [...] sie hatte das Gefühl, ihrem Werk einen Schlußpunkt gesetzt zu haben, indem sie auf ihre Kindheit zurück kam [...]. (Ragon 1994)

In seiner Knappheit, in seiner unbeabsichtigten Brutalität, legt der Artikel des Journalisten eine kausale Verbindung zwischen einem Aussprechen und einem Tod nahe. So gesehen hätte am Ende eines umfangreichen Werkes der autobiographische Bericht eine schwere Depression zur Folge, die schließlich zum Tode führt. Die Kausalkette könnte natürlich auch umgekehrt verlaufen (die Depres-

---

16 Die Razzia, bei der etwa 13 000 staatenlose Juden – Männer, Frauen, Kinder – gefangengenommen wurden, ist nach dem Vélodrôme d'Hiver benannt, wo die Familien bis zu ihrer Deportation festgehalten wurden. (Anm.d.Ü.)

sion wäre dann Auslöser des autobiographischen Berichts) oder ganz verworfen werden: während der dreißig Jahre ihrer schriftstellerischen Tätigkeit sprach Sarah Kofman oft und auf ganz verschiedene Weise von ihrer Erfahrung.

Halten wir jedoch fest, daß sie, auch wenn sie viel davon sprach, bestimmte, allzu direkte Formulierungen vermied oder ausschloß. Aber es gibt doch bestimmte Register, derer sie sich gern bediente. In einem Vokabular, das sie mit Jacques Derrida teilte, könnte man sie »pharmazeutisch« nennen. Ihre Stärke liegt darin, daß sie – als eine Art Kofmansches Leitmotiv – das »Unerträgliche erträglich machen«.

Es gibt drei dieser »pharmazeutischen« Register, Es handelt sich einmal um exegetische Arbeiten, um philosophische Reflexionen (Freud, Nietzsche, Platon, Derrida). Dann gibt es die Arbeiten zur Ästhetik: Sarah Kofman analysierte häufig Bilder, in denen Angst sich ausdrückt (Goya), überwunden wird (Rembrandt) oder eine andere Form annimmt (Leonardo da Vinci). Diese Arbeiten über bildnerische Darstellung scheinen von heute aus gesehen auch Bekenntnisse zu sein. Sie können aber erst nachträglich als solche gelesen werden. In einem dritten Register widmet sich Sarah Kofman der intellektuellen Biographie (Hoffmann, Wilde und noch einmal Nietzsche). Eine Strategie des ›An-den-Abgrund-Setzens‹[17] erlaubt es ihr, sich durch »Heterobiographie« auszudrücken, »im Textkörper anderer« zu schreiben (wie Françoise Collin (1997) sagt). Es gelingt ihr so, von sich in der dritten Person zu sprechen, sich indirekt zu beschreiben, eine Serie von »Botschaftern« ihrer selbst zu entwerfen, den Gefahren der »Subjektivierung« zu entgehen.

Es bleibt ein letzes Register, das nichts »Pharmazeutisches« mehr an sich hat, ein direktes, brutales Register, das Verschiebung unmöglich macht. Es besteht aus autobiographischen Fragmenten, isolierten Ereignissen, Traumerzählungen. Für lange Zeit existierte dieses vierte Register nur in Zwischenräumen. Das Werk Sarah Kofmans geht von einem pharmazeutischen Register ins nächste über und versucht dabei, das Eindringen jener vierten Schreibweise zu vermeiden oder hinauszuschieben. Aber diese Register werden aufeinander zu gleiten und sich treffen, sich verbinden. An einem bestimmten Punkt wird Sarah Kofman die autobiographischen Fragmente, die da und dort an der Oberfläche ihres Schreibens auftauchen, zusammenführen, um daraus eine explizite und durchgängige Erzäh-

---

17  I.O.: »Mise-en-abîme«, analog zu »Mise-en-scène« (Inszenierung). (Anm.d.Ü.)

lung zu machen. Für dieses Zeugnis, das weder fragmentarisch noch traumartig ist, zeichnet ein »Ich« verantwortlich. Es ist ein Bekenntnis, aus dem alle nebensächlichen Elemente verbannt sind, so daß nur die brutale Einheit der Tragödie übrig bleibt. Tod des Vaters. Konflikt zwischen den Müttern. Schrecken angesichts der Darstellung des Hasses.

Die Bewegung, die zur Konvergenz der Register und zur Entscheidung für die Autobiographie führt, nimmt dreißig Jahre in Anspruch. Folgen wir also, von einem Register zum nächsten, der Selbsterzählung, die Sarah Kofman vorlegt. Rekonstruieren wir die Etappen eines Wegs, der sich hin- und herbewegt zwischen einem ›Sprechen‹, das tötet, und einem, das erleichtert, zwischen einem, das die Ankunft des unausweichlichen Endes hinausschiebt, und einem, das sie beschleunigt, zwischen einem das sich als irreversibel erweist, und einem, das erlaubt, Zeit zu gewinnen. Die Zahl dieser Etappen ist vier.

### 1963–1976: *Die Kindheit der Kunst* und die Nachträglichkeit

*Die Kindheit der Kunst* ist eine Reflexion über Freud, über die bildliche Darstellung und über die Strategien (Verschiebung, Sublimierung), die darauf abzielen »das Unerträgliche erträglich zu machen«. Den Buchumschlag ziert der »Londoner Karton« Leonardo da Vincis. Die heilige Maria und die heilige Anna halten zwei spielende Kinder (das Jesuskind und Johannes der Täufer). Für Freud, dessen Analyse Sarah Kofman hier wieder aufnimmt[18], offenbart das süße Lächeln

18  In einer 1923 hinzugefügten Fußnote zu »Eine Kindheitserinnerung des Leonardo da Vinci« bezieht sich Freud auf den »Londoner Karton«. Dieses Kunstwerk hat seit den siebziger Jahren in Frankreich eine ganze Reihe von Kommentaren ausgelöst. »Prima ricordazione della mia infanzia« heißt eines der Kapitel von Serge Vidermans *Construction de l'espace analytique*. Der Karton spielt auch in *Maternel singulier* von Ilse Barande (1977) eine Rolle. Der obere Teil des Londoner Kartons dient als Einband (*Decke* [deutsch i.O.]) für *Die Kindheit der Kunst* (1970). Sarah Kofman verweist hier nachdrücklich auf das Lächeln der Heiligen Anna, das den Schmerz *bedecke* [deutsch i.O.]. Zwanzig Jahre später läßt uns André Green in *Révélations de l'inachèvement* die phallische Haltung der Heiligen Anna sehen, ihren erhobenen Zeigefinger, der das Wort des Vaters anruft, den verstümmelten Fuß der Jungfrau Maria. Green schlägt eine Deutung des gesamten Werks vor, in dem er zeigt, daß es eine den Deckerinnerungen analoge Rolle spielen kann (siehe insbesondere das Kapitel »L'écran au-delà du souvenir«, 91).

auf den Lippen der heiligen Anna eine Lüge, ohne die der Maler die dargestellte Situation als unerträglich empfunden hätte. Freud schreibt:

> Leonardos Kindheit war gerade so merkwürdig gewesen wie dieses Bild. Er hatte zwei Mütter gehabt, die erste seine wahre Mutter, die Catarina, der er im Alter zwischen drei und fünf Jahren entrissen wurde, und eine junge und zärtliche Stiefmutter, die Frau seines Vaters […]. (Freud 1910c, 185 f.)

Man weiß, daß Freud zufolge in da Vincis Bild die ältere Frau (die heilige Anna) der Mutter entspricht, der der junge Leonardo entrissen wurde, und daß der Künstler »mit dem seligen Lächeln der heiligen Anna […] wohl den Neid verleugnet und überdeckt (hat), den die Unglückliche [Catarina] verspürte, als sie der vornehmeren Rivalin erst den Mann und dann den Sohn abtreten mußte« (Freud a.a.O.). Sarah Kofman konstatiert, »daß das Lächeln der Mutter nie existiert hat« (1970, 113).

Anders ausgedrückt, das

> »glückliche Lächeln« bei der heiligen Anna ist das Produkt der Verdrängung: der Künstler leugnet das Leiden seiner Mutter und maskiert die Eifersucht, die sie fühlte, als sie gezwungen wurde, ihren Sohn ihrer Rivalin zu überlassen. (Kofman 1970, 113)

»Man könnte hier sagen: ihre Tochter«, schreibt Jacques Derrida 1997, indem er wiederum den Text Sarah Kofmans kommentiert. Derrida denkt hier an die Art und Weise, wie Kofman dazu kam, ihre Adoptivmutter zu lieben, ihre biologische Mutter zu verleugnen, in ihrem Herzen die ›Mutter‹ der Rue Labat ihre (wahre) Mutter der Rue Ordener verdrängen zu lassen.

Sarah Kofman verurteilt Leonardos Lüge nicht: Das Lächeln, das er der heiligen Anna verleiht, ist für sie notwendig, denn es erlaubt zu überleben. Sie stellt ihm die Gewalt der Affekte gegenüber, die sich ihrer in dem Moment bemächtigen, als sie öffentlich ihre Mutter anklagt; die Angst angesichts anderer Bilder, die einer sarkastischen Denunziation des da Vincischen Bildes gleichen. In einem Film von Hitchcock – »The Lady Vanishes« – verschwindet

> die kleine Alte, Miss Froy, die im Zug der eingeschlafenen Heldin gegenüber sitzt […]

Sie wird

»durch eine andere Frau, die sich als die erstere ausgibt ersetzt [...] Das Unerträgliche ist, plötzlich das Gesicht der Ersatzfrau zu sehen (sie trägt die Kleider der guten Alten [...]), das schrecklich harte, falsche, ausweichende, bedrohliche Gesicht [...]. (Kofman 1994 81f.)

## 1976–1983: Die leere und die volle Erzählung, die adoptierte und die verwaiste Erzählung

Während der Periode, die von 1976 bis 1983 dauert, fragt sich Sarah Kofman, wie die Bedingungen für ein Sprechen aussehen, das wahr wäre, ohne tödlich zu sein. Seit 1976 stellt sie die meisten der hier diskutierten Fragen. Kann man bestimmte Erfahrungen aussprechen? Kann man sie aussprechen, ohne sie zu verfälschen? Und, wenn man sie einmal laut werden läßt, kann man jemanden finden, der sie hören will oder sie zu hören weiß? Welches wären die Bedingungen für die Rezeption eines solchen Sprechens?

Zur gleichen Zeit schreibt sie Texte, die nur indirekt gefährlich sind. Hier ein Traumbericht. Ein sehr kurzes, sehr rätselhaftes Fragment: »Auf einem Buchdeckel lese ›ich‹ KAFKA ... übersetzt von Sar... Ko (a) f (...)«. Der Kommentar, den sie dazu gibt, ähnelt gewissen Bemerkungen Primo Levis.

Warum, habe ich ›mich‹ in eine Übersetzerin Kafkas verwandelt? Warum habe ›ich‹ so meinen Namen und Vornamen verändert? [...] Welche heimliche Verwandtschaft könnte mich mit dem verbinden, dessen Namen ich schnell mit dem Prozeß, mit der Schuld verbinde? (Kofman, 1976b)

Eine Antwort wird vorgeschlagen. Der Traum evoziert die »Bestrafung derjenigen, die ihr Blut zu verleugnen, ihre niedrige Herkunft auszulöschen, mit stolz erhobenem Haupt aufzutreten suchte« (Kofman a.a.O.). Die Antwort, die Sarah Kofman gibt, erhellt sich wieder nachträglich:»sein Blut verleugnen« heißt seine Mutter zurückzuweisen. Wie bei Primo Levi scheint auch hier Kafka der Repräsentant der Affekte zu sein, die zum Schweigen gebracht wurden. Er bahnt der Schuld ihren Weg.

Die Rückkehr der Schuld, das Aufsteigen des Verdrängten, die physische Not – das werden für Sarah Kofman die Kriterien eines wahren Redens, eines vollen Redens, eine Redens, das sie in einem entscheidenden Text einem möglichen faktischen Zeugnis, das aber leer bleibt, gegenüberstellt.

Ich habe immer Lust gehabt, mein Leben zu erzählen … Ganz am Anfang meiner Analyse stand ein langer Bericht … ein kontinuierlicher linearer Bericht. Ich habe nie den Faden verloren. Ich habe alles aneinandergereiht, ich wußte immer, was ich als nächstes sagen würde. Nicht der kleinste Riß, das kleinste Loch, der kleinste Bruch, wo irgendein Lapsus sich hätte einschleichen können oder wo etwas hätte durchrutschen können. Und so passierte nichts. Von der anderen Seite der Couch: nichts. ›Mein Leben‹ ließ ihn gleichgültig. ›Alles hat angefangen‹, als ›ich‹ nichts mehr zu sagen hatte, als ›ich‹ nicht mehr wußte, womit anfangen und womit aufhören. Was ich vorher erzählt hatte, tauchte wieder auf, aber ganz anders, auf diskontinuierliche Weise […] oder es kam gar nicht mehr vor. […] Mein Mund hatte aufgehört, einen Sicherheit herstellenden Diskurs zu verbreiten, *bocca de la verità* zu sein, und wurde zu einer Höhle, aus der Schreie sprudelten. (Kofman 1976a, 171)

Die apollinische »Bocca de la verità« ist des Vertrauens nicht würdig. Man muß die »Höhle, aus der die Schreie sprudeln«, öffnen. Aber unter welchen Bedingungen?

Unter der Bedingung, meint Sarah Kofman, daß diese Schreie nicht ins Leere tönen. Unter der Bedingung, daß eine bestimmte Art des Zuhörens das gesprochene Wort empfangen und annehmen kann.

Das Schweigen des Analytikers ist unerträglich. Es ist Zeichen – nicht einer Gleichgültigkeit den Ereignissen meines Lebens gegenüber, aber einer Abwertung dessen, was mein Intimstes ist. Strikte Ablehnung meiner Geschenke, der Produkte meines Bauchs: Meine Güter sind also Scheiße? Also nichts mehr geben, nichts mehr sagen; wenigstens das Schweigen ist Gold. Aber auch dieses Schweigen ist mir unerträglich. Und so entsteht die zwingende Notwendigkeit zu hören, wie meine Worte wieder aufgenommen und behalten werden …[19] (Kofman 1976a,169)

Wie bei Primo Levi findet man hier das Thema der fehlenden Antwort, des unerträglichen Schweigens, des Abreagierens, das nichts löst.

## 1983: Ein Buch als Scharnier. Das Verschmelzen der Register

Zehn Jahre vor ihrem Tod veröffentliche Sarah Kofman einen wichtigen Text: *Comment s'en sortir?* (1983). Der potentielle Optimismus des Titels[20] wird von der Aufmachung des Bands Lügen gestraft: schwarzer und grauer Ein-

---

19  Im franz. Original:»D'où la nécessité impérieuse d'entendre mes paroles reprises et prises …« (Anm. d. Ü.).
20  Auf deutsch etwa »Wie davonkommen?« (Anm.d.Ü.).

band mit einem gefesselten Koloß, einem Riesen ohne Blick. Dieser gesichts-
lose Gefangene entstammt der schwarzen Periode Goyas. Die Angst, die er erregt, flackert in der Mitte des Buchs wieder auf, bei einer anderen Illustration,
ebenfalls aus der schwarzen Periode: eine Hexe ohne Gesicht erhebt ihre riesige Gestalt vor zwei versteinerten Personen. Indem sie Goyas blinde Monster
hinter sich läßt, bewegt sich Kofmans Reflexion von einem Register zum anderen und beginnt mit dem autobiographischem Bericht und zugleich mit der Arbeit am Begriff.

Der autobiographische Bericht folgt auf eine lange Reflexion (stilistischer
und linguistischer Art) über eine der Formen, wie im Mittelalter die *mala ora*, das
Unglück [Malheur] (Cerquiglini) ausgedrückt wurde. Es handelt sich um den
Ausdruck »Mar«, mit dem zugleich Haß und Angst artikuliert wird und der Sarah
Kofman zugleich an die Rue *Mar*-cadet und den folgenden Alptraum (cauche-
*mar*)[21] erinnert:

> Ich bin in einem Zimmer meiner Kindheit mit meiner Mutter, meinen Brüdern und
> meinen Schwestern, es ist Nacht. Ein Vogel kommt herein, eine Art Fledermaus mit
> menschlichem Kopf, der Schreie ausstößt: *Malheur* à vous. *Malheur* à vous! Meine
> Mutter und ich fliehen voller Schreck. Weinend stehen wir auf der Rue Marcadet. Wir
> wissen, daß wir in sehr großer Gefahr sind und fürchten den Tod.

An diesem Punkt verwandelt sich der Bericht eines Alptraums in den eines

> düsteren Ereignisses aus meiner Kindheit. Im Februar 1943, vor fast 40 Jahren [...] um
> 8 Uhr abends (die »mala hora«), kommt ein Mann von der Kommandatur – der Un-
> glücks-Vogel – um uns zu warnen, meine Mutter und mich (wir aßen gerade in der Kü-
> che eine Gemüsesuppe), wir sollten uns möglichst schnell in Sicherheit bringen, denn
> wir stünden auf der Liste für heute nacht [...] mein Vater war schon am 16. Juli 1942
> abgeholt worden. Meine Mutter und ich flohen in aller Eile [...] Wir wohnten in der
> Rue Ordener und gingen in die Rue Labat, wo uns eine Frau großzügig an den Raz-
> zia-Abenden aufnahm; wir nahmen den Weg über die lange Rue Marcadet. Bei diesem
> langen nächtlichen Gewaltmarsch erbrach ich, verkrampft vor Angst, während des
> ganzen Wegs durch diese Rue Marcadet mein Abendessen. Während der restlichen
> Kriegszeit lebten wir versteckt in der Rue Labat.

---

21 Cauchemar = Alptraum; im deutschen Sprachraum kann der Alp, der sich auf die Brust
   des Schläfers setzt und so den Alpdruck oder Alptraum verursacht, ebenfalls Mar hei-
   ßen; vgl. Nachtmahr (Anm.d.Ü.).

Hier nimmt der Schrecken die Form einer nächtlichen Flucht an. Er vermischt sich mit der Straße (Marcadet), wo das erschreckte Kind nicht aufhören kann zu erbrechen. Aber auch im der Begriffsarbeit gewidmeten Teil des Buchs ist von einem solchen Schrecken und einer solchen Flucht die Rede, insbesondere in der Analyse der »Aporie« bei Platon.

> Kann man dem entkommen, was Platon eine *Aporie* nennt? Aus dieser unhaltbaren, alptraumartigen Situation, wo man sich plötzlich orientierungslos und hilflos fühlt, als sei man in die Tiefen eines Schachts gefallen […] Kann man dieser höllischen Situation entkommen? Kann man einen *Poros* finden, das heißt ein Strategem erfinden, das der Not ein Ende bereitet, einen *Weg* ausmachen, der aus der Dunkelheit ins Licht führt? (Kofman 1983, 101)

Ich unterstreiche mit Absicht das Wort *Weg*. Tatsächlich geht es für Sarah Kofman um den Weg. Den *Poros* finden heißt »ein Strategem erfinden, das der Not ein Ende bereitet«, es heißt »einen *Weg* ausmachen«. Den *Poros* finden heißt »eine Passage öffnen über eine chaotische Fläche, die er (der *Poros)* in einen geordneten Raum mit Eigenschaften verwandelt«. Den *Poros* nicht zu finden, heißt, Gefangener des Chaos zu bleiben. Die Aporie mischt sich also mit dem »Meeresabgrund«: Sie ist »die ihrer Wege verwitwete See«[22], wie es Détienne und Vernant so großartig formuliert haben, An diesem Punkt des Kofmanschen Werks scheinen die Arbeit am Begriff und der autobiographische Bericht untrennbar vermischt. Der Aporie entrinnen, heißt dem Alptraum entkommen. Den »Weg« finden, heißt dem »Meeresabgrund« entkommen, der »ihrer Wege verwitweten See«. Vielleicht heißt es auch, der Schuld entrinnen. Es heißt, eine Straße zu finden, der man folgen kann, ohne zu erbrechen, eine Straße, die nicht die Rue Marcadet ist.

Ein solcher Vergleich zwischen dem *Poros* und der Straße mag willkürlich erscheinen. Aber *Comment s'en sortir*? scheint geschrieben worden zu sein, um einen derartigen Vergleich zu provozieren, es scheint wie ein Behältnis dafür konzipiert zu sein, gemacht, um das mehrdeutige Vordringen der Autobiographie an die Oberfläche des Textes zu erlauben. Einerseits das Chaos des Meeresabgrunds, das Wortspiel mit der »ihrer Wege verwitweten See«. Auf der anderen Seite das, was an Ordnung bleibt, bevor die Katastrophe sich ereignet: der Füll-

---

22 Im franz. Original: »la mer veuve de routes« (Anm. d.Ü.).

federhalter des Vaters, der Anreiz, den Weg zu finden … »Von ihm habe ich nur noch den Füller. […] er liegt vor meinen Augen auf meinem Arbeitstisch und zwingt mich, zu schreiben, zu schreiben« (Kofman 1994, 9). Zu schreiben? Warum? Um genau die Frage des Wegs, des *Poros*, des Ausgangs zu lösen. »Meine vielen Bücher waren vielleicht notwendige Übergänge, um dazu zu kommen, ›es‹ zu erzählen.« Wir sind am Beginn der letzten Etappe.

## 1984–1994: Der Übergang zur ersten Person

Als Sarah Kofman 1994 beschließt, ihre Autobiographie zu schreiben, weiß sie genau, was sie erwartet. Sie hat die Schwierigkeiten in einem Essay mit dem Titel *Erstickte Worte* aus dem Jahr 1987 zusammengefaßt. Sie findet sich in der Position, sprechen zu müssen, ohne sprechen zu können und ohne gehört zu werden. Sie weiß auch, daß sie vermeiden muß, »daß eine zu mächtige und souveräne Sprache die aporetischste Situation, die absolute Ohnmacht und das Elend selbst unter Kontrolle bringt« (Kofman 1987). So schreibt sie einen unerträglichen Text, der von ihren sonstigen Werken unaufhörlich vorbereitet worden war. *Rue Ordener, rue Labat* zeigt auf schonungslose Weise die Not eines kleinen Mädchens, das zwischen zwei Müttern zerrissen ist. Zuerst wird der Vater bei einer Razzia festgenommen, um deportiert und in Auschwitz ermordet zu werden.

> Wir stehen zu sechst auf der Straße und drängen uns schluchzend und heulend aneinander. Als ich zum ersten Mal in einer griechischen Tragödie das bekannte Wehklagen ›ô popoï, popoï, popoï‹ hörte, mußte ich unwillkürlich an diese Szene aus meiner Kindheit denken, als sechs von ihrem Vater verlassene Kinder nur noch mit erstickter Stimme und in der Gewißheit, ihn nie wieder zu sehen, schluchzen konnten: ›Oh Papa, Papa, Papa!‹ (Kofman 1995, 14)

Sarah und ihre Mutter werden von einer Frau aus der Nachbarschaft gerettet. Die Frau von der Rue Labat

> trug Trauer. Sie war ganz in Schwarz gekleidet, und ich war vom Blond ihrer Haare und der melancholischen Zartheit ihrer blauen Augen beeindruckt. […] Die Dame beschloß uns aufzunehmen, ›bis wir eine Lösung finden können‹ […] Diese Unterbringung in der Rue Labat sollte vorübergehend sein. Sie dauerte die ganze Kriegszeit. (Kofman 1995, 49 ff.)

Sarah begann diese Adoptivmuter zu lieben, die sie »Omi« nannte. Als der Krieg zu Ende war, sollte sie dennoch wieder zu ihrer biologischen Mutter zurückkehren.

»Von heute auf morgen mußte ich mich von derjenigen trennen, die ich jetzt mehr als meine Mutter liebte. Mit dieser mußte ich in einem elenden Hotelzimmer in der Rue des Saules das Bett teilen« (73). Sarah sagte sich von ihrer Mutter los, um »Omi« nicht verlassen zu müssen. Ihr ganzes Leben verbrachte sie damit, für die Erzählung dieser Lossagung eine Form zu finden, zu versuchen, eine verhaßte, in ihrer Trivialität erniedrigende Szene zu erzählen:

> Ich war empört darüber, daß sie diejenige, die uns vor dem sicheren Tod gerettet hatte, und die ich so sehr liebte, fälschlicherweise beschuldigen konnte! Daraufhin beschuldigte ich meine Mutter, indem ich vor Gericht meine von blauen Flecken übersäten Schenkel entblößte [...] Die jüdische Freundin, die uns beherbergte [...] bestätigte, daß mir meine Mutter Peitschenhiebe gebe. (Kofman 1995, 74 f.)

Eine solche Episode konnte sie sich nicht verzeihen. Die Frau, die Sarah schwer belastet, ist nicht nur ihre Mutter, sondern ein Opfer. Nachdem sie ihre Mutter belastet hat, sagt sie gegen sich selbst aus. Auf den letzten Seiten des Buchs gibt sie zu verstehen, daß sie auch »Omi« verraten hat.

> Sie ist kürzlich in einem Altersheim in Les Sables gestorben. Sehr behindert und halb blind, konnte sie nur noch ›große Musik‹ hören. [...] Ich konnte nicht zu ihrer Beerdigung gehen. Aber ich weiß, daß der Priester an ihrem Grab daran erinnerte, daß sie während des Krieges ein kleines jüdisches Mädchen gerettet hat. (Kofman 1995, 106)

Sarah Kofman klagt sich an. Es ist offensichtlich zu spät.

Posthume Texte: Die Lektion der Sublimierung

Die zwei letzten Essays von Sarah Kofman, voller Bilder, geschrieben am Ende ihres Lebens, veröffentlicht nach ihrem Tod, sind ein mehrdeutiges Testament. Sie antworten in der Tat auf die Frage nach dem ›Sagen‹, aber auf dem Wege einer Reflexion des Nicht-Gesehenen oder Nicht-Gesagten.

Sarah Kofmans Studie von Oscar Wildes »Bildnis des Dorian Gray« (1995a) ließe sich auf ihre eigenen Schriften anwenden.

174

Die erste Transformation des Portraits wird vom Schreiben bewirkt, das das Bild allein in Worten sichtbar macht. Diese Worte, die es einerseits sichtbar machen, entziehen es zugleich dem Anblick und machen so die unerträgliche und monströse Metamorphose erträglich. (Kofman 1995a, 14)

Man müßte hier nur wenig ändern, um eine ›Poetik‹ im Kofmanschen Sinne zu definieren. Das Unerträgliche erträglich machen. Den Bericht, den sie in sich trägt, ausstellen, aber an einem anderen Ort. Auf ihn im Zentrum der Bilder eines anderen aufmerksam machen, so, daß die Geste, die etwas zur Schau stellt, es zugleich dem Blick verbirgt.

Eben diese Geste (etwas zur Schau stellen und zugleich dem Blick verbergen) findet Sarah Kofman im Zentrum eines der stärksten Bilder Rembrandts, »Die Anatomiestunde des Doktor Tulp« (1632). In der Mitte des Bildes ein Seziertisch und ein ausgebluteter Leichnam, teilweise mit abgezogener Haut. Um den Tisch Mediziner in dunkler Kleidung. Keiner, bis auf eine Ausnahme, betrachtet den Leichnam. Kein Ausdruck des Schreckens, des Mitleids angesichts des derart ausgestellten Toten. Alle hören den Erklärungen des Dr. Tulp zu, der auf ein großes geöffnetes Buch zu Füßen des Leichnams zeigt. »Die Lektion dieser Anatomiestunde ist nicht die [...] eines Memento Mori«, schreibt Sarah Kofman (1995b). »Sie ist nicht die eines Triumphs des Todes, sondern eines Triumphs über den Tod; und dies nicht aufgrund einer Illusion, sondern aufgrund des *Spekulativen.*« Um den Schrecken zu verdecken, wird eine neue Strategie angewandt.

Wenn der Betrachter der Anatomiestunde beim Anblick dieses Bildes nicht vor Angst zittert, sondern es in aller Gelassenheit bewundern kann, liegt das daran, daß er es mit einem Bild zu tun hat, mit einer darstellenden Vergegenwärtigung, die eine pharmazeutische Funktion hat. (Kofman 1995b, 41)

Vor sich haben die angehenden Mediziner

nicht ein Subjekt, sondern ein Objekt, ein reines technisches Instrument, das einer von ihnen manipuliert, um Zugriff auf die Wahrheit des Lebens zu bekommen ... Der Tote (und das Öffnen seines Körpers) werden nur unter dem Aspekt gesehen, daß sie eine Öffnung hin zum Leben bieten, dessen Geheimnis sie bewahren. Die Faszination ist verschoben, und mit dieser Verschiebung ist die Angst verdrängt, das Unerträgliche erträglich gemacht ... (Kofman a.a.O.)

In Wissen oder in Kultur verwandelt, wird die Gewalt, die dem Leichnam angetan wird, zum Gründungsakt der medizinischen Zunft. Der Tod ist »gebannt«. Genauso wie Oscar Wildes Kunstgriffe vermischt sich die ›Demonstration‹ Rembrandts mit dem Kofmanschen Vorgehen. Den Schrecken auflösen, indem man versucht, ihn zu denken. Vom aufgeschnittenen Leichnam zu den weißen Seiten des Buchs übergehen. Die Wahrnehmung des Chaos durch die Suche nach dem *Poros* ersetzen.

Wie schon Derrida (1997) betont hat, ist der Kommentar Sarah Kofmans weit davon entfernt, einfach deskriptiv zu bleiben. Er betont den Wert einer bestimmten Art von Verdrängung. »Weit davon entfernt hier nur eine schlichte Negativität der Ablenkung zu sehen (Negation, Abstreiten, Lüge, Verdecken, Dissimulation), ahnt Sarah Kofman in dieser Verdrängung […] eine listige Bejahung des Lebens, eine nicht zu unterdrückende Bewegung, um zu überleben.« Ironischerweise erreicht uns dieses Plädoyer für das Überleben in einem posthumen Text. Für Sarah Kofman war das ›Malheur‹ schon geschehen.

## Abschließende Bemerkungen

Am Ende dieser Reise durch zwei Schriftsteller-Biographien können wir aus der Vielzahl der von ihnen eingeschlagenen Wege einige Gemeinsamkeiten ableiten, von denen mir vier besonders wichtig erscheinen. Zunächst (1)[23] handelt es sich um die Frage der Nähe oder Distanz, die ihre Schreibweisen zulassen. Dann (2) geht es um die Strategien, die ein indirektes Sagen erlauben, ein Sagen, das sich auf den Kommentar oder das Zitat stützt. Schließlich geht es um die zweifache Gefahr, welche die direkte Zeugenschaft mit sich bringt: Rückkehr der Schuld (3), Manifestation einer stumpfen, quälenden, widerspenstigen Scham (4).

Gibt es also eine Kommunikationsform, die erlaubt, diesen Gefahren auszuweichen oder sie zu wenigstens abzuschwächen (5)? Sind diese Gefahren für jeden dieselben (6)? Diese zwei Fragen möchte ich zum Abschluß aufgreifen.

23 Vgl. die Arbeit von Steven Jaron, 1998.

## Unterwegs zu einer Kartographie des Schreibens

Zuerst muß festgehalten werden, daß die Autoren, die hier systematisch untersucht wurden (Kofman, Levi) wie auch viele von denen, die nur erwähnt wurden, über eine bestimmte Anzahl von Schreib-Registern verfügen, manche entfernt von der unsagbaren Erfahrung, andere in nächster Nähe. Wenn man ihre Werke als Diagramm darstellen würde, fände man sie ständig damit beschäftigt, sich dieser Erfahrung anzunähern oder Abstand von ihr zu gewinnen. Primo Levi nähert sich an durch seine direkten Zeugnisse, dann entfernt er sich durch die Science-Fiction, und er nähert sich wieder an auf dem Wege der Übersetzung und der Poesie. Das philosophische Werk Sarah Kofmans entfernt sich nur scheinbar von ihrer eigenen Erfahrung. In einem Vorgehen, das dem des Übersetzers Levi ähnlich ist, nutzt Sarah Kofman bei ihren Kommentaren zu Nietzsche, Freud oder Leonardo die Lektüre klassischer Texte, um die Tragödien einer Kindheit quasi von der Seite zu beleuchten, Tragödien, die sie schließlich direkt in *Rue Ordener, rue Labat* erzählt.

## Annäherung an die Erfahrung: Hilfs-Texte

Des weiteren muß festgehalten werden, daß der Weg von der Distanz zur Nähe, die Passage zum Wahr-Sprechen oft über einen direkten Bezug (Kommentar, Zitat, Übersetzung) auf bestimmte Hilfs- oder Leit-Texte verläuft. Diese Texte erscheinen passend aufgrund ihrer Thematik und zugleich mehrdeutig. Sie sind passend, weil sie vom Schrecken oder der Schuld sprechen. Sie sind mehrdeutig, weil sie indirekt kommunizieren, wie beim visuellen Register üblich (es sind Bilder) oder weil sie mit ihrer dunkel-verführerischen Art einen Gegenpol zu der luziden und kontrollierten Prosa darstellen, die auf ihre jeweilige Art für beide untersuchte Autoren charakteristisch ist. Sie sind ›scriptible‹ Texte, die zum Entziffern einladen und mit einer weiten Skala von Obertönen aufwarten. Die Figur des alten Seemanns bei Coleridge, dann Josef K. bei Kafka markieren den Weg Primo Levis hin zu einer Anerkennung einer Schuld ohne Ursprung. Bei Sarah Kofman sind die Figuren, die diesen Weg bahnen, Legion, und Kofman hat sich zur Theoretikerin dieses Bahnens gemacht. Halten wir einfach fest, welch wichtige Rolle die Malerei in ihrem Werk spielt: Leonardo da Vincis Doppelporträt der heiligen Maria und heiligen Anna; die halluzinatorischen Radierungen aus Goyas schwarzer Periode; das ganz aus Worten geschaffene Portrait des Dorian Gray von Oscar Wilde; Rembrandts »Anatomielektion des Doktor Tulp«, die zugleich eine Lektion des Verneinens und über das Verneinen ist; über das »Erträglichwerden des Unerträglichen«.

Der Weg über einen Hilfs-Text hat den immensen Vorteil einer Kommunikation ›über Bande‹, eines indirekten Sagens, er bietet einen schützenden Zwischenraum. In einer wunderbaren Geschichte von Walter Benjamin bleiben die Augen eines besiegten Pharaohs trocken angesichts der Erniedrigung seiner Angehörigen, sie füllen sich jedoch mit Tränen, als dieselbe Behandlung einem alten, praktisch unbekannten Sklaven widerfährt. Der Pharaoh hat zweifellos begriffen, was es ihm abverlangen würde, das Ausmaß der Katastrophe anzuerkennen, die ihn direkt berührt. Was würde geschehen, wenn er es täte? Anders gesagt, was geschieht, wenn man sich der Schreckenserfahrung direkt konfrontiert? Das führt uns zur Frage des Zeugnisses.

## Das Zeugnis in der ersten Person, Rückkehr der Schuld

Es handelt sich nicht nur darum, etwas mitzuteilen (wie ein Publizist), oder die Fakten zu rekonstruieren (wie ein Historiker), sondern diese Fakten in der ersten Person öffentlich zu machen. Der gefürchtete Bericht ist nicht einfach der eines Zeugen ( »Ich habe gesehen«), sondern ein Diskurs, der in Verbindung steht mit dem eigenen Einsatz im Verlauf des Ereignisses (»Ich habe gesehen, während ich doch hätte … tun können«). Unter diesem Diskurs liegt die Erzählung eines »ich habe getan, ich habe nicht getan«. Die Rückkehr des Gedächtnisses beim Schreiben in der ersten Person ist begleitet von einer Rückkehr der Schuld. Es ist die Schuld von Sarah Kofman, die ihre freie und frohe Adoptivmutter ihrer anspruchlichen, verfolgten, trauernden biologischen Mutter vorgezogen hat. Es ist die Schuld, die Primo Levi zum Ausdruck bringt, wenn er Dante zitierend ausruft: »Niemandes Brot hab ich an mich gerissen«. Tatsächlich hat er nicht das Brot eines anderen gegessen, aber er hat sein Brot nicht immer geteilt. Oder er hat es geteilt, aber mit manchen und mit anderen nicht (Primo Levi: *I Sommersi e I Salvati,* 1986). Natürlich konnte er es nicht teilen mit den Tausenden, die es gebraucht hätten. Aber es bleibt die Schuld, es manchmal abgelehnt zu haben, die »ausgewählt« zu haben, denen er etwas abgab. Jeder Überlebende hat irgendwann eine solche schreckliche Wahl getroffen. Jeder hat irgendwann den dehumanisierenden Verboten gehorcht (Eric Clemens, Béatrice Marbeau), welche die Tafeln eines Gesetzes gegen die Zivilisation konstituierten. Jeder kann sagen: »Ich konnte einfach nicht ...« Und darunter liegt das »ich habe nichts getan« der Ohnmacht, das Überflutetwerden von Scham. Man kann manchmal eine Unschuld wiedergewinnen (dies ist die Aufgabe des Vergebens). Aber eignet sich die Scham für symbolische Umwandlungen? Kann man mit ihr (ver)-handeln[24]?

### Kann man mit der Scham (ver)handeln?

Entweder man behält die Tragödie für sich, und man »verbrennt« daran, wie Primo Levi sagt, wenn man nicht ihr »Sarkophag« wird, wie Sarah Kofman vorschlägt. Oder aber man macht sie überall bekannt, aber diese Bekanntmachung löscht sie nicht aus. Sie macht die Tragödie öffentlich, amtlich, entreißt sie dem allgemeinen Nichtwissen. Das beschämende Wissen wird so geteilt, aber nicht näher gebracht. Sarah Kofman geht vielleicht am weitesten im Nachdenken über die damit verbundene Gefahr, indem sie zeigt, daß die Überlebenden sich mit ihrem Bericht zweifach exponieren: Er belebt ihre Schuld gegenüber den Opfern wieder, aber darüber hinaus setzt er sie dem Urteil derjenigen aus, für die sie schreiben. Trotz der immensen Sympathie, welche die Adressaten des Berichts den Autoren entgegenbringen können, erscheinen sie als potentielle Richter und werden manchmal tatsächliche Zensoren, die, von sich selbst überrascht, ungewollt den ersten Stein werfen. Der informierende Diskurs, gerichtet an einen Zuhörer, der jederzeit wider Willen zurückschrecken könnte, bewirkt so nur eine Stigmatisierung ... Der Preis, der dafür bezahlt werden muß, daß man angehört wird, ist der Ausschluß, das ›Heilig‹- und Unantastbar-Werden[25], das Weggerückt-Werden. Der Zeuge wird absorbiert von den Abscheulichkeiten, die er berichtet. Könnte es auch anders sein?

### Einen Bericht erfinden, der nicht tötet?

Wenn man davon spricht, daß jemand am Sprechen stirbt, suggeriert man, daß der Prozeß, der zum Tod oder Suizid führt, die Folge einer schlechten Kommunikation ist.

24  »Negocier« im franz. Original (Anm.d.Ü.).
25  Der Begriff wurde von Mary Douglas (1968) entwickelt.

Hätte diese schlechte Kommunikation gut oder wenigstens besser sein können? Weniger zerstörerisch? Worin hätte sie dann bestehen müssen? Was wäre sie, wenn sie zumindest teilweise geglückt wäre?

Zuerst einmal scheint es, als dürfe sie keine Flaschenpost sein, sondern müßte sich an einen ganz bestimmten Gesprächspartner richten. Der Diskurs der Schuld wendet sich an einen Zuhörer, der in der Lage ist, Vergebung zu gewähren und den Bericht im Namen derer entgegenzunehmen, die tot sind. Der Diskurs der Scham setzt ebenfalls einen besonders geeigneten Gesprächspartner voraus: jemanden, mit dem man die erniedrigende Situation noch einmal durchspielen kann und in dessen Gegenwart man seine Würde wiedergewinnen kann. Aber gibt es einen solchen Gesprächspartner?

Vielleicht muß man ihn erfinden. Auf jeden Fall wäre nach Sarah Kofman dies die Aufgabe eines psychoanalytischen Zuhörens, das sich hier nicht auf eine zu distanzierte Neutralität zurückziehen dürfte. Dieses Zuhören, sagt die Philosophin, müßte sich selbst in die Lage bringen, das Sprechen des Überlebenden aufzunehmen, es nicht in einem Raum des Schweigens zu belassen, ihm gegenüber nicht ein Verhalten anzunehmen, das die kollektive Teilnahmslosigkeit zu imitieren scheint. Die Psychoanalyse, die Sarah Kofman hier aufruft, sieht sich mit einer Aufgabe betraut, die eines Orpheus würdig wäre. Es geht darum, den Poros zu finden, den Weg, der es erlaubt, den Sprecher wieder zu den Lebenden zurückzuführen. Die Aufgabe ist immens. Ist es tatsächlich Sache der Psychoanalytiker, an der Stelle der Toten, der verhöhnten Opfer, der ertrunkenen Matrosen zu vergeben? Und wenn sie es nicht tun, werden sie dann die Überlebenden retten?[26]

26  Es dürfte klargeworden sein, daß das Zögern oder das Schweigen des Analytikers denselben Effekt haben können wie die fatale Zurückweisung durch eine gleichgültige Welt. Wir können hier nicht alle dabei entstehenden psychischen Arbeitsanforderungen erwähnen. Vergessen wir nicht die notwendige Arbeit der Melancholie (Benno Rosenberg), die schwierige und schmerzhafte Identifikation in der Gegenübertragung mit einer besonders grausamen sado-masochistischen Szenerie, wo der Analytiker, um die so oft beim Patienten vorhandene Identifikation mit dem (Nazi-)Aggressor durchzuarbeiten, unter Umständen akzeptieren muß, (in der Gegenübertragung) Stück für Stück der ›normale‹ (Nazi-)Mörder zu sein, oder der Ermordete, Getötete. Man wird nicht die Notwendigkeit übersehen, diese Identifikationen mit der unbewußten kindlichen Sexualität des Patienten zu verbinden; auch nicht die komplizierte Freisetzung einer

## Die vier Besucher

Beschließen wir diesen Artikel mit einer Parabel[27]. Man erzählt, daß vier Weise, vier Freunde und Gefährten, eines Tages in den Garten des verbotenen Wissens eindrangen. Ben Azai schaute hin und verlor sein Leben. Ben Zoma schaute hin und wurde verrückt, indem er das ausspie, was nicht verdaut werden konnte … Ben Abuya schaute hin und verlor seinen Glauben: er wurde Häretiker und Rebell. Der letzte von ihnen hieß Akiba. Akiba drang nach den anderen ein, aber er kam in Frieden wieder heraus. Diese Fabel ist eine Warnung. Sie sagt uns, daß eine bestimmte Art von Wissen tödlich ist. Aber sie sagt uns auch, daß sie dies nicht für alle ist. Die gleiche Erfahrung kann verschiedene Reaktionen hervorrufen, töten oder am Leben lassen. So gesehen lehrt die Parabel eine im guten Sinne epidemiologische Lektion, sie lädt dazu ein, nicht zu schnell zu Schlußfolgerungen zu kommen. Manche können tatsächlich in Frieden aus dem Garten kommen. Vielleicht muß man die Lektion trotzdem vervollständigen. Gefährlich ist nicht nur das Wissen, sondern auch das Wissen-Lassen. Ist das Öffentlich-Werden eines solchen Wissens genauso tödlich wie das Wissen selbst? »… And till the ghastly tale is told …«

Vampir-Phantasie (Perel Wilgowicz), und an welchem Punkt dieses Durcharbeiten schmerzhaft wird (Janine Chasseguet-Smirgel). Nur um diesen Preis kann der Narzißmus des Subjekts wiederhergestellt werden, seine Scham vermindert, seine Schuld ermäßigt; nur so kann er unter den Lebenden bleiben und ein wenig die Rolle des Todes verringern, der über sein Leben hereingebrochen ist. Diese Mechanismen sind keineswegs spezifisch für die Überlebenden der Shoah. Sie sind bei jedem zu finden, der eine schreckliche Geschichte oder *die* mörderische Geschichte durchlaufen hat. Trotzdem gibt es etwas Spezifisches: Getötet werden dafür, daß man existiert, von den Säuglingen bis zu den Greisen, das charakterisiert das Projekt der Endlösung, den Genozid an Juden und Zigeunern, und konstituiert so eine extreme Ausnahme in der Geschichte der Genozide (Zygmunt Baumann).

27  Diese Parabel, die mir Izio Rosenman aus dem Talmud von Babylon übersetzt hat (Haguiga 14 und 15), ist eine der am häufigsten zitierten Parabeln des Talmud. Man kann sie in Kafkas Tagebuch nachlesen (28. Oktober 1911). Ich bringe hier die vereinfachte Version, gekürzt von Elie Wiesel (1991). Die Interpretation, die ich vorschlage, unterscheidet sich ziemlich von der Sylvie Faure-Pragiers und George Pragiers (1990). Sie beziehen sich auf die lange Traditionslinie von Kommentaren und erwähnen Henri Atlan (1982) und Marc-Alain Ouaknin (1986). Meine Interpretation ist wenig orthodox, aber vielleicht nahe an Primo Levi, der Auschwitz als seine Universität betrachtete.

# Zusammenfassung

Die Autorin stellt sich in dieser Arbeit die Frage, ob und unter welchen Bedingungen das Beschreiben oder Aussprechen einer katastrophalen traumatischen Erfahrung dem Subjekt hilft oder ob es im Gegenteil tödliche Folgen hat. Primo Levi hat seine Gefangenschaft in Auschwitz gleich nach der Befreiung in einem sehr sachlichen Bericht beschrieben, und es scheint, als habe er sich dadurch vom durchlebten Schrecken befreit. Doch das Schuldgefühl des Überlebenden findet in seinen späteren Texten einen oft indirekten Ausdruck; Levi suizidiert sich mit 68 Jahren. Sarah Kofmans Vater wurde von den Nazis ermordet; sie selbst verleugnete als Kind ihre Mutter zugunsten der Frau, die sie vor der Deportation gerettet hatte. Kofman hat diese Erfahrung mit den dazu gehörigen Gefühlen von Schuld und Scham erst als 61jährige direkt in einem Text formuliert, nachdem sie sie vorher nur auf indirekte Weise thematisiert hatte; auch sie suizidierte sich, vier Jahre später. Die Autorin warnt vor voreiligen Schlußfolgerungen über den Zusammenhang von Aussprechen oder Beschreiben und Suizid. Sie formuliert einige Bedingungen für ein hilfreiches Aufnehmen eines derartigen Berichts in der psychoanalytischen Situation: Vor allem sollte der Psychoanalytiker nicht den Eindruck erwecken, als stehe er dem Bericht des Analysanden mit derselben Teilnahmslosigkeit gegenüber wie weite Teile der Öffentlichkeit dem Bericht der traumatisierten Überlebenden.

# Summary

In this paper the author raises the question, if and under which conditions writing or speaking of a catastrophic traumatic experience does help or, on the contrary, has deadly consequences. Primo Levi described his imprisonment in Auschwitz shortly after his liberation in a factual report and it seemed that by this report he could free himself from the horror he had lived through. But the guilt feeling of the survivor is expressed indirectly in his later texts; Levi committed suicide when he was 68 years old. Sarah Kofman's father was murdered by the Nazis; as a child she herself disavowed her mother in favour of the woman who had rescued her from deportation. Kofman directly formulated this experience including the feelings of guilt and shame belonging to it, in a text only when she was 61 years old, after she had only indirectly written about it before; she too committed suicide four years later. The author warns against rushing to conclusions about the connection between speaking or describing and suicide. She formulates some conditions for a helpful way to listen and to answer to such a report in the analytical situation: above all, the psychoanalyst should not react in the same unconcerned way in which the public often reacts to the report of a traumatised survivor.

## Allgemeine Literatur

Einige der unten aufgeführten Texte sind allgemeiner Art. Sie haben nicht nur spezifische Aspekte dieser Arbeit beeinflußt, sondern sie in einigen Fällen inspiriert: Die Arbeiten von Janine Altounian, Anne Clancier, Haydée Faimberg, Yolanda Gampel, Judith Kestenberg, Hillel Klein, Ilany Kogan, Claude Nachin, Jacqueline Rousseau, Maria Torok.

Cachard, C. (1989): *Les gardiens du silence*. Paris : Edition Des Femmes.
Chiantaretto, J.-F. (1995): *De l'acte autobiographique*. L'or d'Atalante Champ-Vallon.
— (1998): *Écriture de soi et trauma*. Paris: Édition Anthropos.
Dayan-Rosenman, A. (1990): L'écho du silence. In: *Au sujet de Shoah*. Paris: Belin.
— (2003): *Deuil, identité, écriture. Mémoire de la Shoah. Une vivante mémoire de la Mort*. Paris: Seuil. Und in (1995): *Les traces de la Shoah dans la mémoire juive en France*. Thèse de doctorat en littérature, soutenue le 24 novembre 1995.
Epstein, H. (1979): *Children of the Holocaust*. New York: G. P. Putnam's & Sons, London: Penguin Books [2]1988.
Janin, C. (1996): *Figure et destins du traumatisme*. Paris: Presse Universitaire de France.
Lanzmann, C. (1990): *Au sujet de Shoah*. Paris: Belin.
Silvestre C. (1998): Dans la tourmente du traumatique. In: *Topique* 67, 101.

## Verwendete Literatur

Anissimov, M. (1996): *Primo Levi ou la tragédie d'un optimiste*. Paris: J.-Cl. Lattès. Deutsch (1999): *Primo Levi – die Tragödie eines Optimisten*. Berlin: Philo.
Antelme, R. (1957): *L'espèce humaine*. Paris: Gallimard. Deutsch (1990): *Das Menschengeschlecht. Als Deportierter in Deutschland*. München: dtv.
— (1996): *Textes inédits sur l'espèce humaine*. Paris: Gallimard.
Atlan, H. (1982): *La bible au présent*. Paris: Le Seuil.
Barande, I. (1977): *Le maternel singulier*. Paris: Aubier.

Baumann, Z. (1989): *Modernity after the Holocaust*. Cambridge: Polity Press.

Cahiers du GRIF, Paris-Descartes (1997): Textes de Françoise Collin, Jacques Derrida et Sarah Kofman, bibliographie complète de Sarah Kofman. Paris: Descartes & Cie.

Castillo, M. Del: Mon père ce zéro. In: *Libération,* 27 mai 1998, Paris.

Cerquiglini, B. (1981): *La parole médiévale*. Paris: Édition de Minuit.

Chasseguet-Smirgel, J. (1963): Réflexions sur le concept de ‹réparation‹ et la hiérarchie des actes créateurs. In: *Revue française de la psychanalyse* 27. Nachgedruckt in (1971): *Pour une psychanalyse de l'art et de la créativité*. Paris: Payot. Deutsch (1988): *Kunst und schöpferische Persönlichkeit*. 3. Kap.:»Überlegungen zum Konzept der ›Wiederherstellung‹ und die Hierarchie der schöpferischen Akte.« München / Wien: Verlag Internationale Psychoanalyse.

— (1995), Préface de Ilany Kogan: *The Cry of Mute Children*. London / New York: Free Association Books.

Clemens, E. (1999): *De l'interdit à l'inconditionnel. Les actes du Colloque de Lima*. Lima: Sidea/Promperu.

Coleridge, S. T.(1975): *The Rime of the Ancient Mariner. Part VII*. Paris: Editions A. Flammarion. Deutsch ($^2$1989): *Gedichte englisch/deutsch*. Übers. u. hg. von Edgar Mertner. Stuttgart: Reclam.

Collin, F. (1997): L'impossible diététique. Philosophie et récit. In: *Cahiers du GRIF,* 11-28.

De M'Uzan, M. (1965): Aperçus sur le processus de la création littéraire. *Revue française de psychanalyse* 29, 43-64. Nachgedruckt in (1977): *De l'art à la mort*. Paris: Gallimard, 3-27.

Derrida, J. (1997): In: *Cahiers du GRIF*. Paris: Descartes & Cie.

Douglas, M. (1966): *Purity and Danger*. London: Routledge. Deutsch (1985): *Reinheit und Gefährdung. Eine Studie zu Vorstellungen von Verunreinigung und Tabu*. Berlin: Reimer.

Freud, S. (1910c): Eine Kindheitserinnerung des Leonardo da Vinci. In: *GW VIII*, 127-211.

Gagnebin, M. (1987): *Les ensevelis vivants*. Paris: L'or d'Atalante.

Green, A. (1992): Révélations de l'inachevement. Flammarion. Deutsch auszugsweise in (1999): *Psychoanalyse und Bildende Kunst*. Hg. von G. Schneider. Tübingen: edition diskord, 37-73.

Grunberger, B. (1968): Le suicide du mélancolique. *Revue française de psychanalyse* 32, 574-597. Deutsch (1976): Der Selbstmord des Melancholikers. In: *Vom Narzißmus zum Objekt*. Frankfurt am Main: Suhrkamp 1976, 269-294.

Jaron, S. (2003): *Distances traversées. Lire et écrire la mémoire de la Shoah*. Paris: Édition du Nadir. Außerdem in (1998): Actes du Colloque de Cérisy, 181-196.

Kofman, S. (1970): *L'enfance de l'art. Une interprétation de l'ésthétique freudienne*.

Paris: Payot. Deutsch: *Die Kindheit der Kunst. Eine Interpretation der Freudschen Ästhetik.* München: Fink 1993.

— (1976a): Ma vie et la psychanalyse. *Première livraison, 4.* Nachgedruckt in (1997): *Cahiers du GRIF.* Paris: Descartes & Cie.

— (1976b): Tombeau pour un nom propre. *Première livraison, 3.* Nachgedruckt in: *Cahiers du GRIF.* Paris: Descartes &Cie.

— (1983): *Comment s'en sortir?* Paris: Galilée.

— (1987): *Paroles suffoquées.* Paris: Galilée. Deutsch: *Erstickte Worte.* Wien: Passagen-Verlag 1988.

— (1994): *Rue Ordener, rue Labat,* Paris, Galilée. Deutsch (1995): *Rue Ordener, rue Labat. Ein autobiographisches Fragment.* Tübingen: edition diskord.

— (1995a): *L'imposture de la beauté* [Oscar Wilde]. Paris: Galilée.

— (1995b): *La mort conjuguée [Leçon d'anatomie du Dr Tulp, 1632], La part de l'œil 11,* Brüssel: Presse de l'Académie Royale des Beaux Arts de Bruxelles.

Kogan, I. (1995): *The Cry of Mute Children,* London/New York: Free Association Books.

Laub, D. (1992): Bearing Witness or the Vicissitudes of Listening. In: Felman, S. und Laub, D.: *Testimony. Crises of Witnessing in Literature, Psychoanalysis and History,* 57-74. London: Routledge.

Levi, P. (1983): Un agressione di nome Franz Kafka, Interview mit Federico de Melis. In: *Il Manifesto,* 5 mai 1983. Deutsch in (1999): Ders.: Gespräche und Interviews. München: Hanser.

— (1984): *Ad ora incerta.* Milano: Garzanti. Deutsch: *Zu ungewisser Stunde. Gedichte.* München: Hanser 1998.

— (1986): *I Sommersi e i salvati.* Torino: Einaudi. Deutsch: *Die Untergegangenen und die Geretteten.* München: Hanser 1990.

Lifton, R. J. (1967): *Death in Life.* New York: Random House.

Ouaknin, M.-A. (1986): *Le livre brûlé.* Paris: Édition Lieu commun.

Pragier, G./Faure-Pragier, S. (1990): Un siècle après *l'Esquisse,* nouvelles métaphores? In: *Revue française de psychanalyse* 54, 1395-1529.

Rabain, J.-F. (1998): Sublimation et identifications croisées. Les ›yeux à deux‹ de Hans Bellmer et Unica Zürn. *Revue française de psychanalyse* 62, 1247-1258.

Ragon, M. (1994): Nécrologie de Sarah Kofman. In: *Liberation,* 18 octobre 1994, 38.

Rosenberg, B. (1991): Masochisme mortifère et masochisme gardien de vie. In: Monographies de la *Revue française de psychanalyse.* Paris: Presse Universitaire de France.

Rosenblum, R. (1998): Mourir de dire. In: *Bulletin de la sociéte psychanalytique de Paris,* août 1998, 79-92.

Schapira, M.-C. (1996): Jorge Semprun. L'écriture ou la vie. In: *Cahiers de la Villa Gillet.*

Semprun, J. (1994): *L'écriture ou la vie*. Paris: Gallimard. Deutsch: *Schreiben oder Leben*. Frankfurt am Main: Suhrkamp 1995.

— /Wiesel, E. (1995): *Se taire est impossible*. *Dialogue Jorge Semprun-Elie Wiesel*. Paris: Mille et Une nuits, Arte. Deutsch (1997): *Schweigen ist unmöglich*. Frankfurt am Main: Suhrkamp.

Steiner, G. (1987): The Long Life of Metaphor. In: *Encounter, LXVIII*.

Sutterman, M.-Th. (1993): *Dostoïévski et Flaubert*. Paris: Presse Universitaire de France, Le Fil rouge.

*Talmud de Babylone, Aggadoth du Talmud de Babylone*. Paris: Verdier (1988).

Viderman, S. (1970): *La construction de l'éspace analytique*. Paris: Denoel.

Waintrater, R. (1999): *Ouvrir les images. Danger du témoignage*. Paris: Dunod.

Weissman S. (1989): *His Brothers Keeper. A psychobiography of Samuel Taylor Coleridge*. Madison, Connecticut: International Universities Press.

Weil, E. (2000): Silence et latence. In: *Revue française de psychanalyse* 64,169-179. Und in (2003): Lire et écrire la mémoire de la Shoah. Paris: Édition de Nadir.

Wiesel, E. (1991): *Célébration talmudique*. Paris: Seuil, 142-194. Deutsch (1992): *Die Weisheit des Talmud. Geschichten und Portraits*. Freiburg: Herder.

Wilgowicz, P. (1991): *Le Vampirisme*. Lyon: Cesura.

— (1999): Listening psychoanalytically to the Shoah half a century on. In: *Int. J. Psychoanal*. 80, 429-438.

— /Gillibert, J. (1995): *L'ange exterminateur*. Université de Bruxelles.

Zaltzman, N. (1999): *La résistance de l'humain*. Paris: Presse Universitaire de France.

*Rachel Rosenblum, 16, rue de la Glacière, F-75013 Paris,*
*rachelrosenblum@wanadoo.fr*

*Aus dem Französischen von Peter Vorbach,*
*Im Steinriegel 8, D-72072 Tübingen-Bühl, p.vorbach@t-online.de*

Freud als Briefschreiber

*Sigmund Freud. Radierung (vernis mou) von Hermann Struck aus dem Jahre 1914.*

PROF. DR. FREUD

WIEN, IX. BERGGASSE 19.

# »Wenn das Bildnis mir nicht mehr ähnlich sieht …«

## Ein Brief Freuds an Hermann Struck aus dem Jahre 1914

*Gerhard Fichtner* *

Jahrb. Psychoanal. 48, S. 189 – 196 © 2004 frommann-holzboog

23.X.14.

PROF. D<sup>R.</sup> FREUD                                   WIEN, IX. BERGGASSE 19.

Hochgeehrter Herr

Ihre Orchideenzeichnung ist mir als wertvolle Erinnerung an unser Zusammentreffen in Karlsbad doch noch zugegangen. Sonst war es merkwürdig, daß wir beide fluchtartig plötzlich abgereist sind, nachdem wir uns in der Erwartung eines baldigsten Wiedersehens getrennt hatten.

In Berlin tat es mir dann fast leid, daß mein Anruf erfolglos blieb. Ich verweilte nicht so lange, daß ich Sie noch hätte aufsuchen können. Mein Ziel war Hamburg. Mein Schwiegersohn meinte dann, Sie würden sich in diesen Tagen nicht viel zu Hause aufgehalten haben. Den in Karlsbad erwähnten Sonderabdruck hatte ich zur Überreichung mitgenommen; er geht Ihnen nun heute mit der gleichen Post zu. Möge der Versuch eines ganz unkünstlerischen Menschen, das Werk des großen Künstlers auf das gemeine Niveau der Verständlichkeit zu reduzieren, bei Ihnen eine milde Beurteilung finden.

* Gerhard Fichtner ist emeritierter Professor für Geschichte der Medizin an der Universität Tübingen. Forschungsschwerpunkte: Geschichte der Psychiatrie und der Psychoanalyse.

Wenn das Bildnis, mit dem Sie sich noch immer beschäftigen, mir nicht mehr ähnlich sieht, wollen wir die schweren Zeiten dafür verantwortlich machen. Es war üppiges Wohlbefinden, als wir uns trafen.

Von Herrn Dr. Friedemann habe ich ein Büchlein über seinen National- und Privatheros Herzl in die Hand bekommen und behalten. Grüßen Sie ihn bitte von uns, und glauben Sie uns die Versicherung, daß wir uns oft und gerne von den schönen Stunden in Ihrer Gesellschaft unterhalten.

Ihr herzlich ergebener
Freud

Der jüdische Maler und Graphiker Hermann Struck (1876-1944) hatte sich schon in jungen Jahren, d.h. bald nach der Wende vom 19. zum 20. Jahrhundert, in breiteren Kreisen durch seine Zeichnungen, Radierungen und Lithographien von Landschaften und berühmten Persönlichkeiten (aus Literatur, Kunst und Musik, aus Wissenschaft und Politik, so etwa von Gerhart Hauptmann und Henrik Ibsen, Giovanni Segantini und Arthur Nikisch, Ernst Haeckel und August Bebel) einen guten Ruf geschaffen. Eine im Jahre 1903 entstandene Radierung von Theodor Herzl (1860-1904), dem Vorkämpfer für ein eigenes jüdisches Staatswesen, hatte ihn gerade auch in jüdischen Kreisen bekannt gemacht. Struck, der sich früh für die zionistische Bewegung einsetzte, hatte 1903 zusammen mit Adolf Friedemann, dem Rechtsanwalt und engen Mitarbeiter Theodor Herzls, eine Reise nach Palästina unternommen. Auf der Schiffsreise dorthin, die über Alexandria führte, hatte er Herzl persönlich kennengelernt. Frucht dieser Reise waren die 1904 bei Bruno Cassirer in Berlin publizierten »Reisebilder aus Palästina«, zu denen Adolf Friedemann den Text schrieb.

Besonders in den verschiedenen Techniken der Radierung galt Struck früh als ein Meister, und bereits 1908 erschien im eben in Berlin gegründeten Verlag von Paul Cassirer seine Einführung in »Die Kunst des Radierens«. (So ließ sich in den 20er Jahren auch Marc Chagall von Struck persönlich in die Kunst des Radierens einführen.)

Im Juli 1914 weilte Struck gleichzeitig mit Freud zur Kur in Karlsbad. Beide kannten Karlsbad schon von Kuraufenthalten in den Jahren zuvor (Freud war im Jahre 1912 dort gewesen, Struck 1913). Freud hatte 1914 zusammen mit seiner Frau ein Appartement in der Villa Fasolt (heute Haus Livia, Teil des Kurhotels

Bristol auf dem Schloßberg, laut freundlicher Auskunft von Dr. Stanislav Burachovic, Museum Karlsbad) gemietet und wohnte dort seit dem 13. Juli; Struck hatte im Haus Humboldt Unterkunft gefunden. Am 22. Juli fragte Struck brieflich bei Freud an, ob er »wohl die große Freundlichkeit haben« würde, ihm »ein oder zwei mal für eine Zeichnung zu sitzen?« (Freud Archives, Washington, Cont. E 5). Und Freud antwortete am 27. Juli:»Wenn Sie wirklich Lust haben mich zu zeichnen, anstatt sich Ruhe von der Arbeit zu gönnen, so will [ich] gerne die passive Rolle dabei spielen [...]« (Freud 1963c). Vielleicht antwortete Freud deshalb so (ungewohnt) spät, weil schon die Nachrichten von einem drohenden großen Krieg kursierten. Denn am 28. Juni war der österreichische Thronfolger Franz Ferdinand in Sarajewo ermordet worden. Und bereits am 26. Juli 1914 schreibt Freud von der Kriegserklärung Österreich-Ungarns an Serbien, »die unseren friedlichen Kurort umwandelt« (Freud 1965a, 180), die aber offiziell wohl erst am 28. Juli erfolgte. Und am 1. August erklärte Deutschland Rußland den Krieg. Damit hatte der große Krieg, den man fürchtete und erwartet hatte, begonnen.

Viel Zeit blieb blieb also für die Sitzungen nicht. Anders als zunächst geplant, reiste das Ehepaar Freud schon am 4./5. August von Karlsbad nach Wien zurück (Brief an Karl Abraham vom 25.8.1914, Freud 1965a, 185). Und die Tage zuvor waren wohl von Aufregung und Unruhe geprägt. »[...] die Fülle von unverbürgten Nachrichten, die Flut und Ebbe von Hoffnung und Schrecken muß jedem von uns das seelische Gleichgewicht stören« (Brief an Abraham vom 29.7.1914, Freud 1965a, 181).

Und doch scheinen die Sitzungen etwas wie Inseln der Entspannung in der allgemeinen Anspannung gewesen zu sein. Man wird sich über Kunst und das, was sie zu leisten vermag, unterhalten haben – so versprach Freud in diesen Tagen nicht nur, Struck seinen Aufsatz über den Moses des Michelangelo zu schicken, er bemerkte angesichts des alttestamentlichen Bilderverbots auch scherzhaft zu Struck, der genau die jüdischen Speisegebote beachtete, also »koscher« aß, er sei wohl nur deshalb so streng religiös, weil er unbewußt spüre, daß seine Porträtarbeit eigentlich verboten sei (Rusel 1997, 126). Struck wird wohl mehrere Zeichnungen von Freud angefertigt haben (über deren Verbleib wir freilich nichts wissen), und nach diesen Zeichnungen enstand in der Folge zum einen eine Radierung, die Freud zusagte, obwohl sie ihm ein idealisiertes Bild von sich zu geben schien, und an der er nur beanstandete, daß sie seinen Scheitel auf der falschen Seite zeigte, weil die Zeichnung nicht spiegelverkehrt auf die Platte übertragen worden war, und zum anderen eine seitenrichtige Lithographie (Profil nach links), die Freud freilich aus gleich noch zu erörternden Gründen nicht behagte.

Aus der Begegnung der beiden Männer entwickelte sich ein kleiner Briefwechsel, der uns ein Stück weit über Freuds kunstästhetische Vorstellungen unterrichtet, insbesondere wenn man den bereits veröffentlichten Brief an Struck vom 7.11.1914 hinzuzieht (Freud 1960a [1968], 317-319).

Der oben abgedruckte Brief steht noch am Anfang dieses Briefwechsels. Die Zusendung einer Orchideenzeichnung Strucks war der Auslöser für den Brief. Da diese Zeichnung nicht erhalten geblieben zu sein scheint, können wir nur Vermutungen über sie anstellen. Ein wenig freilich können wir uns vorstellen, wie sie ausgesehen haben mag, denn aus dem Werkverzeichnis Strucks kennen wir die Radierung einer Orchidee, die als Exlibris 1906 entstand (Rusel 1997, 598, Nr. 1182 R). Die Orchideenzeichnung wird wohl während der Sitzungen in Karlsbad entstanden sein. Freud mag eine Orchidee – sie gehörte zu seinen Lieblingsblumen – geschenkt bekommen haben oder auch seine Frau, denn sie hatte am Tag, bevor Freud seinen Brief schrieb, Geburtstag. (Dieses Datum könnte ein zusätzlicher Grund dafür gewesen sein, daß Freud erst so spät auf Strucks Anfrage antwortete.) Struck wird die Orchidee bei seinen Besuchen gesehen und gezeichnet haben. Weil das Aussehen der Orchidee Freud an ein Raubtier gemahnte und er dieses Raubtierhafte in der Lithographie Strucks wiederzufinden glaubte, sprach er in seinem Brief an Struck vom 7.11.1914 von der schönen, bösartigen Orchidee, der »Orchibestia Karlsbadiensis, die wir miteinander geteilt haben« (Freud 1960a [1968], 318). Struck hatte deshalb die Lithographie noch einmal geändert, um »alles Raubtierorchideenhafte« zu tilgen (Brief Strucks an Freud vom 24.11.1914, Freud Archives, Washington, Cont. E 5).

Freud und Struck hatten sich in Karlsbad getrennt in der Hoffnung, sich bald wiederzusehen. Freud hatte für den September eine Reise nach Hamburg geplant, um seinen halbjährigen Enkel Ernst W. Halberstadt (heute W. Ernest Freud) kennenzulernen und seine Tochter Sophie und seinen Schwiegersohn Max, dessen Einberufung zu erwarten war, wiederzusehen. Am 16. September 1914 begann diese Reise, die über Berlin führte. In Berlin reichte die Zeit nicht, um Struck zu besuchen, wie Freud es sich vielleicht ursprünglich vorgenommen hatte – denn er hatte extra einen Sonderdruck seiner Arbeit *Der Moses des Michelangelo*

(Freud 1914b) mitgenommen – und telefonisch konnte er Struck nicht erreichen. So schickte er ihm die Arbeit nun mit der Post.

Freud weiß, daß Struck noch immer an der Umsetzung der Karlsbader Zeichnungen in Lithographie und Radierung arbeitet. Wahrscheinlich hat ihm Struck schon in Karlsbad angekündigt, daß er eine kleine Edition der Blätter plane, die er auch von Freud unterschrieben haben möchte. Aber vielleicht mögen die entstehenden Blätter Freud gar nicht mehr ähnlich sehen. In den Tagen von Karlsbad war er wohlgenährt. Inzwischen sind für alle harte Zeiten angebrochen.

Freud hatte vermutlich ebenfalls in Karlsbad Dr. Adolf Friedemann, den Mitkämpfer Theodor Herzls, kennengelernt und von ihm das Büchlein bekommen, das die erste Biographie Herzls darstellte (Friedemann 1914). Nun läßt er ihm, der auch in Berlin lebt, durch Struck Grüße ausrichten, denn Strucks Sendung hat bei ihm »die schönen Stunden« von Karlsbad wiederbelebt.

## Literatur

Fichtner, G. (1989): Die Briefe Freuds als historische Quelle. In: *Psyche Z-Psychoanal* 43, 803-829.

Freud, S. (1960a): *Briefe 1873-1939*. Ausgew. u. hg. von E. und L. Freud. Frankfurt am Main: S. Fischer [2]1968, [3]1980.

— (1963c [1914]): Brief an Hermann Struck (27.7.1914) [Teilabdruck]. In: J. A. Stargardt (Marburg), Katalog 563, Nr. 314.

— (1965a): Briefe an Karl Abraham. In: Sigmund Freud/Karl Abraham, *Briefe 1907-1926*, hg. von H. C. Abraham und E. L. Freud. Frankfurt am Main: S. Fischer [2]1980.

Friedemann, A. (1914): *Das Leben Theodor Herzls*. Berlin/Leipzig: Jüdischer Verlag.

Rusel, Jane (1997): *Hermann Struck (1876-1994). Das Leben und das graphische Werk eines jüdischen Künstlers*. (Judentum und Umwelt, Bd. 66) [Zugleich: Mainz, Univ., Diss., 1995]. Frankfurt am Main: Lang.

*Abbildungen auf Seite 190 f. © 2004 A. W. Freud et al., by arrangement with the Paterson Marsh Agency, London. Aus dem Besitz der Freud Archives, Library of Congress, Washington.*

*Abbildung auf Seite 189 aus der Zeitschrift Du (Zürich) Nr. 10, Oktober 1951, S. 27. (Der Rechtsinhaber konnte nicht ermittelt werden.)*

*Prof. Dr. Gerhard Fichtner, Institut für Ethik und Geschichte der Medizin, Goethestr. 6, D-72076 Tübingen, gerhard.fichtner@uni-tuebingen.de*

# Namenregister

Abraham, K.  108, 110 f., 128, 130, 194
Adler, A.  111
Alexander, F.  27
Amenhotep III  108 f.
Amenhotep IV  108, 110
Anissimov, M.  162
Antelme, R.  156
Appignanesi, L.  116
Argelander, H.  74, 77, 85
Atlan, H.  181
Avram, C.  163

Baumann, Z.  181
Bebel, A.  193
Benjamin, W.  178
Bensing, J. M.  74
Berner, P.  73
Binswanger, L.  111–113
Bion, W.  11 f., 14, 45 f., 52 f., 72, 91, 95
Bleuler, E.  114, 125
Böhme-Bloem, C.  86
Bollas, Ch.  73, 80, 87, 95
Breuer, J.  118 f., 121, 126
Brinkgreve, Ch.  138
Bruns, G.  105–133
Burachovic, S.  194
Burgmer, M.  76 f.

Calvino, I.  162
Cassirer, P.  193
Castillo, M. del  156

Celan, P.  155
Chagall, M.  193
Chasseguet-Smirgel, J.  155, 181
Clemens, E.  178
Cohen, M.  164
Cole, J. O.  82
Coleridge, S.  153, 160 f., 164, 177
Collin, F.  166
Crary, J.  88
Cremerius, J.  70, 95

D'Aquili, E.  90
Danckwardt, J. F.  69–102
Danon-Boileau, H.  153
Dante  163
Dantlgraber, J.  75
Dayan, D.  153
de Masi, F.  91
Denis, P.  153
Derrida, J.  165 f., 168, 176
Descartes, R.  71
Détienne, M.  172
Dettmers, C.  90
Deutsch, F.  27
Diatkine, G.  157
Dostojewski, F.  155
Douglas, M.  163, 179
Dunbar, F.  27

Echnaton  108–110
Eissler, K. R.  123 f., 128
Eitingon, M.  136

# Sachregister

# „Psychoanalyse und Sprache"
## Internationale Deutschsprachige Psychoanalytische Tagung
## Potsdam, 16.09. – 19.09.2004

Im September 2004 findet erstmals die internationale deutschsprachige psychoanalytische Tagung statt, hervorgegangen aus der Tagungsreihe der Arbeitstagungen der mitteleuropäischen psychoanalytischen Vereinigungen. Diese Arbeitstagungen haben seit den 50er Jahren in einem Zweijahresrhythmus stattgefunden, jeweils an wechselnden Orten und ausgerichtet von einer der beteiligten mitteleuropäischen Vereinigungen. Im Jahre 2002 haben diese Gesellschaften beschlossen, die bisherigen Arbeitstagungen zu internationalen deutschsprachigen Tagungen zu erweitern und die Einladung an alle deutsch sprechenden Psychoanalytiker auch außerhalb Mitteleuropas zu richten. Damit ist die Hoffnung verbunden, die Bedeutung der deutschen Sprache – der Sprache, in der Freud dachte und schrieb – für die Psychoanalyse auch außerhalb der deutschsprachigen Länder besser darstellen zu können.

Die erste Tagung in der neuen Konzeption wird von der Deutschen Psychoanalytischen Vereinigung (DPV) in Potsdam ausgerichtet. Sie steht unter dem Thema „Psychoanalyse und Sprache". Auch weiterhin ist, in der Tradition der mitteleuropäischen Arbeitstagungen, daran gedacht, diesen Tagungen einen klinischen Schwerpunkt mit Möglichkeiten der Fallpräsentation und Supervision zu geben.

**Das Programm sieht folgende Hauptvorträge vor:**

*Hartmut Raguse, Basel:* Die poetische Funktion der Sprache in der Psychoanalyse

*Inge Wise, London:* Analysen in fremder Sprache

*Hans-Joachim Koraus, Leipzig:* Herrschaftssprache und ihr Eindringen in Psychotherapien

*Gertie F. Bögels, Nijmegen:* Sprache und Deutung. Prolegomena zur entwicklungsbedingten Vielschichtigkeit der Sprache als Instrument der psychoanalytischen Behandlung

*Sylvia Zwettler-Otte, Wien:* Das vorbewusste dynamische Kräftespiel in der Sprache des Analysanden

*Gerhard Fichtner, Tübingen:* „Lieblingsspeise Bücher". Sigmunds Freuds Bibliothek und ihre Bedeutung für sein Leben und Werk

Alle Vorträge werden in Koreferaten reflektiert und in Diskussionen weiter erschlossen. Für die klinische Arbeit finden Supervisionsgruppen mit erfahrenen Analytikern aus mehreren Ländern statt.

Potsdam mit seiner Geschichte und das nahe Berlin mit seinem kulturellen Angebot bilden einen die Thematik der Tagung ergänzenden kulturhistorischen Rahmen.

*Informationen:*   Deutsche Psychoanalytische Vereinigung (DPV)
Körnerstr. 11, 10785 Berlin
e-mail: geschaeftsstelle@dpv-psa.de
Internet: www.dpv-psa.de

# Psychoanalyse bei Klett-Cotta

Karl König:
Charakter, Persönlichkeit und
Persönlichkeitsstörung
200 Seiten, broschiert
€ 20,– (D) / sFr 36,20
ISBN 3-608-94369-2

## Menschenkenntnis in der Psychotherapie nutzen

Was versteht man eigentlich unter
Persönlichkeit, wann spricht man von
Charakter, wann von einer Charakter-
neurose und wann von einer Persön-
lichkeitsstörung?
König stellt die Entwicklung von
Persönlichkeitsstrukturen und ihren
Auswirkungen dar. Dabei geht es
auch um die Frage, was vererbt
und wieviel durch Umwelt- und
Erziehungseinflüsse erworben wurde.

Ruth Riesenberg-Malcolm
Unerträgliche seelische Zustände
erträglich machen
Psychoanalytisches Arbeiten mit extrem
schwierigen Patienten
Aus d. Englischen von Elisabeth Vorspohl
268 Seiten, gebunden m. Schutzumschlag
€ 34,– (D) / sFr 60,–
ISBN 3-608-91079-4

## Mit schwerst gestörten Patienten psychoanalytisch arbeiten

»Das Buch selbst bietet keine einfachen
schön verpackten Rezepte, aber es zeigt
die Realität... Hier haben wir es mit
packendem klinischen Material zu tun,
nichts wird beschönigt. Die Autorin
behandelt genau die Probleme, die wir
anpacken müssen, und aus diesen Gründen ist dieses Buch von unschätzbarem
Wert.« *Abbot A. Bronstein, JAPA*

**Klett-Cotta**
www.klett-cotta.de

# JAHRBUCH DER PSYCHOANALYSE
## BEIHEFTE (JPB)

*zum Sonderpreis für 24 €:*

*Rosmarie Berna-Glantz / Peter Dreyfus (Hrsg.)*
### TRAUMA – KONFLIKT – DECKERINNERUNG

Arbeitstagung der Mitteleuropäischen Psychoanalytischen Vereinigungen 4.- 8. April 1982 in Murten. – *JPB 8. 1984. 144 S. ISBN 3 7728 0881 6. Letzter Ladenpreis: € 48,-/ sFr 86,-; jetzt: € 24,-/ sFr 44,-.*

*Tobias H. Brocher / Claudia Sies*
### PSYCHOANALYSE UND NEUROBIOLOGIE

Zum Modell der Autopoiese als Regulationsprinzip. – *JPB 10. 1986. 140 S. ISBN 3 7728 0908 1. Letzter Ladenpreis: € 50,-/ sFr 150,-; jetzt: € 24,-/ sFr 44,-.*

*Rafael Moses / Friedrich-Wilhelm Eickhoff (Hrsg.)*
### DIE BEDEUTUNG DES HOLOCAUST FÜR NICHT DIREKT BETROFFENE

Aus dem Englischen von Otto Panske, der Redaktion des ›Jahrbuchs der Psychoanalyse‹ und Marie Christine Hänsel. – *JPB 14. 1992. 319 S. Ln. ISBN 3 7728 1468 9. Letzter Ladenpreis: € 74,-/ sFr 130,-; jetzt: € 24,-/ sFr 44,-.*

*Erich Simenauer*
### WANDERUNGEN ZWISCHEN KONTINENTEN

Gesammelte Schriften zur Psychoanalyse. Hrsg. und mit einem biographischen Nachwort versehen von Ludger M. Hermanns. Mit einer Einführung von Hermann Beland. *2 Bände. – JPB 15 und 16. 1993. Zus. 720 S. Ln. ISBN 3 7728 1474 3 und -1475 1. Letzter Ladenpreis: je Band € 56,-/ sFr 98,-; jetzt: je Band € 24,-/ sFr 44,-.*

*Bruno Waldvogel*
### PSYCHOANALYSE UND GESTALTPSYCHOLOGIE

Historische und theoretische Berührungspunkte. – *JPB 18. 1992. 232 S. ISBN 3 7728 1500 6. Letzter Ladenpreis: € 48,-/ sFr 86,-; jetzt: € 24,-/ sFr 44,-.*

# frommann-holzboog

JOACHIM F. DANCKWARDT / EKKEHARD GATTIG

# Die Indikation zur
# hochfrequenten analytischen Psychotherapie
# in der vertragsärztlichen Versorgung

Ein Manual. Unter Mitarbeit von Georg Bruns, Claudia Frank, Ursula von Goldacker, Gabriele Junkers, Erwin Kaiser, Carl Nedelmann und Peter Schraivogel.
*1996. 84 S. Br. € 14,- / sFr 26,-. ISBN 3 7728 1725 4.*        *Lieferbar*

Die Autoren und ihre Mitarbeiter stellen die klinisch-psychoanalytischen und
versorgungsrechtlichen Bedingungen für die Anwendung der hochfrequent,
d.h. mit mehr als drei Behandlungsstunden pro Woche durchgeführten analytischen Psychotherapie dar und begründen ihren besonderen Versorgungs-
vorteil unter historischen und aktuellen Gesichtspunkten der Psychoanalyse.
Von zentraler Bedeutung sind die emotionale Dichte der Patient-Therapeut-
Beziehung und die Handhabung der Aktualgenese von Übertragung, Gegenübertragung und Widerstand als via regia zum Unbewußten und seiner
Einwirkung auf das Erleben, Verhalten und die Körperfunktionen. Aggression und Libido werden in ihrer Selbstschutz- und Abwehrfunktion als kon-
stitutive Merkmale therapeutischer Veränderungsprozesse beschrieben. Die
Kontinuität der analytisch-therapeutischen Erfahrung und die Zeitlosigkeit
des Unbewußten stehen mit den Bedingungen des vertragsärztlichen Versor-
gungssystems – medizinische Notwendigkeit, Zweckmäßigkeit und Wirt-
schaftlichkeit – in einem Spannungsverhältnis, das therapeutisch nutzbar wird,
wenn zwischen Therapeut und Patient die jeweils erforderlichen zeitlichen
Rahmenbedingungen »ausgehandelt« werden. Die Einigung auf dasjenige Be-
handlungssetting, in das sich Patient und Therapeut »einpassen« können, ist
eine Voraussetzung für den Therapieerfolg.

»Das vorliegende Manual, das übersichtlich gegliedert und mit einem sehr
differenzierten Sachwortkatalog versehen ist, [ist] ein wichtiges und der Lektüre anzuempfehlendes Buch.«              *Siegfried Zepf, Psyche*

»Ich zögere nicht, dieses Buch allen Psychoanalytikern zu empfehlen. Es sollte
zur Pflichtlektüre in psychoanalytischen Instituten werden, die entweder aktuell mit Versicherungsträgern und Gesundheitsbehörden verhandeln oder mit
solchen Verhandlungen zu rechnen haben. Das Fundament dafür wurde von
Danckwardt und Gattig auf bewundernswerte Weise gelegt. Daß diese Arbeit
nun jedem Leser zur Verfügung steht, ist ein wirklicher Glücksfall.«
*Ronald Baker, European Psychoanalytical Federation-Bulletin*

# frommann-holzboog

# HANS-WERNER REINFRIED
## *Schlingel, Bengel oder Kriminelle?*

Jugendprobleme aus psychologischer Sicht. Mit einem Vorwort von Reinhart Lempp. – *problemata 150. 2003. 312 S. Br. € 38,-/ sFr 68,-. ISBN 3 7728 2243 6. Lieferbar*

Der Umgang mit Jugendlichen mit Verhaltensschwierigkeiten, insbesondere wenn diese Schwierigkeiten in Straftaten münden, ist eine heikle und verantwortungsvolle Aufgabe – für Eltern, Lehrer, Mitmenschen und den Staat gleichermaßen. Das schweizerische Jugendstrafrecht berücksichtigt konsequent sowohl psychologische als auch pädagogische Gesichtspunkte und wird so den individuellen Erfordernissen der jugendlichen Entwicklungsphase in hohem Maße gerecht. Ungeachtet der Art und Schwere der Delikte werden Kinder und Jugendliche in vielen Fällen durch ambulante Hilfestellungen erfolgreich aus ihren Schwierigkeiten herausgeführt.

Hans-Werner Reinfried beschreibt anhand von 26 repräsentativen Fallbeispielen anschaulich psychotherapeutische Prozesse in der Begutachtung und ambulanten Betreuung von Jugendlichen und zeigt Möglichkeiten und Grenzen psychotherapeutischen Handelns auf. Das Buch vermittelt keine rezeptartigen Lösungen, sondern regt den Leser zu einem vertieften Verständnis jugendlicher Not und zu eigenen, der jugendlichen Verwirrung angemessenen Reaktionen an.

# HANS-WERNER REINFRIED
## *Mörder, Räuber, Diebe ...*

Psychotherapie im Strafvollzug. – *problemata 142. 1999. 316 S. Br. € 25,-/ sFr 46,-. ISBN 3 7728 1997 4. Lieferbar*

Tiefenpsychologisch fundierte Therapie kann auch im Gefängnis in einigen Fällen mit Erfolg durchgeführt werden. Der Autor beschreibt anhand von 35 kommentierten Fallbeispielen psychotherapeutische Prozesse in geschlossenen und offenen Strafanstalten. Seine Darstellung der Ursachen von Delikten und Ansatzmöglichkeiten therapeutischen Handelns sowie der Schwierigkeiten psychosozialer Therapie im Strafvollzug ist ein Gewinn für Theorie und Praxis.

»Reinfrieds Buch gehört zum Aufregendsten, was man zum Thema Therapie und Strafvollzug lesen kann.« *Stefan Wehowsky, Neue Zürcher Zeitung*

# frommann-holzboog